lonely planet

100 NEUE REISE ZIELE

DIE WELT ABSEITS DER AUSGETRETENEN PFADE

Einleitung

Lange Wartezeiten auf das Vaporetto in Venedig. Der Kampf um einen Platz, um den berühmten Sonnenaufgang von Angkor Wat zu fotografieren. Überfüllte Wanderwege in den beliebtesten Nationalparks der USA. Und genervte (und zahlenmäßig unterlegene) Einheimische, die sich fragen, was mit ihren Häusern und Hinterhöfen inmitten der Menschenmassen passiert ist. Wem das bekannt vorkommt, der hat wahrscheinlich den *overtourism* in Aktion erlebt.

Seit den 1950er-Jahren, einer Zeit, die im Westen als das „goldene Zeitalter des Flugverkehrs" gilt, ist die Zahl der Auslandsreisen stetig gestiegen – und das, obwohl die Flugpreise im Vergleich zu heute wahnsinnig hoch waren. Diese sinkenden Preise, der intensive Wettbewerb zwischen den Fluggesellschaften und der Anstieg des verfügbaren Einkommens sind einige der Hauptgründe für den Tourismusboom in den letzten

Jahrzehnten. Vor der Coronapandemie verzeichnete die Welttourismusorganisation der Vereinten Nationen jährlich weltweit etwa 1,5 Milliarden Reiseankünfte. Aber wohin reisen 1,5 Milliarden Menschen?

Wir haben ähnliche Reisewünsche, und oft möchten wir alle dieselben Erfahrungen dabei machen. Wir träumen davon, den Eiffelturm in Paris zu sehen, den Grand Canyon in den USA oder die Skyline von Hongkong vom Victoria Peak aus. Wie viele andere habe auch ich diese Reiseabenteuer gesammelt wie ein Kind, das Süßigkeiten hortet.

In den letzten fünf Jahren ist der Begriff *overtourism* aufgetaucht. Er beschreibt das Problem, dass sich zu viele Touristen an einem Reiseziel aufhalten, und steht für die wachsende Erkenntnis, dass intensiver Tourismus der Umwelt und den Menschen auf der ganzen

© MASAOTAIRA | GETTY IMAGES

© EKKACHAI PHOLROJPANYA | GETTY IMAGES

Welt schaden kann. Vor diesem Hintergrund und aus dem Wunsch heraus, Alternativen aufzuzeigen, wurde das vorliegende Buch geboren.

Die Ziele sind über die ganze Welt verstreut – von übersehenen Städten in Europa über abgelegene Inseln in Afrika bis hin zu Ruinen abseits der ausgetretenen Pfade in Asien. Einige der hier vorgestellten Orte sind bekannter als andere und spiegeln die Vielfalt der eigenen Erfahrungen unserer Leser wider. Man findet hier Alternativen zu beliebten Reisezielen, die unangenehm überfüllt sind – aber auch viele einzigartige Reiseziele, an die man vielleicht noch nie gedacht hat.

Reisen jenseits der klassischen Flitterwochenziele sind eine großartige Möglichkeit, Menschen in jenen Ecken der Welt zu unterstützen, die das dringend brauchen. Lonely Planet war schon immer ein leidenschaftli-

cher Verfechter der Idee, dass man mit Reisen etwas Gutes tun kann. Selbst an den beliebtesten Reisezielen kann man mit seinem Geld diejenigen unterstützen, die diesen Orten etwas zurückgeben. Und wer weiter weg an Orte reist, an denen es nur wenige Touristen gibt, kann mit seinem Besuch das Leben der Menschen wirklich verändern, indem er ihr Einkommen sichert und Möglichkeiten schafft, die ganze Gemeinschaften stärken können.

Die Coronapandemie hat uns die Chance geboten, unser Reiseverhalten zu ändern und den Tourismus nachhaltiger zu gestalten. Eine Möglichkeit ist, die Reisenden gleichmäßiger über den Globus zu verteilen. Die verlockende Frage lautet: Wohin will man reisen? Hoffentlich kann dieses Buch einige neue Antworten liefern.

Lorna Parkes, Herausgeberin

Palm Island, Australien **S. 296**

Sunshine Coast Trail, Kanada **S. 120**

Eastern Cape, Südafrika **S. 3**

Inhalt

100 ERSTAUNLICHE ORTE ABSEITS DER TOURISTENPFADE

Tatra, Polen **S. 258**

Die Tempel von Yogyakarta, Indonesien **S. 70**

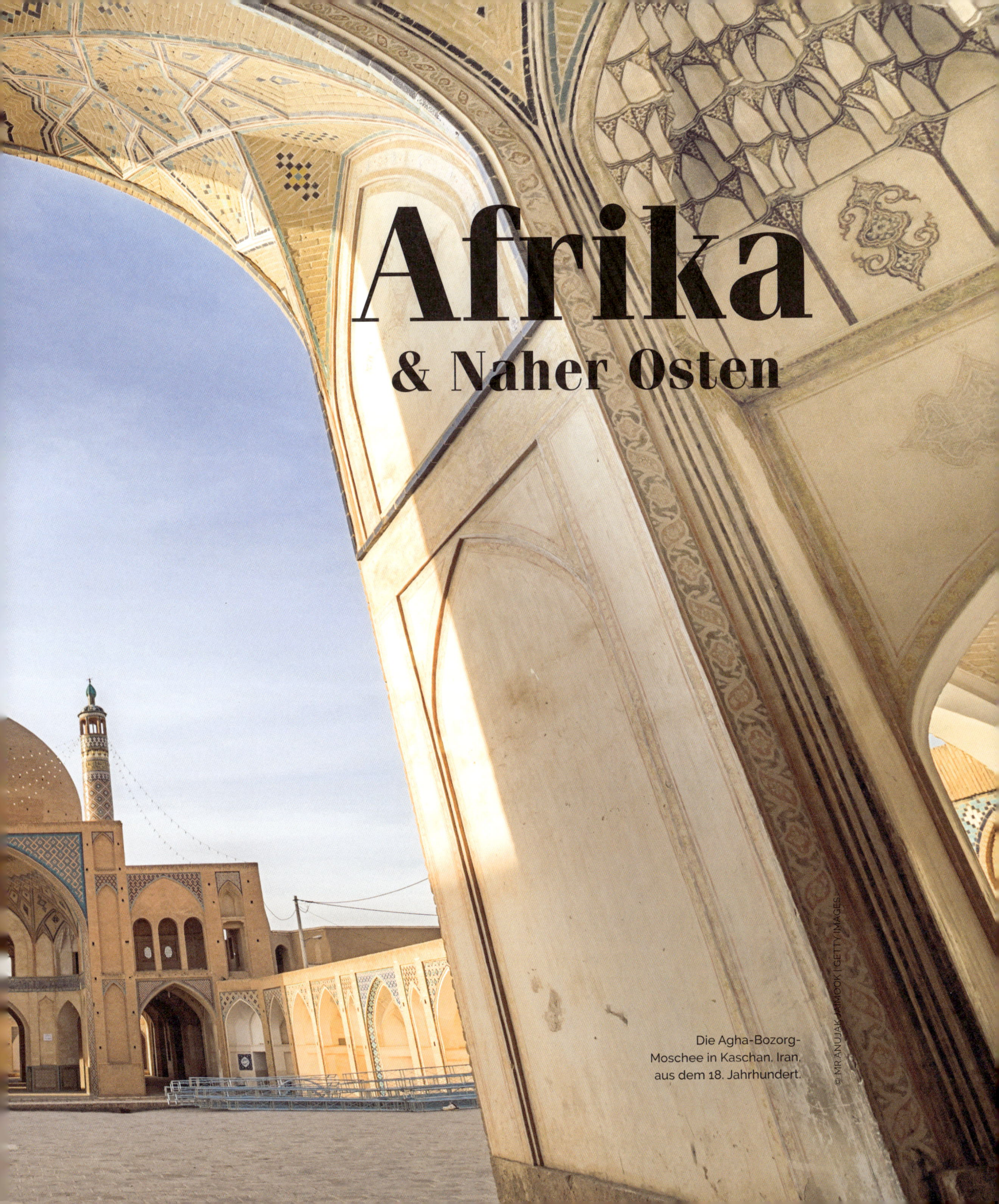

Afrika
& Naher Osten

Die Agha-Bozorg-Moschee in Kaschan, Iran, aus dem 18. Jahrhundert.

Algerien

DER NORDAFRIKANISCHE RIESE MIT DEN LEGENDÄREN WÜSTENLANDSCHAFTEN

Algeriens ist die Sahara. Ob es die Sandmeere sind, die Timimoun umgeben, oder die feuerroten Berge im äußersten Süden – diese Wüstenlandschaften sind legendär.

Trotz der pfirsichfarbenen Dünen und der großartigen Ruinen reisen jährlich nur etwa 30 000 Touristen in das Land. Die meisten von ihnen kommen aus Frankreich, um ihre Familienangehörigen zu besuchen. Eine komplizierte jüngere Geschichte und die Sicherheitslage im Land sind die Gründe dafür, dass Besucher fernbleiben. Obwohl Algerien in den letzten Jahren viel für die Sicherheit getan hat, sollte man vor einem Aufenthalt auf jeden Fall die offiziellen Reisehinweise für das Land beachten.

Das größte Land Afrikas liegt nur einen Katzensprung von Europa entfernt. Im Norden mit seinen schneebedeckten Bergen und der atemberaubenden Küste liegen große und charismatische Städte wie Algier und Constantine sowie einige der großartigsten römischen Stätten, die es gibt - Timgad und Djemila sind sehr gut erhaltene Ruinenstädte, in denen kaum ein Tourist zu sehen ist. Die andere große Attraktion

FÜR FANS VON ...

- 🧡 *Pyramiden von Gizeh, Ägypten*
- 🧡 *Marokko*
- 🧡 *Angkor Wat, Kambodscha*
- 🧡 *Antiken Stätten*
- 🧡 *Wüstenlandschaften*
- 🧡 *Gastfreundlichen Menschen*

Warum nach Algerien?

Seit den Schrecken der *décennie noire*, des Bürgerkriegs in den 1990er-Jahren, erlebt das Land eine friedlichere Phase. Die Algerier bauen ihr Land langsam wieder auf, oft gegen die erdrückende Trägheit der Bürokratie. Es finden viele Kulturfestivals statt, und in den belebten Straßen von Algier, Oran und Constantine sind schicke Läden und Restaurants keine Seltenheit. Die Regierung hat die Beschränkungen für den privaten Besitz von Hotels gelockert, was vor 20 Jahren noch undenkbar gewesen wäre.

Zweifellos ist eine Reise nach Algerien eine Herausforderung. Das Land ist mystisch, und es gibt viele erstklassige Ziele zu besichtigen. Bei fast allen dieser Sehenswürdigkeiten, die Besucher so sehr verdienen, kann man sich sicher fühlen.

ANREISE

Mit einem gültigen Visum ist die Ein- und Ausreise normalerweise eine schnelle und problemlose Angelegenheit. Die überwiegende Mehrheit der Besucher kommt mit dem Flugzeug nach Algerien. Im Allgemeinen gibt es zwischen den Flughäfen, den Fährhäfen und den Stadtzentren kein großes öffentliches Verkehrsnetz, aber immer genügend Taxis, die meist günstig sind.

WANN AM BESTEN?

März–Juli

Der Norden blüht im Frühling förmlich auf. Warme, trockene Tage sind ideal für die Erkundung der weitläufigen antiken Stätten.

REISETIPPS

Den *Antrag für das Visum* mindestens einen Monat vor dem Antritt der Reise stellen.

....

Touren und Begleitpersonen in die Sahara mindestens einen Monat im Voraus buchen.

....

Man sollte sich bescheiden kleiden. Für Männer bedeutet das: keine Shorts (außer am Strand), für Frauen: knöchellange Kleider und konservative Oberteile.

....

In den letzten Jahren wurde in der Sahara eine starke Zunahme der Staubstürme, die zum Klimawandel beitragen, beobachtet. Der Grund könnten Geländewagen sein, die den Sand aufwirbeln. Man sollte deshalb statt einer Tour mit dem Jeep eine Tour mit einem Kamel *in Betracht ziehen.*

ABSEITS DER TOURISTENPFADE

 Genieße die Schönheit von Algier. Steig hoch zur Kasbah aus dem 16. Jahrhundert und probiere frische Meeresfrüchte aus der Bucht.

 Römische Geschichte wird in Djemila lebendig. Nimm dir Zeit für die Tempel und die Märkte und schlendere durch die Bäder.

 Verbring Zeit in der schönen alten Stadt Constantine, die in einer Schlucht liegt und ein reiches architektonisches Erbe mit prächtigen Brücken aufweist.

 Mach dich auf zu den Dünen des Westlicher Großer Erg. Ausgangspunkt ist die rote Oasenstadt Timimoun, eine der schönsten der Sahara.

 Genieße den Anblick von Timgad, eine der schönsten römischen Stätten.

 Feilsche in Ghardaïa um einen Teppich, wirf einen Blick auf eine mittelalterliche Stadt und schwimm anschließend im Schatten von Dattelpalmen.

Oben: Die antiken Ruinen von Timgad, gegründet um 100 n. Chr., zählen zu den schönsten römischen Überresten Afrikas

Sinai Trail

WILDNISWANDERN MIT BEDUINEN AUF ÄGYPTENS ERSTEM FERNWANDERWEG

stämmen betriebene lokale Touris-
musprojekt zeigt die raue Schönheit
des Sinai und kommt gleichzeitig
den Beduinengemeinden der Region
zugute, die lange Zeit von der Entwicklung des Tourismus an der
Südküste ausgeschlossen waren.

Für Wanderer bietet der Sinai Trail
abseits der ausgetretenen Pfade
Zugang zu Teilen der Region, die die
meisten Menschen nicht zu Gesicht
bekommen: eines der größten Wild-
nisgebiete im Nahen Osten. Und was
noch wichtiger ist: Er schafft fair
bezahlte Beschäftigungsmöglich-
keiten für Beduinenführer und bietet gleichzeitig einen Schwerpunkt
für die Zusammenarbeit zwischen
den Stämmen und die Bewahrung
des beduinischen Erbes.

Die meisten Besucher der ägyptischen Sinai-Halbin-
sel sehen nur die zerklüfteten Berggipfel der Region
als Kulisse für den Strand und die Badeorte am Roten
Meer. Aber der erste Fernwanderweg des Landes macht
es jetzt einfacher als je zuvor, das Wüstenherz der Halbinsel zu erkunden. Der Sinai Trail schlängelt sich über
550 Kilometer durch einige der wildesten und kargsten
Landschaften des Landes. Dieses von acht Beduinen-

FÜR FANS VON ...

♥ *Trekking*
♥ *Gipfelaussichten*
♥ *Beduinenkultur*
♥ *Jordan Trail*
♥ *Wüstenlandschaften*
♥ *Alter Geschichte*

Warum auf den Sinai Trail?

Die Beduinenkooperative, die für den Trail verantwortlich ist, bringt durch diese große Trekking-Herausforderung den Tourismus auf den Sinai. Die Besucher tauchen in die atemberaubende Wüstenlandschaft und in die Geschichte des Sinai ein. Man folgt den alten Beduinenrouten von den felsigen Wüstenplateaus durch die orangefarbenen Canyons und klettert zu den Beduinengärten in den Tälern des Hochgebirges, bevor man die zerklüfteten Gipfel selbst erklimmt. Oder man wandert durch weite Wadis (Täler) und über hohe Pässe zu einsamen Oasen und zum Tempelkomplex von Sarabit al-Chadim.

Für den gesamten Sinai Trail braucht man etwa 55 Tage, aber die meisten Besucher entscheiden sich dafür, nur einen Teil des Weges zu gehen. Alle Wanderungen durch diese abgelegene Wildnis werden von geschulten Beduinenführern und Hilfskräften (die für Wasser und Campingausrüstung verantwortlich sind) des Stammes begleitet, durch dessen Gebiet man kommt.

Rechts: Der Sinai Trail führt durch die steinige Wüste, Canyons und Hochgebirgstäler der Halbinsel

Unten: Der Dschabal Katrina, der höchste Berg Ägyptens, überragt das Katharinenkloster

REISETIPPS

Über die Website (sinaitrail.net) und die Facebook-Seite (facebook.com/sinaitrail) werden in regelmäßigen Abständen Gruppentouren und kürzere Wanderungen auf Teilstrecken des Trails organisiert – ideal für Alleinreisende, die mit anderen wandern möchten.

Ein schöner Auftakt oder Abschluss des Trails sind ein paar Tage am Meer mit Übernachtung in einer hoosha (Palmenstrohhütte) in einem der einfachen Strandcamps, die sich entlang der Küste zwischen Nuweiba und Taba erstrecken.

Für die Wanderung auf dem Sinai Trail muss man gut ausgerüstet sein. Bring ein Zelt, einen Schlafsack, eine Isomatte, eine persönliche Reiseapotheke und gute Wanderschuhe mit.

ANREISE

Die beliebtesten Ausgangspunkte für den Sinai Trail befinden sich nördlich von Nuweiba an der Ostküste des Sinai und am Katharinenkloster im Hochgebirge. Scharm El-Scheich ist das internationale Drehkreuz des Südsinai. Von dort aus gibt es täglich einen Bus nach Nuweiba. Um von den Ferienorten im Süden zum Katharinenkloster zu gelangen, muss man ein Taxi nehmen.

WANN AM BESTEN?

März–Mai

Im Frühling sind die Temperaturen ideal zum Wandern, und die Wüste zeigt sich von ihrer farbenprächtigsten Seite. Alternativ kann man Ägypten auch in den Herbstmonaten Oktober und November besuchen.

ABSEITS DER TOURISTENPFADE

 Steig auf den Dschabal Katrina, Ägyptens höchsten Gipfel. Der 2629 Meter hohe Berg bietet bei Sonnenuntergang einen Blick auf andere Gipfel, die bis zur Küste reichen.

 Erkunde die Wadis und Sandmeere des Westsinai mit den antiken Felszeichnungen und alten britischen Bergbausiedlungen auf dem Weg nach Sarabit al-Chadim.

 Besuche den Tempel von Sarabit al-Chadim aus der 12. Dynastie. Er ist der Göttin Hathor gewidmet und von den alten Türkisminen der Pharaonen umgeben.

 Entdecke die üppigen Beduinengärten und Obsthaine der Hochgebirgsregion.

 Wandere auf dem Wadi el Arbain Trail zum Berg Sinai, der wichtigsten Pilgerstätte der Halbinsel. Er schlängelt sich vorbei am Kloster der 40 Märtyrer aus dem 6. Jahrhundert sowie an mehreren Einsiedeleien.

 Klettere auf den Gipfel des Jebel Abbas Basha im Hochgebirge. Auf dem Weg sind die Überreste des nie vollendeten Palastes von Khedive Abbas I. eine Belohnung.

Links: Giraffen sind ein Highlight in Naboisho, ebenso wie Löwen, Geparden, Elefanten und Flusspferde

Naboisho Conservancy

TIERWELT WIE IM MAASAI MARA NATURSCHUTZGEBIET, ABER WENIGER JEEPS

Kenias Naboisho Conservancy ist genauso reich an Wildtieren wie das berühmtere Maasai Mara National Reserve, an das es grenzt, aber die strikte Begrenzung der Touristenzahlen sorgt für ein viel authentischeres Safarierlebnis. Es gibt auch Regeln für die Anzahl der Autos, die an einer Sichtung teilnehmen dürfen, sodass sich nicht Dutzende von Geländewagen um die Tiere drängen. Stattdessen hat man die große Löwenpopulation von Naboisho fast für sich allein – plus Geparden, Elefanten, Büffel, Giraffen, Gnus, Flusspferde und mehr.

Großwild ist nicht die einzige Attraktion – die Landschaften von Naboisho sind fantastisch. Und die Besucher haben einen direkten positiven Einfluss auf die Erhaltung dieser Landschaften für die lokalen Gemeinschaften. Reiseunternehmen pachten das Land von den Massai, die ein Einkommen aus Naturschutzgebühren und ihrer Beschäftigung in den neun Camps von Naboisho erzielen. Jedes Camp bietet einen hohen Standard an Unterkünften mit stilvollen Zelten und schönen Gemeinschaftsräumen für den Sundowner.

FÜR FANS VON …

💛 *Maasai Mara National Reserve*
💛 *Unvergleichlicher Tierwelt*
💛 *Nächten im Zelt*
💛 *Kontakten mit Einheimischen*
💛 *Wandersafaris*
💛 *Spektakulären Savannen*

17

Warum ins Naboisho Conservancy?

Für viele Menschen ist eine Safari eine einmalige Erfahrung, und das Naboisho Conservancy enttäuscht nicht. Besucher sind erstaunt über die Nähe zu den Tieren. Elefanten laufen an den Jeeps vorbei, und Löwen sind so nah, dass man sie gähnen hört. Da es nicht die gleichen Beschränkungen gibt wie in den staatlichen Nationalparks, sind die Führer des Schutzgebiets flexibler und können Erlebnisse anbieten, die im benachbarten Maasai Mara National Reserve nicht möglich sind – wie etwa nächtliche Pirschfahrten.

Die meisten Fremdenführer der Region kennen sich in ihrer Heimat hervorragend aus und wurden in der Koiyaki Guiding School des Schutzgebiets ausgebildet. Das ist nur eine der Gemeinschaftsinitiativen, die das Leben der Menschen vor Ort spürbar verbessern. Naboisho bedeutet in der Maasai-Sprache „Zusammenkommen", und das Schutzgebiet wurde nach dem Grundsatz gegründet, dass das Land zum Wohle von Mensch und Tier bewirtschaftet werden muss, damit beide Seite an Seite gedeihen können. Und allem Anschein nach funktioniert das auch.

ANREISE

Kenias wichtigster internationaler Flughafen ist der Jomo Kenyatta Airport in der Hauptstadt Nairobi. Von dort aus fährt man vier Stunden zum Naboisho Conservancy. Die Camps können einen Fahrer organisieren. Man kann alternativ bei Gesellschaften wie Kenya Airways, AirKenya und Safarilink einen einstündigen Inlandsflug vom Wilson Airport in Nairobi buchen.

WANN AM BESTEN?

Ende Juni–Oktober

Obwohl man das ganze Jahr über Tiere gut beobachten kann, sind die trockensten Monate am besten. Die Tiere versammeln sich an Flüssen und Wasserlöchern, um zu trinken. Die Gnuwanderung, das größte Naturschauspiel, ist von August bis Oktober.

ABSEITS DER TOURISTENPFADE

 Begib dich auf eine geführte Buschwanderung. Du erfährst, wie die Pflanzenwelt von den Einheimischen genutzt wird – und alles über tierische Hinterlassenschaften.

 Besuch ein Maasai-Dorf. Die Camps arbeiten mit den Gemeinschaften zusammen. Sie empfangen gern Gäste und verkaufen Perlenstickereien und Schnitzereien.

 Steh früh auf. Die Tiere sind kurz vor der Abenddämmerung und nach der Morgendämmerung am aktivsten. Der Sonnenaufgang über der Savanne ist magisch.

 Lass den Dingen die Zeit, die sie brauchen. Bei Raubtieren dauert es lange, bis sie töten, aber wenn man so etwas erlebt, ist das ein unvergessliches Erlebnis.

 Mach eine Fahrt mit dem Heißluftballon über das Maasai Mara National Reserve. Kenias wichtigste Naturattraktion ist aus der Luft unvergleichlich friedlich.

 Iss im Freien in der Savanne. Die meisten Camps bieten ein „Buschfrühstück" oder einen Picknickkorb an, den man mit auf eine Pirschfahrt nehmen kann.

Im Uhrzeigersinn von oben links: eine Elefantenfamilie; Leoparden gehören zu den Großkatzen des Schutzgebiets; ein einsamer Safarijeep

Lesotho

DAS KLEINE KÖNIGREICH, IN DEM DIE GEMEINDEN IN DEN TOURISMUS INVESTIEREN

Decke als auf die Touristenmassen Südafrikas, das Lesotho umgibt. Im Jahr 2019 erkundeten nur 800 000 internationale Touristen die aufregenden 3000 Meter hohen Pässe. Zum Vergleich: 15,8 Millionen waren es, die südafrikanische Highlights wie den Tafelberg und den Blyde River Canyon besuchten.

Nach wie vor ein Geheimtipp sind die gemeinschaftlich geführten Backpacker-Lodges. Oft sind es auf den Berggipfeln gelegene ehemalige Handelsposten, von denen aus einst die abgelegenen Dörfer versorgt wurden. Trotz Prinz Harrys Verbindung zu dem Land, in dem er mit Aids-Waisen arbeitete, steht Lesotho noch nicht auf den typischen Reiserouten der Subsahara.

Das winzige Lesotho, das von den Drakensbergen und dem Maluti-Gebirge dominiert wird, ist eines der höchstgelegenen Länder der Welt. Selbst der tiefste Punkt des ehemaligen britischen Protektorats liegt auf einer Höhe von 1400 Meter. Bei einer Wanderung oder beim Trekking auf einem robusten Basotho-Pony durch dieses dünn besiedelte, bergige Königreich trifft man eher auf einen Hirten mit einer traditionellen Basotho-

FÜR FANS VON …

💛 *Dem Hohen Atlas in Marokko*
💛 *Blyde River Canyon*
💛 *Bergwandern*
💛 *Reiten*
💛 *Afrikanischer Kultur*
💛 *Anspruchsvollen Fahrten*

Warum nach Lesotho?

Lesothos Hauptattraktion sind die scheinbar endlosen Berglandschaften, die im Winter mit Schnee bedeckt sind und von Sonnenuntergängen rosa gefärbt werden, die von großartigen Pässen durchquert werden, von Wasserfällen durchzogen sind und Abenteuer in großer Höhe bieten. Der abgelegene südliche Sehlabathebe National Park und der relativ leicht zugängliche Ts'ehlanyane National Park schützen weite Teile der Wildnis. Letzteren verbindet eine 40 Kilometer lange Wanderung oder Ponytrekking mit den Tälern und Hochlandwiesen des Bokong Nature Reserve.

Dank des Straßenausbaus ist Lesotho mit dem Mietwagen einfach zu erkunden, auch wenn der God Help Me Pass (2281 Meter) dem Fahrer einiges abverlangt. Am Ende der Strecke gibt es eine Handvoll gemeinschaftlich geführter Backpacker-Lodges in ehemaligen Handelsposten. Man kann dort die Berge erkunden, Dörfer besuchen, kühles Maluti-Bier trinken und am Lagerfeuer zusammensitzen. Nicht verpassen sollte man die Kneipentour der Semonkong Lodge per Esel (www.semonkonglodge.com).

ANREISE

Man fliegt nach Johannesburg oder Durban, mietet ein Auto und übernachtet auf dem Weg nach Lesotho in Clarens oder in den südafrikanischen Drakensbergen. Maseru Bridge in der Nähe der Hauptstadt Maseru ist der wichtigste Grenzübergang. Für einige Straßen ist ein Allradfahrzeug erforderlich. Man braucht eine gute Straßenkarte und sollte sich nicht auf Google Maps verlassen.

WANN AM BESTEN?

September–April

Frühling bis Herbst sind die angenehmsten Jahreszeiten für Reisen nach Lesotho. Im Sommer können die Temperaturen in den Tälern 30 °C übersteigen, aber in den Bergen ist es immer noch kühl – manchmal fallen sie dort sogar unter den Gefrierpunkt.

REISETIPPS

Wer zum Essen einkehren möchten, sollte vorher anrufen, da das Personal in abgelegenen Restaurants die Küche anheizen und einen Koch finden muss.

....

Am besten ist ein Allradfahrzeug, ansonsten sollte man sich vorab über den Straßenzustand erkundigen. Wer aus Südafrika einreist, sollte von der Autovermietung die Erlaubnis haben, über die Grenze fahren zu dürfen.

....

Der südafrikanische Rand wird allgemein akzeptiert, mit Maloti (Lesothos Währung) kann man aber in Südafrika nicht bezahlen.

....

Lesotho hat eine der weltweit höchsten Raten von Gewalt gegen Frauen. Frauen sollten daher nicht allein reisen.

ABSEITS DER TOURISTENPFADE

 Fahr über den Gates of Paradise Pass zur Malealea Lodge, die geführte Trekkingtouren, MTB-Trails und Chorsingen mit der Gemeinde anbietet.

 Trau dich auf die längste kommerzielle Abseilstrecke der Welt an den Maletsunyane Falls und erhole dich in der Duck & Donkey Tavern der Semonkong Lodge.

 Entdecke Antilopen, Felsformationen und den „che-che"-Wald im Ts'ehlanyane National Park, wo die Maliba Lodge über einem Tal liegt.

 Komm von Südafrika über den Sanipass und stoß am Sani Top an, wo sich Afrikas höchstgelegener Pub und gemütliche Rondavel-Unterkünfte befinden.

 Übernachte am ruhigen Katse-Damm und besichtige dieses Wunderwerk der Technik, das Johannesburg mit Wasser versorgt und Strom aus Wasserkraft erzeugt.

 Carve auf den Pisten und im Snowpark des Afriski Mountain Resorts im Pulverschnee und genieße eine Pizza im höchstgelegenen Restaurant Afrikas.

Oben: Ein Highlight in Lesotho ist Ponytrekking, bei dem es auf schmalen Pfaden durch dünn besiedeltes Gebiet geht

Tetouan

DIE ÜBERSEHENE MAROKKANISCHE STADT IST EINE GESCHICHTSTRÄCHTIGE OASE

Die kleine Stadt Tetouan, deren weiße Gebäude sich an die Hänge des Rif-Gebirges schmiegen, hat etwas sehr Anziehendes an sich. Viele Reisende besuchen das nahe gelegenen, geschäftige Chefchaouen, doch Kenner fahren etwas weiter nördlich nach Tetouan. Die Phönizier gründeten hier einen Hafen, und aus dem 3. Jahrhundert stammen römische Überreste. Dank der jahrhundertelangen Einwanderung hat die Stadt ein kosmopolitisches Flair. Juden und Mauren, die im 15. Jahrhundert aus Spanien flohen, ließen sich hier nieder, später kamen Algerier. Zwischen 1912 und 1956 war Tetouan dann die Hauptstadt des spanischen Protektorats im Norden Marokkos.

Jugendstilgebäude zieren noch immer den spanischen Teil der Stadt, während die arabisch geprägte Medina mit ihren kleinen Gassen lockt. Es gibt eine bedeutende Schule für bildende Kunst, eines der besten Museen für zeitgenössische Kunst in Marokko, und junge Menschen lernen hier alte Handwerke. Trotz alledem begrüßte Tetouan nur rund halb so viele Touristen wie Chefchaouen.

FÜR FANS VON …

- *Chefchaouen*
- *Der Geschichte von al-Andalus*
- *Kunsthandwerk*
- *Gassen und Riads der Medina*
- *Wanderungen in den Bergen*
- *Jugendstilarchitektur*

Warum nach Tetouan?

Die Medina von Tetouan gehört zum Weltkulturerbe und ist Mitglied des Creative Cities Network der Unesco. Im Archäologischen Museum mit seinen vorislamischen Keramiken und den großartigen römischen Mosaikböden aus Lixus taucht man ein in das kulturelle Erbe. Alte Fotografien von Tetouan sind im Kulturzentrum Dar El Oddi zu sehen. Im spanischen Viertel Ensanche führen alle Wege zur anmutigen Plaza Muley El Mehdi mit ihren Cafés, Restaurants und der hübschen gelben Kirche Iglesia de Bacturia.

In der Ensanche findet man zudem schöne Beispiele der hispano-maurischen Jugendstilarchitektur. Musikfreunde kommen zum Festival der andalusischen Musik im April und dem Festival der Frauenstimmen im August. In der Medina gibt es eine Handvoll schöner Riads mit maurischen Bögen und dekorativen Fliesen, in denen man wohnen kann. Dieses alte Viertel ist immer noch eine funktionierende Gemeinschaft, in deren Mittelpunkt das tägliche Leben mit Märkten, Hamams und Moscheen steht.

ANREISE
Tetouan erreicht man von Tanger aus in etwas mehr als einer Stunde mit dem Bus durch das Rif-Gebirge. Vom Busbahnhof ist es nur eine kurze Taxifahrt in die Medina. Tanger ist mit Spanien per Fähre, mit Marrakesch per Flugzeug oder mit Casablanca per Zug auf der Hochgeschwindigkeitsstrecke Al Boraq verbunden.

WANN AM BESTEN?
Mai–Oktober

Das mediterrane Klima von Tetouan ist angenehmer als die brutale Hitze im Landesinneren, sodass Frühling, Sommer und Herbst eine gute Reisezeit sind. Im Juli und August sind viele Marokkaner unterwegs, die an der nahen Küste Urlaub machen.

REISETIPPS

Ein wenig marokkanisches Arabisch und aufgefrischte Spanischkenntnisse sind hilfreich. Französisch wird zwar in den meisten Teilen Marokkos gesprochen, aber hier nützt es nicht viel. Spanisch ist die Verkehrssprache dieser ehemaligen Hauptstadt des spanischen Protektorats.

....

Man sollte sich nicht die Gelegenheit entgehen lassen, in einem Riad-Gästehaus in der Medina zu übernachten. Architektur und Ausschmückung sind mit keiner anderen Stadt in Marokko vergleichbar.

....

Man kleidet sich konservativ: Sowohl Männer als auch Frauen sollten Knie und Schultern bedecken. Freizügige Kleidung ist etwas für die Strandbäder am Mittelmeer, die nur 20 Autominuten entfernt sind.

ABSEITS DER TOURISTENPFADE

 Genieß die entspannte Atmosphäre der Medina und mach einen Zwischenstopp im Dar El Oddi.

 Entdecke die eigenwillige Plaza Hassan II, die vom Königspalast und vier vom Gaudí-Schüler Enrique Nieto entworfenen Straßenlaternen flankiert wird.

 Nimm an einem von Green Olive Arts organisierten Besuch bei den Kunsthandwerkern von Tetouan teil und bewundere ihr Können aus nächster Nähe.

 Genieße hervorragende marokkanische Küche mit spanischem Einschlag im Blanco Riad oder im El Reducto in der Medina.

 Lass dich vom Zentrum für moderne Kunst beeindrucken – wegen des alten Bahnhofs, in dem es untergebracht ist, und der spannenden Kunst im Inneren.

 Verbringe einen Tag im Rif-Gebirge mit einem Führer, halte zum Mittagessen in einem Dorf an und besichtige alte Wassermühlen.

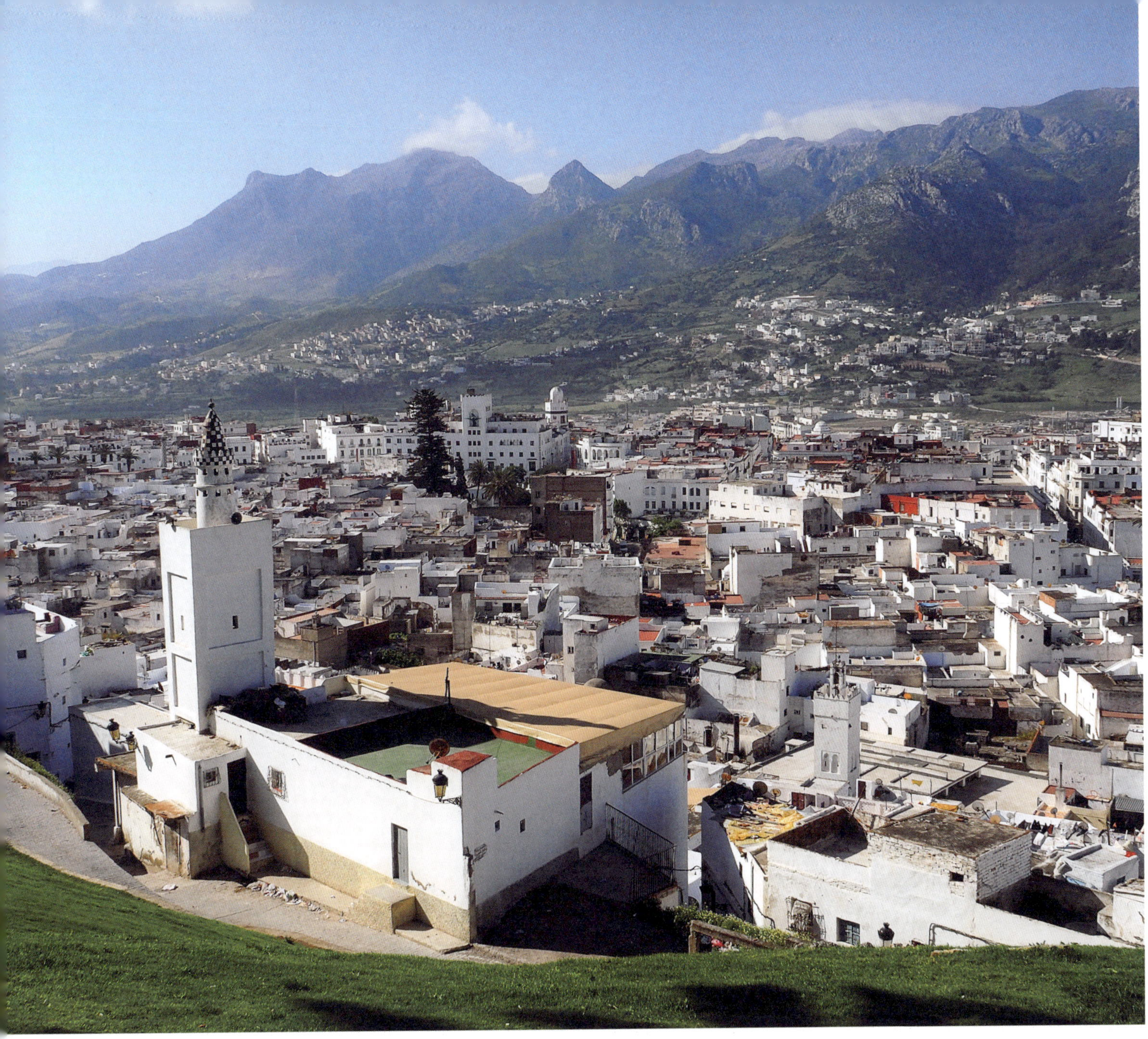

Oben: Wie in vielen Städten in den andalusischen Bergen sind auch in Tetouan die meisten Gebäude weiß getüncht

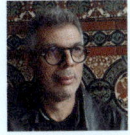

Hassan Echair
Bildender Künstler und Professor, Institut National des Beaux-Arts

WARUM ICH TETOUAN LIEBE

Die Kultur von Tetouan wird durch die arabisch-andalusische und amazighische Geschichte bereichert. Die Stadt ist ruhig und friedlich, das Leben ist gemächlich und die Lage zwischen den Bergen und dem Meer wunderbar.

Erlebnisse vor Ort
Die Medina und die Ensanche, der Panoramablick auf die Berge, die Wege entlang des Flusses und die Nähe zum Meer bieten sowohl antike als auch moderne Erlebnisse – man fühlt sich wie in einer Zeitmaschine.

Meine liebste Jahreszeit
Ich mag den Frühling, weil er die Berge in dieses besondere Licht taucht. Und den Herbst, wenn das milde Klima perfekt für Wanderungen ist.

Links: Eine traditionelle Dhau an einer einsamen Sandbank vor der Insel Ibo

Ilha do Ibo

LODGES AM INDISCHEN OZEAN ERWECKEN EINEN ALTEN HAFEN ZU NEUEM LEBEN

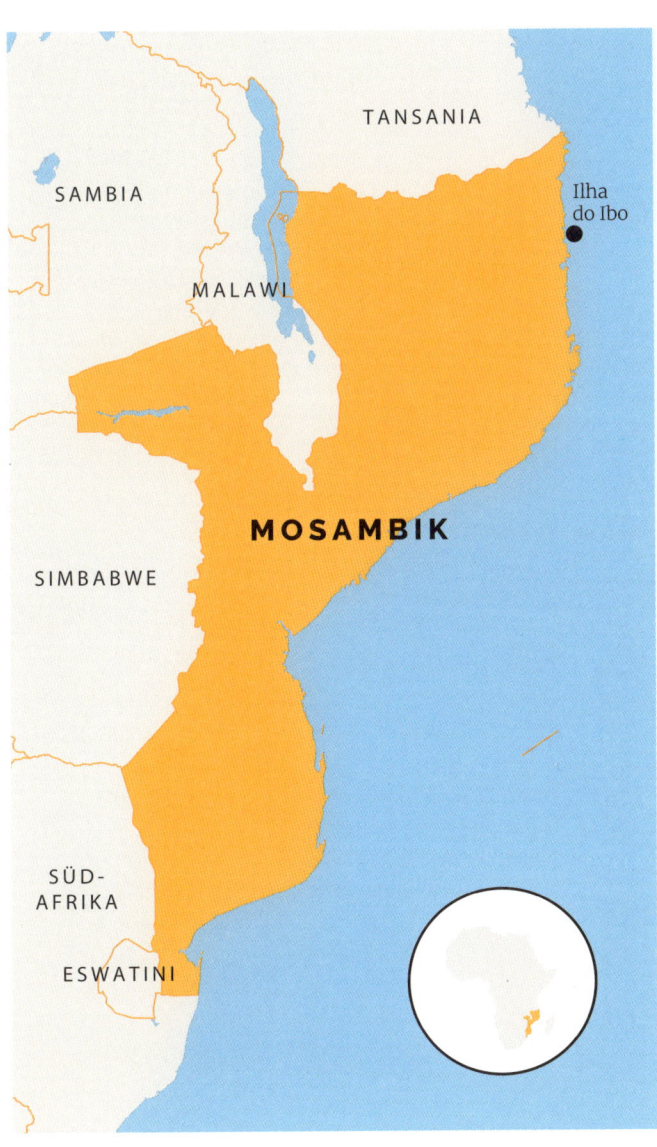

Inmitten der ruhigen Gewässer des mosambikanischen Quirimbas-Archipels ist Ibo eine Insel mit mystischer Anziehungskraft. Dhaus mit ihren charakteristischen dreieckigen Segeln fahren an ihren stillen Ufern vorbei, verfallene Villen und moosbewachsene Gebäude säumen die autofreien Straßen. Der Kreuzungspunkt verschiedener Kulturen spiegelt eine lange, stürmische Geschichte wider.

Eingerahmt von Mangroven und Korallenriffen ist die Insel noch unberührt. Sie ist weniger bekannt als die Ilha de Moçambique weiter südlich und noch nicht vom Massentourismus geprägt. Man kommt mit dem Flugzeug oder dem Boot, die touristischen Einrichtungen auf der Insel sind, abgesehen von einer Handvoll ausgezeichneter Lodges, spärlich. An der Nordwestküste liegt ein Städtchen mit etwa 4000 Einwohnern, während sich weiter südlich Mangroven und verstreute kleine Bauernhöfe befinden. In der alten „Steinstadt" reihen sich Ruinen an restaurierte Herrenhäuser – das Erbe eines Hafens aus der portugiesischen Kolonialzeit.

FÜR FANS VON ...

♥ *Ilha de Moçambique*
♥ *Sansibar*
♥ *Lamu Island*
♥ *Portugiesischer Geschichte*
♥ *Frischen Meeresfrüchten*
♥ *Bootsfahrten*

Warum auf die Ilha do Ibo?

Mit einer Fläche von nur 15 Quadratkilometern ist Ibo eine winzige Insel. Aber die beeindruckende Atmosphäre spiegelt ihr reiches muslimisches und christliches Erbe wider. Am besten erlebt man das in einer klaren Mondnacht, wenn die alten Kolonialbauten der einst stattlichen „Steinstadt" einen gespenstischen, fast surrealen Anblick bieten. Ohne gepflasterte Straßen, Geschäfte oder gar eine Bank gleicht die historische Siedlung einer Geisterstadt. Doch trotz fehlenden Infrastruktur ist die Insel ein komfortabler Ort, an dem man es dank einer Handvoll gut ausgestatteter Lodges gut aushalten kann.

Man entspannt in eleganten Unterkünften, die den kulturellen Mix der Insel widerspiegeln, und nimmt an einer Reihe von spannenden Unternehmungen teil. Einheimische Fischer nehmen Gäste mit zum Krabbenfang, man schnorchelt in Gewässern, in denen sich Delfine tummeln, oder segelt auf einer traditionellen Dhau durch die entlegeneren Teile des Archipels.

ANREISE

Boote nach Ibo (45 Minuten) fahren von Tandanhangue im Norden des Festlandes ab, wohin eine holprige sechs- bis siebenstündige Fahrt von der größeren Stadt Pemba aus führt. Alternativ kann man einen 20-minütigen Charterflug von Pemba aus buchen, der auf einem winzigen Airport landet, der etwa 15 Gehminuten von Ibo entfernt ist.

WANN AM BESTEN?

Mai-Oktober

Die Regenzeit endet etwa im Mai, die Trockenzeit dauert bis Oktober. Juli und August sind Hochsaison. Ende Juni wird auf der Insel das 250 Jahre alte Kueto-Siriwala-Fest gefeiert.

REISETIPPS

Vor der Abreise sollte man aktuelle Nachrichten einholen. Eine Kombination aus dem Zyklon Kenneth im Jahr 2019, lokalen politischen Unruhen und der Coronapandemie haben den Besuch von Ibo in letzter Zeit erschwert, obwohl sich die Situation verbessert.

....

Am besten bucht man eine Lodge im Voraus und erkundigt sich nach einem Transportmittel ab Pemba. Das macht die Anreise sehr viel einfacher.

....

Wer die Möglichkeit hat, sollte von Tandanhangue aus mit einer Dhau nach Ibo fahren. Auf diesen traditionellen Segelschiffen der Ostküste Afrikas, die typisch für die Küste Mosambiks sind, taucht man in den Rhythmus der Insel ein.

ABSEITS DER TOURISTENPFADE

 Wandere zur benachbarten Insel Quirimba. Bei Ebbe ist sie durch eine Reihe von Sandbänken mit Ibo verbunden.

 Probiere den koffeinarmen Kaffee von Ibo in der Casa das Conchas in der Altstadt. Das Haus ist mit einem schönen Mosaik aus einheimischen Muscheln bedeckt.

 Halte bei einem Spaziergang auf der Insel die Augen offen. Auf Wegen, die südlich der Stadt durch Waldgebiete führen, lassen sich rund 250 Vogelarten beobachten.

 Fahre mit einem Boot zur Sandbank São Gonzalo zwischen Ibo und Matemo und verbringe einen Nachmittag am Strand.

 Bestaune die alte Pracht der „Steinstadt" mit ihren Silberschmieden, Herrenhäusern und den drei noch erhaltenen Festungen. Buche dazu einen Reiseführer.

 Nimm an einem Abendessen im Dorf teil, das von den Lodges arrangiert wird, und erlebe, wie die Einheimischen mit frischem Fisch, Gemüse und dem ungewöhnlichen wilden Kaffee Erstaunliches anstellen.

Im Uhrzeigersinn von oben links: Ibo hat eine Handvoll ausgezeichneter Lodges; das Dorf hat einen eigenen Charme; Luftaufnahme der seichten Küste

Jörg Salzer
Besitzer des
Boutiquehotels
Miti Miwiri

WARUM ICH IBO LIEBE

Die Menschen, die Abgeschieden-heit, die Ruhe und die Farben. Auch nach vielen Jahren auf Ibo ist es ein großes Privileg, an einem so magischen Ort zu leben.

Erlebnisse vor Ort
Nicht versäumen: lokale Tänze und Traditionen wie die Musiro-Maske (die von den Mwani-Frau-en getragen wird), die historische Altstadt aus Stein mit ihren drei Festungen und die superfrischen und großartigen Meeresfrüchte.

Meine liebste Jahreszeit
Mitte April–Juni und September–November wegen des angeneh-men Klimas – außerdem ist der Wind nicht zu stark, was für Akti-vitäten mit dem Boot wichtig ist.

Eastern Cape

ÖKO-HERBERGEN, VOLKSKUNST UND GROSSARTIGE LANDSCHAFTEN

Das Eastern Cape ist die zweitgrößte Provinz Südafrikas und eine der traditionellsten afrikanischen Regionen des Landes. Doch die Lage zwischen der viel befahrenen Garden Route und den berühmten Stränden von Durban führt dazu, dass viele Reisende direkt durchfahren und dabei die wunderbare Wild Coast (wie die ehemalige Xhosa-Heimat Transkei genannt wird) und die Karoo-Halbwüste verpassen. Wer jedoch eine Weile bleibt, findet noch echte Abenteuer.

1820 legten britische Siedler in der Algoa Bay an und gaben den Städten Gqeberha (Port Elizabeth) und der Makhanda (Grahamstown) ihren britischen Charakter. Die unterentwickelte Infrastruktur der Provinz macht den Besuch anspruchsvoll, aber äußerst lohnend. Man trotzt den Schlaglöchern, um in den abgelegenen Dörfern der Wild Coast gemeinschaftlich geführte Unterkünfte zu finden, und besucht die Städte in der Karoo und den Drakensbergen. Die Gegend ist zudem voller Naturschauspiele, vom Sonnenuntergang im felsigen Valley of Desolation bis zum jährlichen Sardine Run.

FÜR FANS VON …

- 💛 *Garden Route*
- 💛 *Durbans Stränden*
- 💛 *Südafrikanischer Kultur*
- 💛 *Weitwandern*
- 💛 *Skurrilen kleinen Städten*
- 💛 *Wandern und anderen Aktivitäten*

Warum nach Eastern Cape?

Hier gibt es das Gefühl von Freiheit, das viele Reisende in Afrika zu finden hoffen. Die Reihe gemeinschaftlich geführter Öko-Herbergen zwischen East London und Port St. Johns und rund um das alternativ ausgerichtete Bergdorf Hogsback hat bei denen Kultstatus erreicht, die auf der Suche nach südafrikanischer Kultur sind. Die Hillside Bulungula Lodge, die auch die NGO Bulungula Incubator beherbergt, ist eine der besten mit strohgedeckten Rondavel-Hütten, einer Rezeption aus Schiffscontainern und einer malerischen Lage mit Blick auf den Sandstrand.

Besonders sehenswert in der Karoo ist die Volkskunst. Inmitten der weiten Landschaften beherbergen die Städte Nieu Bethesda, Graaff-Reinet und Cradock Galerien und Museen. Einer der kulturellen Höhepunkte ist das Owl House, ein Museum, das 300 Statuen beherbergt, die Athol Fugard zu seinem Stück The Road to Mecca inspirierten. Schön wandern lässt es sich im bewaldeten Tsitsikamma-Abschnitt des Garden Route National Park.

Rechts: Eastern Cape ist eine Hochburg für lokal geführte Tourismusprojekte

Unten: Ein Abstecher zu einem Wasserloch im Addo Elephant National Park

Siseko Yelani
Inhaber und Reiseleiter von Uncuthu Tours, East London

WARUM ICH EASTERN CAPE LIEBE

Natur und ubuntu (Freundlichkeit) – und weil es noch viel Kultur zu erleben gibt. Die Region ist in weiten Teilen noch nicht erschlossen, sodass man ein authentisches Südafrika kennenlernen kann.

Erlebnisse vor Ort
Eine mehrtägige Wanderung, die die Natur und Kultur der Region erschließt, etwa von Morgan Bay hinunter nach Chintsa.

Meine liebste Jahreszeit
Ende Mai–Juli, um während des Sardine Run die Tiere aus nächster Nähe zu beobachten und bei idealen Temperaturen zu wandern.

ANREISE

Der Baz Bus, ein Hop-on-Hop-off-Shuttle für Rucksacktouristen, hält auf seiner Fahrt zwischen Kapstadt und Durban über Gqeberha (Port Elizabeth) mehrmals entlang der N2. Die Backpacker-Lodges Wild Coast und Hogsback holt Gäste in Mthatha bzw. East London ab, aber um die Karoo und die Drakensberge zu erkunden, braucht man einen eigenen Wagen.

WANN AM BESTEN?

Januar–April

Nach den Weihnachtsferien ist es an den Stränden ruhig, man findet leicht Unterkünfte, und die Straßen sind in relativ gutem Zustand. Die Regenfälle um den Monat März herum verleihen der Landschaft ein üppiges Grün.

REISETIPPS

Sofern man sich über die Straßenverhältnisse informiert und auf abgelegene Orte verzichtet, braucht man kein Allradfahrzeug, um die Provinz zu bereisen.

....

Wer sich vorab vergewissert, dass in den Wild Coast Lodges noch Plätze frei sind, riskiert nicht, auf einer Schlaglochpiste nach einer anderen Unterkunft suchen zu müssen.

....

Man sollte in einem der privaten Wildreservate östlich des Addo Elephant National Park übernachten, etwa dem Shamwari Private Game Reserve oder dem Amakhala Game Reserve.

....

Wer im Juni/Juli kommt, sollte das National Arts Festival in Makhanda (Grahamstown) besuchen.

ABSEITS DER TOURISTENPFADE

 Besuch eine der bezauberndsten Oasen der Karoo, das Künstlerdorf Nieu Bethesda, und die prachtvollen viktorianischen Häuser von Graaff-Reinet.

 Erkunde die trockenen Berglandschaften in den Nationalparks Camdeboo und Mountain Zebra in der Karoo mit den Doleritsäulen des Valley of Desolation und den seltenen Kap-Bergzebras.

 Geh zum Wandern in den Tsitsikamma-Park, zum Tubing auf den Storms River und zum Surfen in die legendäre Jeffreys Bay.

 Finde Freunde in einer Xhosa-Dorfgemeinschaft, wenn du in Lodges oder Hostels wie Bulungula, Mdumbi, Terra-Khaya und Elundini übernachtest.

 Entdecke die Berge und Wanderwege von Hogsback und Rhodes. Die Felsformationen sollen J.R.R. Tolkien, der in Bloemfontein geboren wurde, beeinflusst haben.

 Beobachte die Big Seven im Addo Elephant National Park: die Big Five plus Weiße Haie und Südkaper, eine Walart aus der Familie der Glattwale.

Links: Der Iran besticht nicht nur durch seine Kultur und Geschichte, sondern auch durch seine Naturschönheiten

Iran

DIE PERSISCHE GASTFREUNDSCHAFT PRÄGT DAS EINSTIGE LAND DER SCHAHS

was durch den Iran-Irak-Krieg in den 1980er-Jahren noch verstärkt wurde. Obwohl sich das Leben im Land grundlegend verändert hat, ist der Iran nach wie vor reich an Attraktionen – von römischen Ruinen und prächtigen Moscheen bis hin zu weiten Wüsten und dramatisch schönen Bergen.

Seit Mitte der 1990er-Jahre ist eine stetig wachsende Zahl von Touristen gekommen, um die Reize des Landes zu entdecken. Dennoch ist der Iran nach wie vor ein Ziel abseits der ausgetretenen Pfade, das von vielen Reisenden aufgrund der politischen Situation gemieden wird. Wer in den Iran reisen möchte, sollte unbedingt die Hinweise des Auswärtigen Amts beachten.

Mitte des 20. Jahrhunderts war der Iran ein beliebtes Reiseziel für europäische Jetsetter, bevor er in den 1970er-Jahren von den Rucksacktouristen des Hippie-Trails erobert wurde. Dann kam die iranische Revolution von 1978/79, die das Land für immer veränderte. Die von der neuen islamischen Republik eingeführten Beschränkungen der Freiheiten schmälerten die Attraktivität des Iran für viele potenzielle Touristen,

FÜR FANS VON …

- ♥ *Mosaikverzierten Moscheen*
- ♥ *Wilden Landschaften*
- ♥ *Persischer Küche*
- ♥ *Antiken Ruinen*
- ♥ *Quirligen Suks*
- ♥ *Teekultur*

Warum in den Iran?

Von antiken Ruinen bis hin zu prächtigen ehemaligen Palästen, von kunstvoll Mosaiken der Moscheen bis hin zu nach Gewürzen duftenden Souks - man kann Monate damit verbringen, allein die kulturellen Attraktionen des Iran zu erkunden. Hinzu kommen die weiten Wüstenlandschaften des mit ihren historischen Karawansereien, die schneebedeckten Gipfel, die einige der am wenigsten überlaufenen Skipisten der Welt beherbergen, und die herrliche Golfküste, die nur darauf wartet, erkundet zu werden. Doch für viele Besucher ist der Höhepunkt eines Besuchs im Iran die Gastfreundschaft, für die diese Ecke des Nahen Ostens seit der Antike berühmt ist.

Eine wachsende Zahl von organisierten Touren macht es einfacher denn je, den Iran zu besuchen. Aber preisbewusste Reisende werden feststellen, dass es günstiger – und oft bereichernder – ist, das Land mit einem lokalen Führer zu erkunden. Das bietet mehr Flexibilität bei der Gestaltung der Reiseroute, eine engere Verbindung zu den Gastgebern und stellt sicher, dass die Einnahmen durch den Tourismus den Einheimischen zugute kommen.

ANREISE

Die meisten Reisenden fliegen die internationalen Flughäfen Teheran oder Shiraz an. Es ist auch möglich, über Armenien, Aserbaidschan, die Türkei, Pakistan und Turkmenistan auf dem Landweg in den Iran einzureisen. Dazu sollte man sich aber im Voraus über die Visabestimmungen informieren, um sicherzustellen, dass die Anreise problemlos funktioniert.

WANN AM BESTEN?

März–November

Auch wenn manche Reisende die schwülen Hochsommermonate Juli und August meiden, sind die wärmeren Monate ideal für einen Besuch – es sei denn, man kommt zum Skifahren, dann sollte man die Monate Januar bis März wählen.

REISETIPPS

Frauen müssen in der Öffentlichkeit ein <u>Kopftuch tragen</u>, ebenso wie im privaten Bereich in Gegenwart von Männern, die nicht zur engen Familie zählen.

....

Die Gleichstellung der Geschlechter in der männerdominierten Tourismusbranche unterstützt man durch die Buchung einer Reise mit einer <u>unabhängigen weiblichen Reiseleiterin</u> (z. B. sufitavafi@ gmail.com) oder einer von Frauen geführten Tour (z. B. Intrepid Travel, intrepidtravel.com).

....

Wenn man bei einer einheimischen Familie untergebracht ist, gehört es zum guten Ton, <u>ein Geschenk mitzubringen</u>.

....

Der Kauf und Konsum von <u>Alkohol</u> ist im Iran <u>verboten</u>.

ABSEITS DER TOURISTENPFADE

 Besuche von Oktober bis März das Miankaleh Wildlife Sanctuary and Wetland am südlichen Ende des Kaspischen Meeres, wo du Hunderte von Rosaflamingos beobachten kannst.

 Geh im Sommer wandern oder im Winter skifahren im Alborz-Gebirge, das sich nördlich von Teheran erhebt.

 Lass dich in die Zeit der Schahs zurückversetzen in Kashan, das etwa auf halbem Weg zwischen den Städten Teheran und Isfahan liegt.

 Schlendere durch die wunderschön erhaltenen Straßen des „roten Dorfes" Abyaneh südlich von Kashan, in dem die Einheimischen uralte Traditionen pflegen.

 Erkunde die alte persische Stadt Bishapur. Auch wenn diese Ruinen weniger bekannt sind als Persepolis, eignen sie sich hervorragend für einen Tagesausflug von Shiraz aus.

 Genieße eine Abkühlung in den türkisfarbenen Pools und Wasserfällen der Raghaz-Schlucht südöstlich von Shiraz.

Im Uhrzeigersinn von links: Scheich-Lotfollah-Moschee, Isfahan; Einheimische unterhalten sich; die antike Stadt Persepolis

Sufi Tavafi
_Selbstständige
Reiseführerin_

WARUM ICH DEN IRAN LIEBE

Ich liebe den Iran vor allem wegen seiner Menschen, die so freundlich sein können. Wenn ich im Ausland unterwegs bin, ist es die persische Gastfreundschaft, die ich am meisten vermisse.

Erlebnisse vor Ort
Im Persischen Golf gibt es einige wunderschöne Inseln zu erkunden. Qeshm, die größte, ist für ihre geologischen Stätten bekannt. Aber ich fahre gern dorthin, weil man um die Insel Hengam, die direkt vor der Südküste von Qeshm liegt, hervorragend schnorcheln kann.

Meine liebste Jahreszeit
Ich liebe es, im Frühling in Shiraz zu sein. Die Luft ist dann vom Duft der Orangenblüten erfüllt, die man in vielen Gärten der Stadt sieht.

Nordwestjordanien

EIN NATURPARADIES, IN DEM SOZIALUNTERNEHMEN DEN TOURISMUS MANAGEN

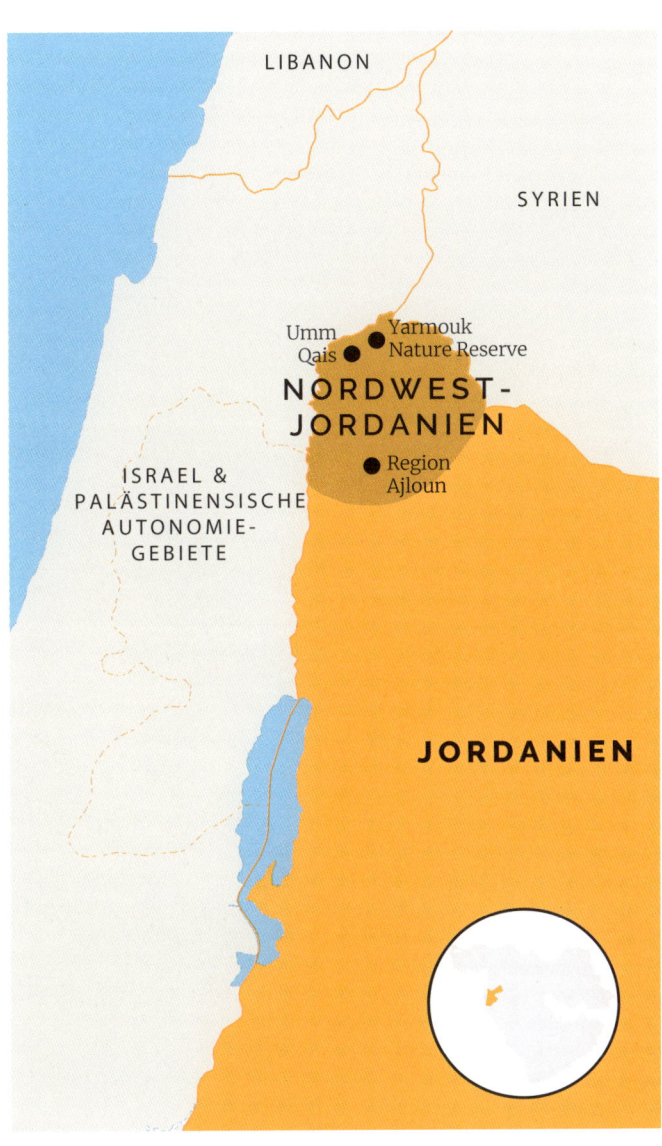

Mit der zum Weltkulturerbe zählenden Felsenstadt Petra, den unwirklichen Wüstenlandschaften von Wadi Rum und natürlich dem berühmt-berüchtigten Toten Meer ist das Königreich Jordanien zu einem der beliebtesten Reiseziele im Nahen Osten geworden. Bei so vielen großen Namen, die zur Auswahl stehen, werden jedoch viele der weniger bekannten, aber ebenso wunderbaren Attraktionen von Reisenden, die der typischen Bucket List folgen, oft übersehen.

Eine Region, die reich an Sehenswürdigkeiten ist, aber wenig Besucher anzieht, ist der Nordwesten. Die weitläufigen Ruinen der antiken Stadt Jerash werden häufig im Rahmen eines Tagesausflugs von der Hauptstadt Amman aus besucht. Aber die üppigen Naturschutzgebiete, die faszinierenden antiken Ruinen, das wunderbar gemächliche Tempo und der Reichtum an lokalen Tourismusinitiativen im Nordwesten Jordaniens bieten viele Gründe für einen längeren Aufenthalt. Man sollte sich Zeit nehmen, um die Natur und die jordanische Kultur genauer kennenzulernen.

FÜR FANS VON ...

- 💛 *Antiken Ruinen*
- 💛 *Lokal organisiertem Tourismus*
- 💛 *Gastfamilien*
- 💛 *Wandern*
- 💛 *Der Küche des Nahen Ostens*
- 💛 *Spektakulären Aussichten*

Warum nach Nordwestjordanien?

Die griechisch-römischen Ruinen von Gadara locken meist Tagesausflügler in das Dorf Umm Qais in Jordaniens Nordwesten. Neben den Ruinen bietet die Stätte auch einen der schönsten Ausblicke des Landes, der sich über das Jordantal in Richtung Israel und den See Genezareth erstreckt. An einem klaren Tag kann man sogar die schneebedeckten Berge des Libanon dahinter erkennen. Aber es geht nicht nur um Ruinen und Ausblicke. Umm Qais steht auch an der Spitze des lokal organisierten Tourismus in Jordanien, der mit Koch- und Imkerkursen sowie Wanderungen wirbt.

Weiter südlich bietet die Region Ajloun eine Vielzahl von Übernachtungsmöglichkeiten. Es gibt eine prächtige historische Burg, Wanderwege im Ajloun Forest Reserve sowie einige innovative soziale Initiativen. Zudem sollte man die Ruinen von Pella besuchen. Wie Gadara war Pella eine der zehn Städte der sagenumwobenen römischen Dekapolis.

Rechts: Wenn die Tagesausflügler fort sind, kehrt in den Ruinen von Gadara Ruhe ein

Unten: Die Region Ajloun bietet schöne Wanderwege

ANREISE

Im Vergleich zu anderen Teilen Jordaniens ist der Norden gut mit öffentlichen Verkehrsmitteln erschlossen. Minibusse verbinden die meisten Städte und Dörfer (und die Hauptstadt Irbid, von wo aus Busse nach Amman fahren). Man muss etwas Geduld mitbringen, bis die Busse voll sind, aber dafür kostet eine Fahrt im Norden kaum mehr als einen Jordanischen Dinar.

WANN AM BESTEN?

März–Mai

Besonders reizvoll ist die Region in den Frühlingsmonaten, wenn die Hügel in Nordwestjordanien mit Wildblumen übersät sind. Die Abende können selbst im Sommer kühl sein.

ABSEITS DER TOURISTENPFADE

 Bezwinge den 675 Kilometer langen Jordan Trail (oder nur einen Teil davon). Das Abenteuer beginnt in Umm Qais.

 Übernachte bei einer einheimischen Familie in der Gegend von Ajloun. Unter anderem vermittelt die Al Ayoun Society (facebook.com/alayounsociety).

 Erkunde die gut erhaltene Festung von Ajloun aus dem 12. Jahrhundert, die als Teil einer Verteidigungsanlage gegen die Kreuzfahrer errichtet wurde. Sie wird nur von wenigen Touristen besucht.

 Beobachte den Sonnenuntergang von den Ruinen von Gadara, nachdem die Tagesausflügler abgereist sind. Beit Al Baraka (barakadestinations.com) bietet einen unvergesslichen Aufenthalt in einem gemeinschaftlich geführten Gästehaus in der Nähe.

 Erkunde das Ajloun Forest Reserve und die umliegenden sozialen Entwicklungsprojekte, darunter das Soap House, das Biscuit House und das House of Calligraphy. Vereinbare Besuche über den lokalen Anbieter Wild Jordanien (wildjordan.com).

Links: Bursa ist der Ort, an dem Osman Gazi um 1300 die osmanische Dynastie gründete

Bursa

ISTANBULS ALTER EGO – DIE VERGESSENE WIEGE DES OSMANISCHEN REICHES

Istanbul ist nicht die einzige alte osmanische Hauptstadt. Auf der anderen Seite des Marmarameers, am Fuße des Uludağ, liegt Bursa, die Stadt, in der Osman Gazi um 1300 die Dynastie gründete. Hier ließen die frühen Sultane zum ersten Mal ihre Muskeln spielen. Wenn sie nicht gerade damit beschäftigt waren, Territorien zu erobern, ihre Macht zu festigen und Konstantinopel als Beute ins Auge zu fassen, prägten sie Bursa mit dem, was zum unverwechselbaren architektonischen Stil des Osmanischen Reiches werden sollte.

Die Stadt strotzt nur so vor kulturellem Erbe, von Derwisch-Zeremonien bis hin zum traditionellen Schattenspiel. Man sollte meinen, dass viele der jährlich 15 Millionen ausländischen Besucher Istanbuls kommen, um sich die Stadt anzusehen. Doch auf Bursa entfällt nur ein Zehntel dieser Zahl, da die Reisenden an der Küste entlangfahren. Diejenigen, die sich auf den Weg machen, können die Moscheen, die Mausoleen und die Markthallen der Stadt besichtigen – ohne die Menschenmassen, die man von den Einlasskontrollen in Istanbul kennt.

FÜR FANS VON …

- 🧡 *Istanbul*
- 🧡 *Dem Großen Basar*
- 🧡 *Osmanischer Architektur*
- 🧡 *Wirbelnden Derwischen*
- 🧡 *Historischen Städten*
- 🧡 *Lokaler Esskultur*

Warum nach Bursa?

Bursa war schon immer eine dynamische Stadt. Als sie nicht mehr Hauptstadt des Osmanischen Reichs war, zuckte sie nur mit den Schultern und erfand sich als mächtiges Seidenhandelszentrum neu. Die Traditionen sind in Bursa nach wie vor lebendig und machen es Besuchern leicht, die türkische Kultur zu entdecken. Im Basar stehen noch immer die großen Gasthäuser aus der Blütezeit des Seidenhandels. Hier ist auch die Heimat des Schattenspiels *karagöz* und einer der besten Orte in der Türkei, um eine echte Zeremonie eines wirbelnden Derwischs zu sehen – eine, die nicht nur für Touristen aufgeführt wird. Außerdem ist Bursa der Geburtsort des berühmten *iskender kebap*, ein Gericht aus in Scheiben geschnittenem Dönerfleisch in Pide-Brot mit Tomaten, Joghurt und zerlassener Butter. Bursa ist aber nicht nur eine Stadt der alten Traditionen. Man genießt einige der modernen Attraktionen der Stadt, indem man sich den Einheimischen zum Wochenendbrunch in den Frühstücksrestaurants des Inkaya-Viertels anschließt und dann eine malerische Seilbahnfahrt auf die Hänge des Uludağ unternimmt.

Rechts: Das Erbe des Seidenhandels entdeckt man auf dem Seidenbasar Koza Han und in den Teegärten

Unten: Die Große Moschee mit 20 Kuppeln aus dem 14. Jahrhundert ist ein herrliches Beispiel osmanischer Architektur

ANREISE

Von Istanbul aus ist der einfachste und schnellste Weg nach Bursa die Fahrt mit der Fähre über das Marmarameer. Die BUDO-Fähren verkehren zwischen Eminönü im Zentrum von Istanbul und Mudanya am Südufer des Marmarameers und brauchen zwei Stunden. Von Mudanya aus fahren dann Linienbusse und *dolmuşes* (Minibusse) in 25 Minuten nach Bursa.

WANN AM BESTEN?

Mai & September–Oktober

Wenn die Temperaturen im späten Frühjahr und im Herbst mild sind, ist die perfekte Zeit gekommen, um die Stadt auf eigene Faust zu erkunden.

REISETIPPS

Kebapçı Iskender in der Ünlü Caddesi behauptet, das berühmte türkische Kebap-Gericht Iskender erfunden zu haben. Wer in Bursa war, muss in diesem Restaurant gegessen haben, wo es zur Perfektion gebracht wird.

Für die öffentlichen Verkehrsmittel kauft man eine Bursakart. Es gibt sie an Automaten in der U-Bahn und einigen Straßenbahnstationen. Wer am Hafen von Mudanya ankommt, kauft sie dort.

Die Hamams (türkische Bäder) von Bursa sind günstiger und weniger auf Touristen ausgerichtet als die von Istanbul.

In Moscheen oder bei einer Derwisch-Zeremonie muss man Arme und Beine bedecken, Frauen sollten ein Kopftuch tragen.

ABSEITS DER TOURISTENPFADE

 Bewundere die Derwische im Kulturzentrum Karabaş-i Veli Kültür Merkezi, wo allabendlich *sema*-Zeremonien stattfinden, die man kostenlos besuchen kann.

 Bestaune die Pracht des Muradiye-Komplexes. Sultane und ihrer Familienmitglieder sind hier in kunstvoll bemalten und gefliesten Mausoleen begraben.

 Entdecke das Erbe des Schattenspiels von Bursa im Karagöz-Museum, in dem auch eine wöchentliche Show stattfindet.

 Besuche die prächtige Yeşil Cami (Grüne Moschee) und die Yeşil Türbe (Grünes Grabmal), beides erbaut für Mehmed I.

 Probiere *dondurmali irmik helvasi* (Eis mit warmer Halva). Diese lokale Delikatesse wird im Café des Fidan Han auf dem Basar serviert.

 Besichtige die Ulu Cami (Große Moschee) mit ihren 20 Kuppeln, die Beyazit I. 1399 errichten ließ, weil er sein Versprechen, 20 Moscheen zu bauen, nicht einlösen konnte.

Links: Die Gräber von Umm an-Nar stammen aus der Bronzezeit

Archäologische Stätte von Mleiha

PALÄOLITHISCHE GESCHICHTE IN DEN DÜNEN DES EMIRATS SCHARDSCHA

KUWAIT

IRAN

KATAR

Archäologische Stätte von Mleiha

VEREINIGTE ARABISCHE EMIRATE

SAUDI-ARABIEN

OMAN

Zeugnisse der Geschichte ans Licht gebracht, die bis in die Altsteinzeit zurückreichen und beweisen, dass die Arabische Halbinsel der Ausgangspunkt für die frühen Menschen war, als sie von Afrika aus nach Asien und Europa wanderten.

Während die Landschaft mit ihren sanft geschwungenen, orangefarbenen Sanddünen und zerklüfteten Berggipfeln Kontraste in der Wüste bietet, beherbergen die Wadis, Höhlen und Hochebenen antike Gräber, Siedlungsreste und Stätten zur Herstellung von Werkzeugen, die die Geschichte der langen und vielschichtigen Besiedlung widerspiegeln. Wer angenommen hat, dass die Geschichte der VAE vor dem Ölboom unbedeutend war, irrt.

Beim Tourismus in den Vereinigten Arabischen Emiraten (VAE) dreht sich alles um Luxushotels, Themenparks und riesige Einkaufszentren, oder? Während sich die Tourismuskampagnen auf den Glanz des 21. Jahrhunderts zu konzentrieren scheinen, befindet sich inmitten der Wüstenlandschaft des Emirats Schardscha eine der bedeutendsten archäologischen Stätten der Region. Ausgrabungen in Mleiha haben

FÜR FANS VON ...

- 🧡 *Louvre Abu Dhabi*
- 🧡 *Al Ain, Abu Dhabi*
- 🧡 *Frühgeschichte des Menschen*
- 🧡 *Faszinierenden Wüsten*
- 🧡 *Wandern*
- 🧡 *Astronomie*

Warum nach Mleiha?

Wenn man sich für die Geschichte der Arabischen Halbinsel interessiert, ist Mleiha bedeutend. Die Stätte ist vor allem wegen ihrer Funde aus der frühen Altsteinzeit von Bedeutung und hat sich im Laufe der Geschichte als ein beliebter Ort für menschliche Besiedlung erwiesen. Bei Ausgrabungen wurden hier eine neolithische Siedlung, ein Gräberfeld und eine Feuersteinmine (11 000 Jahre alt), Umm-an-Nar-Gräber aus der Bronzezeit und die Überreste einer befestigten Siedlung aus der vorislamischen Zeit entdeckt, die blühende Handelsbeziehungen zur Küste unterhielt.

Die Geschichte von Mleiha wurde leicht zugänglich gemacht. Das Museum vor Ort führt die Besucher durch verschiedene Zeitalter menschlicher Zivilisation, während das Angebot an geführten Touren von Ausflügen mit Allradfahrzeugen bis hin zu Wanderungen reicht. Umgeben von einer grandiosen Wüstenlandschaft ist Mleiha auch einer der besten Orte in den VAE, um die Dünen zu erkunden: Ausritte, Dünenbuggy-Fahrten, Übernachtungen und astronomische Veranstaltungen organisiert das Besucherzentrum.

ANREISE

Mleiha ist einen Tagesausflug entfernt von den Städten Dubai und Schardscha. Die Stätte liegt am Rande einer kleinen Siedlung im Emirat Schardscha. Sie wird nicht mit öffentlichen Verkehrsmitteln angefahren. Wer kein eigenes Fahrzeug hat, kann einen privaten Transport von einer der Küstenstädte der VAE direkt über das Mleiha Archaeological Centre buchen.

WANN AM BESTEN?

November–März

Der Winter ist die beste Zeit, um in das Wüstengebiet im Herzen der VAE nach Mleiha zu fahren. Es ist nicht so heiß wie im Sommer, und man hat weicheres Licht zum Fotografieren.

REISETIPPS

Mleiha wird Me-li-ha ausgesprochen.

....

Am besten besucht man zuerst das Museum von Mleiha. Es befindet sich im Besucherzentrum und informiert ausführlich über die Geschichte der Region. Vom Dach des Museums kann man das am besten erhaltene Umm an-Nar-Grab von oben betrachten.

....

Man sollte aus den vielen Angeboten einige heraussuchen und für den Besuch einen ganzen Tag einplanen.

....

Um das Interesse der jüngeren Besucher zu wecken, werden interaktive Workshops zur Herstellung von Abgüssen, zur Fossiliensuche und zur paläolithischen Werkzeugtechnik angeboten.

ABSEITS DER TOURISTENPFADE

 Nimm teil an einer geführten Wanderung auf das Jebel-Buhais-Massiv zu den Ruinen einer Festung aus der Eisenzeit. Oben erwartet dich ein Panoramablick auf die zerklüftete Wüstenlandschaft.

 Mach eine Dünenbuggy- oder Allradtour hinauf zum Fossil Rock. Die Sanddünen bei der archäologische Stätte zählen zu einer der kahlen Wüstenlandschaften der VAE.

 Übernachte im Mleiha Camp und erlebe den Sternenhimmel der Wüste und den Sonnenaufgang über den Dünen.

 Genieße die Landschaft von einem Pferd aus und erkunde die sanft geschwungenen Dünen der Gegend. Reiter brechen in der Stunde vor Sonnenuntergang auf, wenn die Landschaft am dramatischsten aussieht.

 Erkunde die Geschichte der Faya-Höhlen von Mleiha bei einer geführten Wanderung durch das Valley of the Caves.

 Beobachte den Sonnenuntergang und nimm anschließend an einer Tour zur Sternenbeobachtung teil – perfekt, um dein Mleiha-Abenteuer zu verlängern.

Ajmal Hasan
*Leiter der
Tourismus-
entwicklung*

WARUM ICH MLEIHA LIEBE

Mleiha ist voll von Wundern der Archäologie und der Natur. Die ersten Menschen haben vor mehr als 130 000 Jahren in diesem Gebiet gelebt. Flora und Fauna sind erstaunlich. Man findet hier seltene Tiere und Pflanzen.

Erlebnisse vor Ort
Das vom Mleiha Archaeological Centre angebotene Camping-erlebnis über Nacht ist ein Muss. Es verbindet Archäologie und Bildung mit Tourismus.

Meine liebste Jahreszeit
Der Winter (Ende Oktober bis April) ist die beste Reisezeit. Die Tage und Nächte sind kühler, man kann die Aktivitäten im Freien in vollen Zügen genießen.

Oben: Mleiha ist nicht nur archäologisch bedeutsam, sondern auch eine Wüstenlandschaft von großer Schönheit

Prambanan-Tempelanlage
auf Java, Indonesien

Asien

Links: Die Tempel-
anlage von Banteay
Chhmar ist mit Flach-
reliefs übersät – genau
wie in Angkor Wat

Banteay Chhmar

EINGESTÜRZTE KHMER-TEMPEL UND VERSCHLAFENE DORFGASTHÖFE

Angkor Wat mag eines der Weltwunder sein, aber mitunter kann es sich anfühlen, als sei die ganze Welt gekommen, um die Tempelanlage zu besuchen. Nordwestlich von Angkor ist Banteay Chhmar eine friedliche „verlorene Stadt" mit erhabenen buddhis- tischen Ruinen, die aus dem Dschungel herausragen und nur von wenigen Menschen besucht werden. Wie einige der wichtigsten Bauwerke in Angkor wurden

auch die Tempel in Banteay Chhmar von König Jayavarman VII. erbaut, dem Herrscher des Khmer-Reiches aus dem 12. und 13. Jahrhundert. Doch im Gegensatz zu Angkor blieb Banteay Chhmar unangetastet und bewahrte so eine Momentaufnahme des goldenen Zeitalters des kam- bodschanischen Buddhismus.

Die Zeit hat viele der hoch auf- ragenden Tempel von Banteay Chhmar einstürzen lassen, aber die von Reben umrankten Ruinen sind immer noch sehr eindrucksvoll. Die Überreste alter Schreine und Reliefs erinnern an die großen Taten von Jayavarman VII. Man übernachtet in rustikalen Dorfunterkünften, wo den Gästen herzhafte Hausmanns- kost serviert wird.

FÜR FANS VON ...

♥ *Angkor Wat*
♥ *Sukhothai, Thailand*
♥ *Unterkünften in Sapa, Vietnam*
♥ *Hampi, Indien*
♥ *Tempelruinen*
♥ *Hängenden Reben*

Warum nach Banteay Chhmar?

Ruhe und Gelassenheit machen eine Reise nach Banteay Chhmar aus. Es ist durchaus möglich, dass man der einzige Mensch ist, der in Ehrfurcht vor den riesigen Darstellungen von Avalokiteshvara steht, die die Türme des Haupttempels krönen, oder wie ein moderner Indiana Jones durch den Dschungel kriecht, um geschnitzte Friese zu betrachten, die an die Siege von König Jayavarman VII. erinnern.

Zudem ist die Anlage keine Disney-Version von Kambodscha, wie man sie in Angkors Touristenzentrum Siem Reap zu sehen bekommt. Übernachtet wird nicht in Boutique- oder Spa-Hotels, sondern in einfachen Dorfunterkünften, und die Mahlzeiten bestehen aus dem, was die Gastfamilie zum Abendessen anbietet – nicht aus Pizza, Gebäck und Espresso.

Für Besucher, die Ehrfurcht gebietende Ruinen fotografieren wollen, und für Entdecker, die ein Land kennenlernen wollen, das in erster Linie für Einheimische und erst in zweiter für Touristen da ist, gibt es keinen besseren Ort.

ANREISE

Das Tor zu Banteay Chhmar ist die Stadt Sisophon zwischen Siem Reap und Poipet an der thailändischen Grenze. Der nächste Flughafen befindet sich in Siem Reap, aber man kann auch von Bangkok aus anreisen, indem man die Grenze bei Aranya Prathet/Poipet überquert. Um Banteay Chhmar von Sisophon aus zu erreichen, nimmt man ein Taxi oder ein *moto* (Motorradtaxi).

WANN AM BESTEN?

November–März

Von November bis März geht man den Überschwemmungen des Südwestmonsuns aus dem Weg. Wer außerhalb der Saison reist, sollte den Oktober anvisieren, wenn der Himmel aufklart, aber der Regen die Hitze etwas abgemildert hat.

REISETIPPS

Wenn man auf dem Landweg nach Kambodscha einreist, sind Visa bei der Ankunft erhältlich – Passfotos und US-Dollar mitbringen. Die Wahrscheinlichkeit ist dann geringer, dass man mit inoffiziellen „Gebühren" konfrontiert wird.

....

Abseits der ausgetretenen Pfade muss man vorsichtig sein, wenn kein Führer dabei ist. In Kambodscha liegen noch immer rund sechs Millionen Landminen.

....

Gut auf die Wertsachen aufpassen. Kambodscha ist berüchtigt für Taschendiebstähle im Vorbeifahren und Banden, die Handys stehlen.

....

Von Mai bis September auf Überschwemmungen achten, wenn die Flüsse oft über die Ufer treten und es zu enormen Störungen kommt.

ABSEITS DER TOURISTENPFADE

 Spaziere durch den Haupttempel von Banteay Chhmar und bestaune die großen Schnitzereien, die Avalokiteshvara, den Bodhisattva des Mitgefühls, darstellen.

 Fühl dich wie Indiana Jones in den neun Satellitentempeln, die zu malerischen Ruinen zerfallen. Der Prasat Ta Prohm wird von einer Avalokiteshvara-Statue gekrönt.

 Erfreue dich an der Natur im Dschungel. Die Wildtierpopulationen in Angkor nimmt ab, aber in Banteay Chhmar wirst du mehr tropische Vögel als Menschen sehen.

 Übernachte bei einer Familie in einem Dorf und erhalte einen faszinierenden Einblick in das Leben der Einheimischen. Das Projekt Community-based Tourism (CBT) bietet mehrere Möglichkeiten.

 Erkunde die Gegend auf zwei Rädern. Die Straßen sind schlecht, aber es gibt viel zu sehen – wie den Prasat Mebon, eine Tempelruine in einem Stausee.

 Mach einen geführten Spaziergang mit Dorfbewohnern und erfahre, wie das Leben in dieser Ecke Kambodschas ist.

Im Uhrzeigersinn von oben links: Die Ruinen von Banteay Chhmar; ein Wassergraben umgibt den Tempel; Vasuki, König der Schlangen

Con Son

NEUE WANDERWEGE UND MEERESSCHUTZ MACHEN DIE INSEL BEKANNT

Auf Con Son, einer von Korallen gesäumten Insel vor der Küste Südvietnams, stürzen die Berge ins Meer. Als eine von 16 vulkanischen Inseln und Inselchen des Con-Dao-Archipels wirkt Con Son wie eine andere Welt im Vergleich zu den geschäftigen Städten des Mekong-deltas. Die 52 Quadratkilometer große Insel hat rund 7000 Einwohner. Es gibt weite unberührte Wälder, mit Lotusblumen bedeckte Seen und einsame, von Kasuari-nen gesäumte Strände.

Vom Aussterben bedrohte Meeresschildkröten nisten im Sand, während vor der Küste eine reiche Unterwas-serwelt zu finden ist. Die Insel beherbergt außerdem mehr als 80 Vogelarten sowie Langschwanzmakaken, die bei Wanderungen gesichtet werden können. Doch das tropische Paradies hat eine dunkle Vergangenheit. Con Son war einst die Hölle auf Erden für Tausende von Gefangenen, die während der französischen Herrschaft und des von den Amerikanern unterstützten Regimes eingesperrt waren. Ehemalige Gefängnisse und Fried-höfe sind eindrucksvolle Gedenkstätten.

FÜR FANS VON ...

- ♥ *Tropischen Inseln*
- ♥ *Phuket, Thailand*
- ♥ *Einsamen Stränden*
- ♥ *Ursprünglichen Märkten*
- ♥ *Tauchen und Schnorcheln*
- ♥ *Wildtierbeobachtung*

Warum nach Con Son?

Der Nationalpark Con Dao wurde 1993 gegründet. Doch erst in jüngster Zeit hat der Schutz des Archipels höchste Priorität erlangt. Neue Partnerschaften mit der Privatwirtschaft und ein ehrgeiziges Freiwilligenprogramm haben dazu beigetragen, einen der wichtigsten Nistplätze für Meeresschildkröten in Vietnam zu schützen. Im Jahr 2020 wurden im Park mehr als 170 000 Babyschildkröten ausgebrütet und freigelassen.

Nachhaltiger Tourismus macht einen großen Teil der Anziehungskraft von Con Son aus, und ein neues Netz gut markierter Wanderwege schafft die Voraussetzungen für individuelle Abenteuer. Wer schon andere beliebte Reiseziele in Südostasien wie Phuket oder Koh Samui kennt, wird angenehm überrascht sein, dass es auf Con Son keine Menschenmassen und keinen Pauschaltourismus gibt. Die ruhige tropische Landschaft der Insel ist ein idealer Ort, um wieder mit der Natur in Kontakt zu kommen – sowohl an Land als auch im Meer.

ANREISE

Con Son ist mit Tran De in der Mekong-Region durch eine Schnellfähre verbunden, aber die Überfahrten können stürmisch sein und der Verkehr kann bei schlechtem Wetter eingestellt werden. Zudem gibt es von Vietnam Airlines mehrmals täglich einstündige Flüge vom internationalen Flughafen Tan Son Nhat (SGN) in Ho-Chi-Minh-Stadt zum Flughafen Con Dao (VCS).

WANN AM BESTEN?

März–September

Obwohl November bis Februar die trockensten Monate in Con Son sind, sollte, wer Meeresschildkröten beobachten will, eine Reise zwischen Juni und September planen. Die beste Sicht zum Tauchen hat man von März bis Juli.

REISETIPPS

Man sollte sich rechtzeitig über die aktuellen Einreisebestimmungen informieren und mindestens eine Woche vor der Reise ein E-Visum beantragen (https://evisa. xuatnhapcanh.gov.vn). Am besten nimmt man das E-Visum auch ausgedruckt mit, egal ob man auf dem Luft-, See- oder Landweg einreist.

Die Nationalparkverwaltung (condaopark.com.vn), die in den Hügeln oberhalb der Stadt Con Son liegt, organisiert Ausflüge zur Schildkrötenbeobachtung. Es gibt eine Karte, und man kann dort den Parkeintritt bezahlen.

Da auf den Straßen wenig los ist, eignet sich Con Son ideal für Erkundungstouren mit dem Motorrad oder dem Fahrrad, die in den meisten Hotels gemietet werden können.

ABSEITS DER TOURISTENPFADE

 Steck deine Füße in den goldenen Sand von Bai Nhat, einen der schönsten Strände von Con Son. Der Blick über die Wellen auf die nahe Insel Hon Ba ist überwältigend.

 Halte Ausschau nach Makaken und schwarzen Eichhörnchen auf dem Weg vom Vong Beach zur Dam Tre Bay. Dort kannst du schnorcheln.

 Beginne den Tag mit einem leckeren Teller Nudeln auf dem lebhaften Con-Son-Markt. Hier gibt es auch tropische Früchte und andere Snacks.

 Erfahre mehr über die Vergangenheit beim Besuch des erschütternden Phu Hai, dem größten von elf Gefängnissen der Insel.

 Beobachte während einer geführten Tour, wie die Meeresschildkröten nachts aus dem Meer kommen, um ihre Eier am Strand abzulegen.

 Beobachte Rochen, Papageienfische, Echte Karettschildkröten und andere Meeresbewohner, während du bei farbenprächtigen Korallenriffen tauchst oder schnorchelst.

Im Uhrzeigersinn von oben links: Con-Son-Gefängnismuseum; elf berüchtigte Gefängnisse gab es auf der Insel; einsamer Sandstrand

Daniel Coldrey
Taucher und
Manager, Con Dao
Dive Centre

WARUM ICH
CON SON LIEBE

Con Son ist noch unberührt, und die Artenvielfalt der Fauna und Flora ist groß, sowohl an Land als auch im Wasser. Es gibt die besten Tauch- und Schnorchelmöglichkeiten Vietnams, mit spektakulären Korallenriffen und Meeresbewohnern.

Erlebnisse vor Ort
Con Son ist die Ruhestätte von Vo Thi Sau, einer Guerillakämpferin, die 1952 von den Franzosen hingerichtet wurde. Die Menschen kommen, um an ihrem Grab zu beten und die anderen Gedenkstätten für Gefangene zu besuchen, die ums Leben kamen.

Meine liebste Jahreszeit
Ich liebe die Zeit von März bis Oktober, wenn das Tauchen am schönsten ist und die Meeresschildkröten kommen.

Kaziranga National Park

EIN ZUFLUCHTSORT FÜR NASHÖRNER UND TIGER IM BUNDESSTAAT ASSAM

In Indiens großen Nationalparks gibt es viele Tiger und Elefanten, aber auch viele Menschen, die sie beobachten wollen. Nicht so im Kaziranga National Park in Assam, dem letzten großen Zufluchtsort für das Panzernashorn. Während in den Bandipur National Park jährlich mehr als 200 000 Besucher kommen, sind es im Kaziranga National Park etwa 70 000, meist einheimische Beobachter, die sich auf das Gebiet um den Haupt-eingang in Kohora konzentrieren. In den abgelegeneren Gebieten des Parks kann man den ganzen Tag verbringen, ohne eine andere Safarigruppe zu sehen.

Hier bietet sich die einmalige Gelegenheit, Panzernashörner sowie Elefanten, Tiger, Büffel und viele Vögel aus nächster Nähe zu beobachten. Etwa zwei Drittel der weltweit letzten Panzernashörner leben meist gut versteckt im Park, aber in der Nähe der stillen Wasserlöcher sind sie leicht zu entdecken. Ein Besuch im Kaziranga National Park ist auch eine Gelegenheit, den Bundesstaat Assam mit seinen faszinierenden heiligen Stätten, alten Tempeln und Teeplantagen kennenzulernen.

FÜR FANS VON ...

- 🧡 *Bandipur National Park*
- 🧡 *Chitwan National Park, Nepal*
- 🧡 *Khao Sok Nat. Park, Thailand*
- 🧡 *Sinharaja Forest Reserve, Sri Lanka*
- 🧡 *Afrikanischen Wildlife-Safaris*
- 🧡 *Chilika Lake, Indien*

Warum in den Kaziranga National Park?

Früher kamen die Besucher mit Gewehren in der Hand auf dem Rücken von Elefanten. Doch 1908 wurde die Jagd verboten, und heute wächst das Bewusstsein für die Schäden, die das Reiten auf Elefanten diesen sanften Tieren zufügen kann. Die Besucher von heute gehen mit Kameras und langen Objektiven vom Rücksitz eines Safari-Jeeps aus auf die Pirsch. Eigentlich reicht ein normales Objektiv, denn an den vielen Wasserlöchern kommt man erstaunlich nahe an Panzernashörner heran. Zudem hat man die Chance, Tiger, Gaur, Elefanten und eine reiche Vogelwelt, darunter Nashornvögel, Pelikane und seltene Fischadler, zu entdecken. Internationale Besucher sind selten, vor allem außerhalb des Kohora-Hauptgebiets. Im ruhigeren Bagori-Gebiet gibt es Dutzende von Nashörnern, und im fast leeren östlichen Agoratoli-Gebiet ist die Vogelwelt am spektakulärsten.

ANREISE

Die Anreise nach Assam ist dank regelmäßiger Flüge und Nachtzüge nach Guwahati, der Hauptstadt des Bundesstaates, einfach. Von Guwahati aus verkehren regelmäßig Busse bis in die Nähe des Parkeingangs in Kohora, wo sich die größte Auswahl an Lodges befindet. Alternativ kann man einen Autotransfer buchen; die Lodges organisieren eine Abholung in Guwahati.

WANN AM BESTEN?

Januar–März

Während des Monsuns verwandeln die Regenfälle die Wege durch den Nationalpark in Sümpfe. Von Januar bis März ist das Elefantengras nicht so hoch, und es einfacher, Nashörner zu entdecken.

REISETIPPS

Nashörner lassen sich am ehesten in den Kohora- und Bagori-Gebieten des Nationalparks beobachten, während das Agoratoli-Gebiet am besten für die Vogelwelt geeignet ist.

....

Man bucht am besten einen Jeep für sich allein. Die Fahrzeuge bieten zwar Platz für sechs Personen, aber wenn man sie mit einer lauten Gruppe teilt, könnten sich die Wildtiere rar machen.

....

Safaris sollte man über die Unterkunft buchen. Die Lodges können alles organisieren, einschließlich die Abholung und den Rücktransport am Ende des Tages.

ABSEITS DER TOURISTENPFADE

 Starte früh in den Safari-Tag, wenn sich der Nebel lichtet, und entdecke ein Panzernashorn, das nur wenige Meter entfernt aus dem Unterholz auftaucht.

 Such dir in der Morgendämmerung einen Platz an einem Wasserloch, um Große Adjutanten, Störche, Fischadler, Eisvögel und Pelikane zu beobachten.

 Entspanne bei Sonnenuntergang auf dem Balkon einer Öko-Lodge und beobachte, wie die Vögel zum Schlafen kommen. Die Stelzenhäuser der Diphlu River Lodge (diphluriverlodge.com) und die Bungalows der Infinity Resorts (infinityresorts.com/infinity-resorts-kaziranga) sind Highlights.

 Mach einen Abstecher, um den mächtigen Brahmaputra von der Insel Majuli aus zu sehen, einem alten Zentrum für hinduistische Satras (vaishnavitische Klöster).

 Besuch einen weiteren Nationalpark. Auf der anderen Seite des Flusses liegt der Orang National Park, ein wenig besuchtes Reservat, das die dichteste Tigerpopulation Indiens beherbergt.

Oben: Die dichten Wälder sind Heimat für viele Wildtiere **Unten:** Der Park ist der letzte große Zufluchtsort für das Panzernashorn

Nagaland

EIN ABENTEUER BEI DEN STÄMMEN IN INDIENS LETZTEM GRENZGEBIET

Jahrzehntelang lag Nagaland am Rand der bekannten Welt in Indien – eine faszinierende letzte Grenze, umgeben von nebligen Bergen, übersät mit Stammesdörfern und aufgrund der anhaltenden Bürokratie aus der Kolonialzeit für Reisende unzugänglich. In den letzten zehn Jahren wurden die Reisehindernisse allmählich abgebaut, aber das hat sich nur langsam herumgesprochen: 2019 kamen weniger als 6000 ausländische Besucher nach Nagaland. Wer Indien so erleben will, wie es vor dem Massentourismus war, kommt hierher.

Die verschiedenen Stämme Nagalands, die einst als Kopfjäger bekannt waren, halten an vielen ihrer faszinierenden vorkolonialen Traditionen fest. Die meisten sind nominell zum Christentum konvertiert, aber animistische Traditionen wie das Schmücken von Häusern mit Büffelschädeln werden immer noch gepflegt. Es ist möglich, Wochen in Nagaland zu verbringen, ohne einen einzigen Mitreisenden zu sehen, aber die Unterbringung bei Gastfamilien in den Dörfern lässt den Besucher tief in das Leben dieses faszinierenden indischen Außenpostens eintauchen.

FÜR FANS VON ...

- 🧡 *Nordthailand*
- 🧡 *Vietnams Hochland*
- 🧡 *Myanmar*
- 🧡 *Borneo*
- 🧡 *Begegnungen mit Indigenen*
- 🧡 *Grenzen überwinden*

Warum nach Nagaland?

Auch wenn die bürokratischen Hindernisse für eine Reise nach Nagaland allmählich verschwinden, ist der Bundesstaat immer noch ein Ziel für echte Abenteurer. Man fährt mit klapprigen Bussen und alternden Jeeps, die im Schneckentempo über zerfurchte Bergstraßen schleichen. Aber das ist ein geringerer Preis für die Belohnung, die man erhält, wenn man in einer Gastfamilie wohnt und tief in das Leben der Naga eintaucht. In Dörfern wie Shiyong und Longwa in der Nähe von Mon im zentralen Nagaland wohnt man bei den Nachkommen von Kopfjägern in Häusern voller alter Gegenstände des Stammes. Die Gäste können typische Gerichte probieren (darunter auch solche, die mit feurigen Naga-Jolokia-Chilis zubereitet werden) und von ihren Balkonen aus den Blick auf die nebelverhangenen Täler genießen.

Die Gegend verändert sich rapide, da die moderne Welt in die Berge vordringt. Aber es gibt immer noch Dörfer mit strohgedeckten Hütten, die mit Büffelschädeln verziert sind. Und sie werden immer noch von Einheimischen bewohnt, die stets ihre handgeschmiedeten Macheten tragen.

ANREISE

Am einfachsten erreicht man Nagaland, wenn man nach Guwahati in Assam fliegt und dann auf dem Landweg mit dem Bus oder Jeep nach Mokokchung und weiter in die Dörfer um Mon fährt. Die Hauptstadt Kohima liegt im äußersten Süden des Bundesstaates und ist von Mon aus in 18 Stunden mit dem Bus zu erreichen. Man kann aber auch einen Jeep mit Fahrer mieten.

WANN AM BESTEN?

Oktober–April

Wegen des Monsuns sollte man in den trockenen Wintermonaten reisen. Das Hornbill Festival in Kohima im Dezember ist das größte Ereignis im Naga-Kalender und zieht Menschen aus dem ganzen Land in traditionellen Stammesgewändern an.

REISETIPPS

Man muss sich in jedem Bezirk in Nagaland innerhalb von 24 Stunden nach Ankunft <u>bei der Polizei anmelden.</u> Dies ist eine wichtige bürokratische Maßnahme, die die Weiterreise durch diese Region erleichtert.

Die separatistischen Rebellengruppen in Nagaland haben einen <u>Waffenstillstand mit der Regierung</u> unterzeichnet, aber die Gewalt kann von Zeit zu Zeit immer noch aufflammen. Man sollte die Entwicklung verfolgen.

Wer auf der Straße reist, muss sich auf lange Verzögerungen einstellen. <u>Busse und Jeeps haben Pannen, Straßen werden durch Erdrutsche blockiert</u>, und Pisten verwandeln sich in Schlammlöcher, wenn der Monsun einsetzt (Reisen von Mai bis September können zum Reinfall werden).

ABSEITS DER TOURISTENPFADE

 Erkunde die Märkte von Kohima. Wenn nicht Hornbill Festival ist, sieht man keine anderen Reisenden zwischen den Ständen mit Fröschen, Chilis und Hornissenlarven.

 Zoll dem Soldatenfriedhof von Kohima Respekt. Er ist eine bewegende Gedenkstätte für einige der blutigsten Schlachten des Zweiten Weltkriegs.

 Übernachte in einer Dorfunterkunft in den Hügeln um Mon und bewundere die Wildschweinstoßzähne und Nashornvogelschädel, die die Vorfahren der Besitzer trugen.

 Mach eine Wanderung in den Naga Hills. Einheimische Führer können dich zu Teeplantagen, strohgedeckten Dörfern und Aussichtspunkten bringen.

 Probiere eine traditionelle Naga-Mahlzeit in einem Gästehaus oder auf einem Dorfmarkt. Vieles aus der Naga-Küche ist ungewohnt, z.B. ein Pilz-Chutney.

 Besuche ein *morung*, ein gemeinschaftliches Langhaus, in dem junge Männer vor ihrer Heirat leben; *morungs* sind oft mit alten animistischen Totems geschmückt.

Im Uhrzeigersinn von oben links: Eine Einheimische serviert einen Eintopf; Naga-Jolokia-Chilis; Sonnenuntergang über den Hügeln

Links: Morgennebel
unter der Stupa
von Borobudur

Die Tempel von Yogyakarta

BOROBUDUR UND PRAMBANAN SIND DIE GRÖSSTEN ANTIKEN SCHÄTZE JAVAS

In Zentraljava, im Schatten des Vulkans Merapi, liegen die beiden beeindruckendsten Tempelanlagen Indonesiens: Borobudur und Prambanan. Die beiden zum Weltkulturerbe zählenden Tempel, nördlich bzw. östlich der Stadt Yogyakarta - einer Wiege der javanischen Kultur und selbst ein beliebtes Reiseziel -, stammen aus einer ähnlichen Epoche (8. bis 10. Jahrhundert), unterscheiden sich jedoch deutlich voneinander. Der Stupa von Borobudur ist der größte buddhistische Tempel der Welt, während der Komplex von Prambanan mit seinen 240 Tempeln überwiegend hinduistisch geprägt ist.

So wie Angkor Wat in Kambodscha, das ebenfalls Elemente des Buddhismus und Hinduismus enthält, waren beide Tempel fast 800 Jahre lang verlassen und im Dschungel versunken, bevor sie von europäischen Entdeckern ausgegraben wurden. Und obwohl Borobudur und Prambanan Angkor an Pracht und Mystik in nichts nachstehen, haben es die außergewöhnlichen Tempel Javas nicht geschafft, ähnliche Bilder von Romantik und Abenteuern heraufzubeschwören.

FÜR FANS VON …

💛 *Angkor Wat, Kambodscha*
💛 *Bagan, Myanmar*
💛 *Hampi, Indien*
💛 *Persepolis, Iran*
💛 *Karnak, Ägypten*
💛 *Palenque, Mexiko*

Warum zu den Tempeln von Yogyakarta?

Borobudur ist eines der größten buddhistischen Monumente der Welt, 400 Jahre vor Angkor Wat. Die als architektonisches Meisterwerk gepriesene, imposante Stupa in Form einer Pyramide ist als spiritueller Pfad konzipiert, der die Besucher durch die Ebenen der buddhistischen Kosmologie führt. Man sollte sich Zeit für die 2672 herrlichen Relieftafeln nehmen. Oben angekommen, eröffnet sich ein überwältigender Blick über den Dschungel und die Hügel inmitten eindrucksvoller Stupas und Statuen.

Östlich von Yogyakarta liegt die andere große Attraktion der Stadt: Prambanan. Die größte hinduistische Anlage der Welt umfasst 240 Tempel, die über weite Ebenen verstreut sind. Das Highlight ist zweifellos die Hauptgruppe der Tempel aus dem 10. Jahrhundert. Jeder dieser Tempel ist hinduistischen Gottheiten wie Brahma, Vishnu und Shiva gewidmet. Der Shiva-Tempel ragt 47 Meter in die Höhe und weist herausragende Reliefs auf, die Szenen aus dem Hindu-Epos Ramayana darstellen.

Rechts: Prambanan ist eine der größten hinduistischen Anlagen der Welt, mit 240 Tempeln

Unten: Der Vulkangipfel des Merapi ist eine überwältigende Kulisse für die Ruinen von Borobudur

ANREISE

Inländische und internationale Flüge landen auf Yogyakartas Flughafen 45 Kilometer außerhalb der Stadt. Viele Touristen nutzen die Stadt als Ausgangspunkt, um beide Tempel zu besuchen. Borobudur liegt 41 Kilometer nordwestlich, Prambanan 16 Kilometer östlich von Yogyakarta. Viele Busse fahren die Strecke ab, oder man schließt sich vor Ort einer Tour an.

WANN AM BESTEN?

April–Dezember

Von April bis Dezember ist das Wetter am besten. Für eine stimmungsvolle Atmosphäre sollte man zum Vollmond im Mai kommen, wenn in Borobudur das Vesak-Fest gefeiert wird, das an die Geburt, die Erleuchtung und den Tod Buddhas erinnert.

REISETIPPS

Für <u>optimale Fotos</u> *sollte man Borobudur bei Sonnenaufgang und Prambanan bei Sonnenuntergang besuchen. Der Eintrittspreis ist höher, aber das ist es wert.*

Das <u>Kombi-Ticket</u> *Prambanan/Borobudur macht den Eintritt zu beiden Stätten billiger, beinhaltet aber keine Besuche zum Sonnenaufgang oder Sonnenuntergang.*

In einem Land mit mehr als 270 Millionen Einwohnern kann es bei den Sehenswürdigkeiten sehr voll werden. Den Besuch von Yogyakartas Tempeln sollte man daher an <u>Wochenenden und Feiertagen möglichst vermeiden.</u>

<u>*Man sollte sich respektvoll kleiden und Schultern und Knie bedecken.*</u>

ABSEITS DER TOURISTENPFADE

 Erfahre mehr über die alte javanische Religion Kejawan. Die Touren von Kaleidoscope of Java (kaleidoscopeofjavatour.com) erklären die Anwendung in Borobudur.

 Tauch in die traditionelle javanische Kultur ein und erlebe das entspannte Dorfleben von Borobudur in einer Gastfamilie (kampunghomestayborobudur.com).

 Finde Erleuchtung bei einer Meditation bei Sonnenuntergang unter einem Bodhi-Baum in Candi Mendut – einem magischen, weniger besuchten Tempel.

 Erlebe die Ruhe und Spiritualität von Borobudur bei Sonnenuntergang. Umgekehrt kannst du um 6 Uhr morgens nach Prambanan kommen, um allein zu sein.

 Schwing dich auf ein Fahrrad und erkunde die umliegenden Tempel von Prambanan. Höhepunkte sind der auf einem Hügel gelegene Palast Kraton Ratu Boko und der buddhistische Tempel Plaosan.

 Sichere dir ein Ticket für das spektakuläre Ramayana Ballet in Prambanan, eine einzigartige Erzählung des Hindu-Epos.

Shikoku

JAPANS PILGERINSEL, DIE SICH FÜR EIN ABFALLFREIES LEBEN EINSETZT

Shikoku steht nur selten auf der Reiseroute der meisten Besucher Japans, obwohl die Insel viel zu bieten hat. Großveranstaltungen wie das alljährliche Awa-Odori-Festival in Tokushima, Japans Gegenstück zum Karneval in Rio, ziehen im August viele Menschen an. Das altehrwürdige Dogo Onsen in Matsuyama ist ein Ziel für Fans von Thermalquellen. Und alle drei Jahre ist die Präfektur Kagawa in Shikoku Mitveranstalter der Setouchi Triennale, einem großartigen Festival für zeitgenössische Kunst, das sich auf nahe gelegene Inseln wie Naoshima und Shodoshima erstreckt.

Neben den Hauptattraktionen gibt es aber auch viele Ziele jenseits der Touristenströme. Im Zero-Waste-Dorf Kamikatsu kann man sich über Nachhaltigkeitsprojekte informieren. Bei einem Besuch im abgelegenen Iya-Tal übernachtet man in einem Bauernhaus und kann auf dem Oberlauf des Yoshino raften. Der Pilgerweg der 88 Tempel bietet viele Wandermöglichkeiten. Oder man geht an der Südküste zwischen den beiden spektakulären Kaps von Muroto und Ashizuri zum Surfen.

FÜR FANS VON ...

- 🧡 *Honshu*
- 🧡 *Outdoor-Abenteuern*
- 🧡 *Tempelpilgerreisen*
- 🧡 *Natur*
- 🧡 *Kunstentdeckungen*
- 🧡 *Zeitlosen Traditionen*

Warum nach Shikoku?

Shikoku ist berühmt für seine Pilgerfahrt des 88-Tempel-Wegs, die mit dem buddhistischen Mönch Kobo Daishi verbunden sind. Die meisten Pilger legen die Strecke nicht zu Fuß, sondern mit einem motorisierten Fahrzeug zurück. Wer sich der Herausforderung stellt, die 1400 Kilometer lange Strecke zu Fuß oder mit dem Fahrrad zurückzulegen, wird an einigen sehr ungewöhnlichen Orten in Shikoku übernachten. Wer sich tiefer in das Innere der Insel wagt, findet Chiori, ein schön restauriertes traditionelles Reetdachhaus und ein stimmungsvoller Ausgangspunkt für die Erkundung des Iya-Tals. Hängebrücken aus Reben überspannen die atemberaubend steilen Schluchten, erstaunliche Meisterleistungen alter Ingenieurskunst.

Shikoku ist auch ein Pionier der Nachhaltigkeit in Japan. Südwestlich von Tokushima City liegt Kamikatsu, ein Dorf, das sich seit 2003 bemüht, keinen Abfall zu erzeugen. Besucher können sich in der Mikrobrauerei, dem Restaurant, einem Laden sowie im Hotel WHY, das Teil des innovativen Zero-Waste-Zentrums ist, ein Bild von diesen Bemühungen machen.

ANREISE

Seit über 1300 Jahren kommen die Pilger mit dem Boot nach Shikoku. Diese gemächliche Art, die Insel zu erreichen, ist auch heute noch mit Fähren von mehreren Häfen auf Honshu und Kyushu möglich. Alternativ gibt es eine Bahnverbindung über die Seto-Ohashi-Brücke sowie Autobahnbusse von der Hauptinsel und Flüge zu einem der großen Flughäfen der vier Präfekturen.

WANN AM BESTEN?

April & November

Im Sommer kann es drückend heiß sein, während im Winter auf den höheren Gipfeln Schnee liegt. Der April ist der beste Monat für die Kirschblüte, der November für die Herbstfarben.

REISETIPPS

Für Fahrten mit JR-Zügen auf der Insel kann man den All Shikoku Rail Pass kaufen (shikoku-rail waytrip.com). Er kann für drei bis sieben Tage erworben werden und bietet außerdem Ermäßigungen für einige Fähr- und Buslinien.

Wer im August das berühmte Tanzfestival Awa Odori in Tokushima besuchen möchte, sollte rechtzeitig eine Unterkunft in der Stadt oder der Umgebung buchen.

Obwohl der Zug im Allgemeinen für Reisen auf der Insel gut geeignet ist, gibt es bei einigen Highlights – darunter das Iya-Tal, die beiden südlichen Kaps Muroto und Ashizuri sowie viele der 88 Tempel – keine nahe gelegenen Bahnhöfe und nur komplizierte Busverbindungen. Um diese Sehenswürdigkeiten zu erreichen, sollte man ein Auto mieten.

ABSEITS DER TOURISTENPFADE

 Nimm die 2,7 Kilometer lange Seilbahn auf den Berg Tairyu-ji in der Präfektur Tokushima – die längste Seilbahn in Westjapan.

 Geh über die abgelegenen Oku Iya Ni-ju Kazura-bashi Brücken aus Reben, die über dem Iya-Tal hängen.

 Erkunde die faszinierende Ozu-jo in der Präfektur Ehime – eine der am authentischsten rekonstruierten Burgen Japans, ein Überbleibsel aus der Edo-Zeit.

 Schwimm oder surf im warmen Wasser vor Okinohama, Shikokus schönstem Sandstrand, auf dem Weg zum Kap Ashizuri.

 Steig auf den sanft gerundeten, 1955 Meter hohen Berg Tsurugi-san. Er ist der zweithöchste von Shikoku und einer von Japans berühmten Bergen.

 Miete in Shimanto ein Fahrrad und erkunde das wunderschöne Tal des Shimanto-gawa, Japans letztem noch nicht gestauten Fluss.

Im Uhrzeigersinn von oben links: Ryozenji-Tempel auf dem Pilgerpfad; das Zero-Waste-Dorf Kamikatsu; Yosakoi-Festival in Kochi

__Linda Ding__
Koordinatorin,
INOW Gastfamilie,
Kamikatsu

WARUM ICH SHIKOKU LIEBE

Shikoku ist Natur in ihrer ganzen Pracht – von den mit Zedern bedeckten Gebirgsketten bis hin zu den Kirschblüten, die über sauberen Bächen blühen.

Erlebnisse vor Ort
Wer zu uns (inowkamikatsu.com) ins Gastfamilienprogramm kommt, lernt den ökologischen Reisanbau kennen. Auf dem Land sind viele der alten Traditionen noch lebendig, auch wenn sie mit dem Bevölkerungsrückgang schnell verschwinden. Für alle, die gerne Reis essen, ist dies eine Gelegenheit, den Anbau selbst auszuprobieren.

Meine liebste Jahreszeit
Ich liebe den Herbst. Der Anblick der Blätter, die sanft in die klaren Flüsse fallen, ist Poesie in Bewegung.

Tohoku

IN HONSHUS WENIG ENTWICKELTER REGION IST EIN WANDEL IM GANGE

Tohoku galt lange Zeit als abgelegen. Die Region im Norden der japanischen Hauptinsel Honshu hat eine von Norden nach Süden verlaufende Gebirgskette, Felsküsten auf der Pazifikseite und schneereiche Winter auf der Seite des Japanischen Meeres. Die historische Isolation hat einzigartige Traditionen wie spektakuläre Feste und mystische religiöse Praktiken hervorgebracht. Dies bedeutet auch, dass Tohoku weniger entwickelt ist als die meisten anderen Teile des Landes. Die Natur ist großartig: gewaltige Vulkane, alpine Wiesen, blaue Calderaseen, unberührte Buchenwälder und faszinierende Riaküsten. Und Onsen – Tohoku hat einige der besten heißen Quellen in ganz Japan, mit rustikalen hölzernen Badehäusern und milchig weißem Wasser und Bädern.

Tohoku ist nicht mehr schwer zu erreichen: Der 2010 fertiggestellte Tohoku Shinkansen (Hochgeschwindigkeitszug) verbindet die Region in wenigen Stunden mit der Hauptstadt Tokio. Dennoch gehören die sechs Präfekturen, aus denen die Region besteht, zu den am wenigsten besuchten des Landes.

FÜR FANS VON ...

- ♥ *Den Japanischen Alpen*
- ♥ *Den Schweizer Alpen*
- ♥ *Kyoto*
- ♥ *Heißen Quellen*
- ♥ *Skiurlaub*
- ♥ *Mythen und Legenden*

Warum nach Tohoku?

Teile von Tohoku wurden durch ein verheerendes Erdbeben und einen Tsunami im Jahr 2011 schwer verwüstet. Neben der Wiederherstellung der Infrastruktur in der Region haben die laufenden Aufbaumaßnahmen auch zur Eröffnung einiger bemerkenswerter neuer Attraktionen geführt. Dazu gehört vor allem der Michinoku Coastal Trail, ein Fernwanderweg, der die Insel von Aomori im Norden bis Fukushima im Süden auf einer Länge von rund 1000 Kilometern entlang kleiner Fischerdörfer mit spektakulären Ausblicken durchquert. Um Besucher in die Region zu locken, entstehen an der gesamten Küste neue Boutique-Hotels und Feinschmeckerlokale. In einer Zeit, in der Urlauber viele Reiseziele genau überdenken, will Tohoku neue Gäste willkommen heißen. Besucher werden hier mit Japans berühmter Gastfreundschaft empfangen, während sie von dem oft lästigen Massentourismus des Landes noch weitgehend verschont bleiben.

ANREISE

Die meisten Besucher fliegen zum internationalen Flughafen Narita etwas außerhalb von Tokio. Von dort aus ist die Region leicht mit dem Tohoku Shinkansen zu erreichen, der von Tokio aus nach Norden zu den wichtigsten Städten fährt. Zudem verfügt Tohoku auch über eine Reihe von Regionalflughäfen, von denen der größte der Sendai International Airport ist.

WANN AM BESTEN?

Mai–November

Die Hauptreisezeit in Tohoku sind der Sommer – zum Wandern und für traditionelle Feste – und der Spätherbst, wenn sich die Blätter verfärben. Der Winter ist kalt und schneereich und eignet sich hervorragend für den Wintersport.

REISETIPPS

Pässe wie der JR East Tohoku Area Pass, der an fünf aufeinander folgenden Tagen Bahn- und Busreisen in der gesamten Region (einschließlich Reisen ab Tokio) abdeckt, sind sehr günstig. Es gibt verschiedenen Optionen, um den richtigen für die jeweilige Reiseroute zu finden.

Es gibt nur wenige Orte in Tohoku, die man nicht mit öffentlichen Verkehrsmitteln erreichen kann, aber die Busse auf dem Land verkehren nur sehr selten. Wer ein Auto hat, kann in kurzer Zeit mehr sehen. Autovermietungen findet man in der Nähe der großen Bahnhöfe.

Die Einheimischen wissen es zu schätzen, wenn die Besucher ein wenig Japanisch gelernt haben. Am Anfang kann man es mit konnichiwa *(Hallo) und* arigato *(Danke) versuchen.*

ABSEITS DER TOURISTENPFADE

 Wandere auf den Pfaden des Dewa San-zan mit seinen geheimnisvollen Schreinen und einer prächtigen Holzpagode. Die „drei Berge von Dewa" sind einer der spirituellsten Orte Japans.

 Nimm ein Bad in den heißen Quellen von Nyuto Onsen, wo es abgelegene Gäste- und Badehäuser gibt.

 Kauf traditionelles Kunsthandwerk in Morioka. Die Stadt im Norden ist vor allem für ihre Eisenwaren bekannt und hat mehrere ehrwürdige alte Geschäfte.

 Bewunde Hirosaki-jo, eine der wenigen noch erhaltenen ursprünglichen Burgen Japans, die das Herzstück eines großen öffentlichen Parks ist. Dieser Park ist nur zur Kirschblüte im späten April sehr voll.

 Mach frühmorgens einen Ausflug zum Fischmarkt von Aomori, um hervorragende Meeresfrüchte zu probieren.

 Erkunde das charmante ländliche Tono, das für seine Folklore berühmt ist. Miete ein Fahrrad und radel vorbei an Reisfeldern, Bauernhäusern und malerischen Bächen.

Im Uhrzeigersinn von oben links: Herbstfarben im Nyuto Onsen; der heilige Berg Haguro; die spirituellen Wälder von Dewa Sanzan

Kirgisistan

WO JURTEN, HERZLICHE GASTFREUNDSCHAFT UND WEITE LANDSCHAFTEN LOCKEN

Obwohl Kirgisistan nur wenige Flugstunden von den internationalen Drehscheiben entfernt ist, scheint es eine Welt für sich zu sein. Ohne die Infrastruktur von Wanderwegen und Transportmitteln wie in der Schweiz oder die Bequemlichkeit des Teehaus-Trekkings in Nepal kommen Besucher nach Kirgisistan, um die Wildnis zu erleben und Einblicke in die traditionelle halbnomadische Lebensweise zu bekommen. In den meisten Teilen des Landes, das zu mehr als 90 Prozent gebirgig ist, ist es weitaus wahrscheinlicher, dass Reisende einem berittenen Hirten oder frei laufenden Pferden begegnen, als dass sie einem anderen Touristen über den Weg laufen.

Es ist vor allem das Abenteuer, das Besucher zum ersten Mal in die Region lockt: Wandern und Klettern oder Heliskiing und Freeriden. Was sie jedoch immer wieder zurückkommen lässt, ist die Kultur des Landes: einladende Gastfreundschaft in Regionen, in denen viele Einheimische noch immer einen halbnomadischen Lebensstil führen, eine gute lokale Tourismusinfrastruktur und ein Gemüt, das noch sonniger ist als das *tunduk* (Jurtendach) auf der Nationalflagge.

FÜR FANS VON …

- 🧡 *Großartigen Bergabenteuern*
- 🧡 *Traditioneller Nomadenkultur*
- 🧡 *Übernachtungen in Jurten*
- 🧡 *Stränden vor Gebirgskulisse*
- 🧡 *Endlos vielen Kannen Tee*

Warum nach Kirgisistan?

Mit einem kleinen, aber aktiven kommunalen Tourismusnetzwerk und einer Fülle von wenig erforschten Bergtälern werden die Reisemöglichkeiten in Kirgisistan immer vielfältiger. Die mehrtägige Wanderung zum unglaublichen Ala-Köl-See und das Pferdetrekking über den Kyzart-Pass zum weiten Son-Köl-See erfreuen sich nach wie vor großer Beliebtheit, aber es gibt noch mehr Möglichkeiten für Reisende mit einem ausgeprägten Sinn für Abenteuer, die ins Unbekannte aufbrechen wollen.

Man übernachtet in Gästehäusern und familiengeführten Jurtencamps, von denen viele regionalen Tourismusorganisationen angegliedert sind, die Führer, Transporte oder komplizierte Buchungen arrangieren können (z. B. wenn die Gastfamilien vielleicht nur dann Telefonempfang haben, wenn man den nächsten Berghang erklimmt). Bei der jüngeren Generation der Einheimischen führt das wachsende Interesse an der Natur zu einem enormen Anstieg der Zahl der (zunehmend auch englischsprachigen) Trekking- und Skiführer, die ihre Dienste den Touristen anbieten.

ANREISE

Die wichtigsten Airports für Flüge nach Bischkek sind Istanbul, Dubai und Moskau. Alternativ ist eine Reise auf dem Landweg durch Zentralasien immer noch der beste Weg, um die geografischen und kulturellen Übergänge zu erleben, die einst die Routen der alten Seidenstraßen-Karawanen durch die Region bestimmten.

WANN AM BESTEN?

Juni–September

Der Sommer eröffnet unendliche Möglichkeiten in den Bergen – von Jurtenaufenthalten an hochgelegenen Seen bis hin zur Besteigung eisiger Gipfel und perfektem Strandwetter an den Ufern des Issyk-Köl-Sees.

REISETIPPS

Kirgisistan war das erste zentralasiatische Land, das die Visafreiheit einführte. Derzeit kann man aus 67 Ländern ohne Visum einreisen, Reisende aus den meisten anderen Länder können ein e-Visum beantragen (evisa.e-gov.kg).

Für den Besuch von Gebieten in der Nähe der Grenzen zu Tadschikistan oder China – einschließlich des beliebten Köl-Suu-Sees und des Pik Lenin – ist eine Genehmigung erforderlich. Es kann bis zu mehreren Wochen dauern, wenn man sie selbst in Bischkek oder, besser noch, vorab über eine Reiseagentur beantragt.

Die kirgisische Küche basiert auf Fleisch und Kohlenhydrate. Wem das Probleme bereitet, der sollte sich mit anderen Lebensmitteln eindecken, bevor er in abgelegene Regionen reist.

ABSEITS DER TOURISTENPFADE

 Erklimme den 4105 Meter hohen Sary-Mogul-Pass, von dem aus zerklüftete Gletschertäler in Richtung Alay-Tal und Pik Lenin (7134 Meter) abfallen.

 Fahr zum Ende der Straße in der verlassenen ehemals sowjetischen Bergbaustadt Engilchek und weiter durch die Berge auf den 60 Kilometer langen Engilchek-Gletscher.

 Tritt ein in die Jurte einer Hirtenfamilie an einem abgelegenen Pfad und lass dich nach einer Wanderung zum Tee einladen.

 Bewundere die mehr als 10 000 Petroglyphen hoch in den Bergen in Saimaluu Tash, die nur im Hochsommer nach der Schneeschmelze zugänglich sind.

 Genieße den Anblick der Sterne vor deinem Zelt, der Jurte oder an einem der unzähligen Plätze fernab jeglicher Lichtverschmutzung.

 Geh zum donnernden, 300 Meter hohen Shar-Wasserfall, eine überraschend leichte, aber wenig bekannte Tageswanderung in der Nähe der Karawanserei Tash Rabat.

Im Uhrzeigersinn von oben links: Lenin-Statue in Kochkor; Dorfleben im ländlichen Kirgisistan; Pferde sind ein wichtiger Bestandteil der kirgisischen Kultur

Maksim Anosov
Mitinhaber, Feel Nomad Travel

WARUM ICH KIRGISISTAN LIEBE

Wenn man hier reist, ändert sich die Landschaft von Tag zu Tag rapide. Schneegipfel wechseln mit Wüsten, Seen, Stränden, Wäldern und wieder mit Schneegipfeln.

Erlebnisse vor Ort
Ein Aufenthalt in einer Jurte und die Gastfreundschaft der Menschen. Die Orte und Landschaften, an denen die Jurtencamps liegen, sind einfach fantastisch.

Meine liebste Jahreszeit
Jede Jahreszeit ist ein unglaubliches Erlebnis – ich liebe die Übergänge. Da ich gerne Ski fahre, genieße ich den Winter mit seinen Sonnentagen und der frischen Luft auf den hohen Gipfeln.

Links: Urige Laden-
lokale in Ipoh waren
einst Opiumhöhlen und
Bandenquartiere

Ipoh

DIESE EHEMALIGE GRENZSTADT IST EIN MALAYSISCHER MIKROKOSMOS

Ipoh liegt auf dem Weg von den Cameron Highlands nach George Town, ist aber nur selten das eigentliche Reiseziel. Erfahrene Reisende können in Ipoh einige der besten Gerichte Malaysias probieren und durch die gepflegten Straßen aus der Kolonialzeit schlendern. Die Zinnminenarbeiter waren einst maßgeblich an der Entstehung der Identität dieser ehemaligen Grenzstadt beteiligt. Sie errichteten kunstvolle Höhlentempel in den umliegenden Karstfelsen und in den Gassen Häuser, die als Opiumhöhlen, Bordelle und Bandenhauptquartiere dienten. Ipoh ist eine Momentaufnahme des vielschichtigen malaysischen Erbes, das ohne Pauschaltourismus, Touristenbars und Souvenirläden auskommt.

Kuala Lumpur, Melaka und Penang sind die Highlights der Malaiische Halbinsel, aber das ist nicht schlimm, denn so bleibt das schöne Ipoh vom Massentourismus verschont. Die entspannte Stadt wurde im 19. Jahrhundert durch den Zinnbergbau reich, bevor sie in die friedliche Bedeutungslosigkeit abglitt. Heute ist Ipoh mit einem Potpourri aus chinesischer, indischer und malaiischer Kultur Malaysia im Kleinen.

FÜR FANS VON …

- 🧡 *George Town, Malaysia*
- 🧡 *Hoi An, Vietnam*
- 🧡 *Kuching, Malaysia*
- 🧡 *Chinesisch-malaysischer Küche*
- 🧡 *Kaffeekultur*
- 🧡 *Höhlentempeln*

Warum nach Ipoh?

Wer in Ipoh ankommt, merkt schnell, dass etwas anders ist. Der Ort ist voller Sehenswürdigkeiten – historische Gassen, faszinierende Clan-Häuser und farbenfrohe Tempel, die in Kalksteinhöhlen eingezwängt sind –, aber der Tourismus spielt hier gegenüber dem einheimischen Leben die zweite Geige. Der Besucher kann in aller Ruhe durch die Gassen schlendern und sich wie der einzige Tourist in der Stadt fühlen, während er tief in die kulturelle Vielfalt Malaysias eintaucht.

Man sollte Appetit mitbringen, denn Ipoh hat eine ähnliche kulinarische Tradition wie Kuala Lumpur, Melaka oder Penang. Wer früh aufsteht, kann zweimal frühstücken – *dosas* (Reis- und Linsenpfannkuchen) im Morgengrauen im indischen Viertel und eine Stärkung am Vormittag in einem nostalgischen malaysischen *ko pi* (Kaffeehaus). Nach Einbruch der Dunkelheit dreht sich alles um das chinesisch beeinflusste *tauge ayam* – duftendes, gedünstetes Hühnchen, das mit Bohnensprossen serviert wird.

ANREISE

Ipoh hat nur eine winzige Landebahn, die nächstgelegenen größeren Flughäfen befinden sich in Penang und Kuala Lumpur. Von beiden Drehkreuzen aus kann man Ipoh leicht mit dem Bus oder dem Zug erreichen (Fahrzeit 2–3½ Stunden). Die Busse kommen am Terminal Amanjaya nördlich der Stadt an, die Züge fahren zu dem hübschen Bahnhof am Rande der Altstadt.

WANN AM BESTEN?

Juni–August

Auf der Malaiischen Halbinsel regnet es das ganze Jahr über viel, aber die Monate Juni bis August sind in der Regel die trockenste Reisezeit mit viel Sonnenschein für Sightseeing.

REISETIPPS

Man sollte sich dezent kleiden – Ipoh ist eine sehr entspannte malaysische Stadt, aber Thailand ist immer noch ein muslimisches Land. Bei der Frage, wie viel Haut zu sehen sein darf, kann man sich an den Einheimischen orientieren. Bermuda-Shorts und T-Shirts sind in Ordnung. Alles, was kürzer ist, könnte Aufsehen erregen.

....

In Malaysia kann es jederzeit regnen, darauf sollte man vorbereitet sein. Besonders feucht ist es in Ipoh im Oktober und April, der Regen kann die Besichtigung von Sehenswürdigkeiten beeinträchtigen.

....

Ein Auto und einen Fahrer sollte man vorab organisieren – zu den Höhlentempeln von Ipoh und anderen Sehenswürdigkeiten außerhalb des Zentrums kommt man leichter mit einem gut informierten örtlichen Führer plus Fahrzeug.

ABSEITS DER TOURISTENPFADE

 Tauch im charmanten Museum Han Chin Pet Soo ein in die Clan-Geschichte von Ipoh. Du kannst dort die überraschende Historie der Stadt als Brutstätte des organisierten Verbrechens entdecken.

 Erkunde Kellie's Castle am Fluss Raya. Das extravagante Herrenhaus wurde von einem schottischen Pflanzer erbaut, der tamilische Baumeister aus Indien beschäftigte.

 Besuche die Höhlentempel in den Karstfelsen rund um Ipoh mit ihren vielen buddhistischen Schreinen.

 Bummel über den Nachtmarkt in der Jalan Dato Tahwil Azar – jede Nacht wird dort um Kleidung, Schuhe, Elektronik und seltsamerweise auch um Pomade gefeilscht.

 Schau nach dem typischen Gericht von Ipoh, *tauge syam* (Huhn mit Bohnen). Abends findest du es an der Kreuzung Jalan Yau Tet Shin und Jalan Dato Tahwil Azar.

 Probiere die süßen Leckereien, wie etwa Puddingtörtchen, weißen *ko pi* (Kaffee aus Palmmargarine und Kondensmilch) und *tau fu fah* (warmer Seidentofu-Pudding).

Im Uhrzeigersinn von oben links: „Weißer" Kaffee, Ipohs Spezialität; die Felsen sind voller Höhlentempel; ein Relikt aus der Vergangenheit

Kanchenjunga-Region

WILLKOMMEN IM UNBERÜHRTEN HIMALAYA IN NEPALS STILLER ECKE

Während mehr als 57 000 Bergsteiger jedes Jahr zum Everest
Base Camp kommen, sind es im
Kanchenjunga-Schutzgebiet nur
900 Besucher. Man darf nicht bei
jeder Rast Luxusverpflegung erwarten, und man braucht die Unterstützung einer Trekking-Agentur,
um den Pfaden zu folgen, die zu den
Basislagern über Pang Pema und
Ramche führen.

Um die Strapazen zu mildern, gibt
es in abgelegenen Dörfern warme
Mahlzeiten für Abenteurer, die es
in diese abgelegene Ecke schaffen —und als Gegenleistung für die
Mühen und Kosten einen unver-
fälschten Blick auf den Himalaya
und einige der beeindruckendsten
Landschaften der Welt.

Der Trek zum Mount-Everest-Basislager mag Wanderer zwei Drittel des Weges auf den höchsten Berg
der Welt führen, aber er ist oft überfüllt. Wer sich nach
ebenso spektakulären Aussichten und nach Stille sehnt,
tauscht die überfüllten Pfade der Everest-Region gegen
die Wildnis im fernen Osten Nepals, wo sich der Kanchenjunga – mit 8586 Metern der dritthöchste Berg der
Erde - inmitten der Gletscher erhebt.

FÜR FANS VON ...

- 🧡 *Mount-Everest-Basislager*
- 🧡 *Sikkim, Indien*
- 🧡 *Patagonien, Chile/Argentinien*
- 🧡 *Gebirge*
- 🧡 *Wanderurlaub*
- 🧡 *Stille*

Warum in die Kanchenjunga-Region?

Der Trek zum Everest-Basislager ist wahrscheinlich der berühmteste der Welt. Warum sollte man es sich noch schwerer machen und abseits der ausgetretenen Pfade zum Kanchenjunga gehen? Wegen der Ruhe und des Friedens! Auf den Wegen rund um das Everest-Basislager gibt es Übernachtungsmöglichkeiten mit Wlan, Apfelkuchen und ständiger Gesellschaft. In der Kanchenjunga-Region können Sie tagelang wandern, ohne eine Trekkinggruppe oder auch nur einen anderen Menschen zu sehen.

Man wird nicht von anderen Bergwanderern abgelenkt, die sich über die Aussicht unterhalten, während man über die eigene Bedeutungslosigkeit im Angesicht der höchsten Berge der Welt nachdenkt. Ein weiterer Vorteil des Trekkings in der Kanchenjunga-Region ist das Eintauchen in die Kultur. Für die buddhistischen Dorfbewohner ist die Unterstützung der Wanderer nur eine Nebenbeschäftigung, die einen Einblick in eine Lebensweise bietet, die vom rauen Rhythmus der Berge selbst bestimmt wird.

ANREISE

Kanchenjunga-Treks beginnen entweder in Basantpur bei Hile oder in Taplejung bei Ilam. Umweltbewusste Reisende können von Kathmandu aus mit Bussen und Jeeps zu den Wanderwegen fahren – eine Reise allerdings von mindestens 24 Stunden. Alternativ können Kleinflugzeuge die Landebahn in Suketar bei Taplejung anfliegen.

WANN AM BESTEN?

März–Mai & Oktober–November

Erfahrene Wanderer meiden die bittere Kälte des Winters und den Sommermonsun. Die Monate unmittelbar vor und nach dem Monsun sind am besten, da sie warme, klare Tage und nicht zu kühle Nächte bieten.

REISETIPPS

Bevor man zum Kanchenjunga-Trek aufbricht, muss man sich um eine Genehmigung kümmern. Es gibt sie (für 10 US-Dollar pro Woche) bei einer Trekking-Agentur.

* * *

Im Tourist Service Centre gibt es die TIMS (Trekking Information Management System) Card – man benötigt sie für die wichtigsten Trekkingrouten Nepals.

* * *

Für den Eintritt in das Kanchenjunga-Schutzgebiet zahlt man eine Gebühr von 2000 Rs im Tourist Service Centre in Kathmandu oder am Eingang des Reservats.

* * *

Die akute Höhenkrankheit ist hier eine ernste Gefahr. Man sollte daher langsam aufsteigen und alle drei Tage oder wenn man viele Höhenmeter gemacht hat, einen Ruhetag einlegen.

ABSEITS DER TOURISTENPFADE

 Sieh dem Kanchenjunga ins Angesicht. Die besten Aussichten auf den dritthöchsten Berg der Welt haben nur diejenigen, die es bis zum Basislager schaffen.

 Bringe buddhistische Gebetsfahnen auf einem Bergpass an. Deine Gebete für eine erfolgreiche Wanderung werden dann vom Wind in den Himmel getragen.

 Folge den eisigen Gletscherzungen entlang der Moränen auf den letzten Etappen zum Kanchenjunga.

 Bade im Schmelzwasser des Gletschers. Auf Kanchenjunga-Treks wäscht man sich in rustikalen Campduschen (oder gar nicht). Nimm dir Zeit für mindestens ein erfrischendes Bad in einem Gletscherbach.

 Probiere *tongba*, das Lieblingsgetränk im östlichen Himalaya – ein warmes Hirsebier, das man am besten in den Dorfküchen trinkt, wo es aus den Kochtöpfen kommt.

 Mach eine Teetour in Ilam, wo Besucher auf den Teeplantagen willkommen sind und du wahrscheinlich der einzige Tourist bist.

Oben: Für das Trekking in der Kanchenjunga-Region braucht man eine Genehmigung, aber die Mühe lohnt sich

Abhi Shrestha
Rural Heritage
Nepal & Snow
Cat Travel

WARUM ICH DEN KANCHENJUNGA LIEBE

Annapurna ist bezaubernd, Everest ist atemberaubend, Kanchenjunga ist rau! Das ist es, was den Kanchenjunga ausmacht. Es ist abgelegener, und die Menschen leben in ihrer unberührten Welt.

Erlebnisse vor Ort
Wer mit den Einheimischen spricht, wird die Zeit mit Yak-Hirtenfamilien auf 5000 Meter Höhe nicht vergessen!

Meine liebste Jahreszeit
Die beste Zeit für einen Besuch hängt vom Wetter ab. Es ist ein anspruchsvoller Ort, und es ist am besten, ihn zu besuchen, wenn das Wetter gut ist, d. h. in der Hochsaison (April bis Mai und Oktober bis November). Der Kanchenjunga zieht keine Horden von Trekkern an wie andere Regionen in Nepal, daher ist er nie überlaufen.

Links: Nord-Luzon ist berühmt für seine Reisterrassen, die Unesco-Welterbe sind.

Nord-Luzon

KOPFJÄGER UND SPANISCHE GESCHICHTE IM DSCHUNGELHOCHLAND

Während die weißen Strände und die Tauchplätze um Boracay, Cebu und El Nido weltweit bekannt sind, wird Nord-Luzon – der „Kopf" des philippinischen Archipels – oft übersehen. Dabei verkörpert die Gegend das Wesen des Landes besser als jede andere Insel. Entlang der Küste treffen Surfer in San Juan, Pagudpud und Baler auf die Wellen. Im Westen besitzt die Stadt Vigan aus dem 16. Jahrhundert die schönste spanische Kolonialarchitektur Asiens, während der undurchdringliche Dschungel an der Ostküste viele der endemischen Arten des Landes beherbergt.

Im Landesinneren locken die bewaldeten Kordilleren mit den von der Unesco ausgezeichneten Reisterrassen, mit wilden Flüssen, den hängenden Särgen und Höhlen mit Totenschädeln. In den Hochlanddörfern der Provinz Kalinga, wo seit Menschengedenken Kopfjagd betrieben wird, erklingen unzählige verschiedene Sprachen und Dialekte. Weit draußen auf dem Meer ist das traditionelle Leben auf den Batanes-Inseln Welten entfernt von den Nachtclubs in Manila.

FÜR FANS VON ...

🧡 *Den Hängenden Särgen auf Sulawesi*
🧡 *Goroka, Papua-Neuguinea*
🧡 *Yuanyang Reisterrassen, China*
🧡 *Abgelegenen Inseln*
🧡 *Sa Pa, Vietnam*
🧡 *Indigener Kultur*

Warum nach Nord-Luzon?

Nord-Luzon ist nicht weniger spektakulär als Vietnam, Thailand, Indonesien oder Malaysia, wenn es um Dschungelwanderungen, Hochlandabenteuer und Inselhopping geht, aber es hat einen Vorteil gegenüber seinen Nachbarn: Es ist vergleichsweise unberührt, und die zerklüftete Topografie und wenig besuchten Inseln bieten immer noch viel Raum für authentische Abenteuer – ohne Bananenpfannkuchen oder Vollmondparty.

Das Reisen in den Kordilleren und auf Batanes kann eine Herausforderung sein. Erdrutsche versperren nach heftigen Regenfällen steile Straßen, Autofahren in den Bergen ist nichts für schwache Nerven, und ein Taifun kann den Besucher auf einer abgelegenen Insel ohne Internetzugang festsetzen. Dafür lernt man aber einige der einzigartigen indigenen Kulturen Südostasiens kennen. Angesichts der Tatsache, dass der Klimawandel eine zusätzliche Herausforderung für die traditionellen Lebensgrundlagen der Menschen darstellt, ist jetzt der richtige Zeitpunkt, sie durch einen verantwortungsvollen Besuch zu unterstützen.

ANREISE

Zwischen Manila und den größeren Städten in Nord-Luzon wie San Juan, Vigan, Pagudpud und Baler verkehren häufig komfortable Busse. Abgelegenere Ziele in den Kordilleren – Sagada, Baguio, Batad, Kabayan und verschiedene Dörfer in der Provinz Kalinga – sind ebenfalls relativ leicht mit öffentlichen Verkehrsmitteln zu erreichen. Zu den Batanes-Inseln gibt es fast täglich Flüge.

WANN AM BESTEN?

Dezember–Mai

Die schönste Zeit des Jahres für Wanderungen in den Kordilleren. Die Reisterrassen sind zwar zwischen Juli und Oktober am malerischsten, aber dies ist auch die Zeit der Taifune. Die Temperaturen sind von April bis Juli höher, aber es gibt weniger Touristen.

REISETIPPS

Vor der Ankunft in Bontoc sollte man einen <u>Guide für Wanderungen</u> in der Provinz Kalinga buchen, denn die besten Führer sind schnell vergeben.

....

<u>Die beste Zeit</u>, um die fünf Reisterrassen des Unesco-Welterbes in Ifugao (Kordilleren) zu besichtigen, ist Juni bis Juli und Februar bis März für Banaue, Bangaan, Nagacadan und Mayoyao. Dann ist es dort am grünsten, während man nach Batad am besten von April bis Mai und von Oktober bis November fährt.

....

Wer die Batanes-Inseln ohne Regenkleidung besucht, folgt dem Beispiel der Einheimischen und zieht als Mann eine <u>kanayi</u> (Weste aus Fasern der Vuyavuy-Palme) und als Frau eine <u>vakul</u> (aus Vuyavuy-Fasern gefertigte, perückenartige Kopfbedeckung) an.

ABSEITS DER TOURISTENPFADE

 Erlebe die Kultur der Ivatan auf den Batanes, indem du mit einem *falowa* (Rundbodenboot) von Batan nach Sabtang fährst und dort übernachtest. In der Nähe von Savidug gibt es strohgedeckte Häuser und eine prähispanische Festung.

 Besichtige die jahrhundertealten hängenden Särge im Echo Valley, eine kurze Wanderung von Sagada entfernt.

 Wandere nach Batad, um die spektakulären Reisterrassen von einem Bergrücken aus zu sehen, der nur zu Fuß erreichbar ist.

 Geh mit einem Guide der Ibaloi zu den Timbac-Höhlen von Kabayan in den Kordilleren. Hier sind Mumien zu sehen, die in der Fötusstellung begraben wurden.

 Lass dir von den Großnichten von Whang-Od, dem berühmten *mambabatok* (Tätowierer), in Buscalan ein traditionelles Bambusnadel-Tattoo stechen.

 Unternimm eine Dschungelwanderung im Grenzgebiet des nördlichen Sierra Madre Natural Park, der nur mit einem kleinen Flugzeug und einem Boot erreichbar ist.

Im Uhrzeigersinn von oben links: Die hängenden Särge von Sagada; Bergdorf in Banaue; Vigan ist bekannt für seine Kolonialarchitektur

Incheon & West Sea Islands

EIN ORT IM SCHATTEN SEOULS ALS AUSGANGSPUNKT FÜRS INSELHOPPING

CHINA

NORDKOREA

INCHEON & WEST SEA ISLANDS

SÜDKOREA

JAPAN

An der Nordwestküste Südkoreas, nur 27 km von Seoul entfernt, liegt Incheon, die drittgrößte Stadt des Landes, in der sich auch der wichtigste internationale Flughafen befindet. Nur wenige Besucher bleiben hier, um mehr über diese historische Hafenstadt mit ihren 2,9 Millionen Einwohnern zu erfahren, und ziehen es vor, direkt in die dynamische Hauptstadt zu fahren. Dabei bietet Incheon viele faszinierende Attraktionen, darunter Südkoreas einziges offizielles Chinatown und einen lebhaften Fischmarkt sowie ein ähnlich modernes urbanes Flair wie Seoul.

Von Incheon aus verkehren Fähren zu den faszinierenden West Sea Islands, die abseits der internationalen Touristenpfade liegen. Zu ihnen gehört Ganghwado, die fünftgrößte Insel Südkoreas, die Mitte des 13. Jahrhunderts, als die Mongolen auf dem Festland wüteten, für kurze Zeit die Hauptstadt Koreas beherbergte. Auf der malerischen ruhigen Insel Deokjeokdo, 70 Kilometer südwestlich von Incheon, entspannt man an einem herrlichen Strand und besteigt den Hauptgipfel.

FÜR FANS VON ...

💛 *Yokohama, Japan*
💛 *Busan, Südkorea*
💛 *Historischer Architektur*
💛 *Idyllischen Inseln*
💛 *Fangfrischen Meeresfrüchten*
💛 *Beschaulichen buddhistischen Tempeln*

Warum nach Incheon & auf die Inseln?

Im September 2020 wurde Incheon zur ersten „smart tourism city" Südkoreas und führte die AR-Technologie (Augmented Reality) bei Sehenswürdigkeiten wie dem Jajangmyeon-Museum in Chinatown ein. Dieses stimmungsvolle Viertel wurde 1894 gegründet und bietet kunstvoll verzierte *paifang* (Torbögen), Wandmalereien, Tempel und köstliches Essen. Incheon kennen manche auch aus den Szenen in Psys Musikvideo *Gangnam Style*, die in der Umgebung von Songdo gedreht wurden, der „smart city" von Incheon. Sie wurde aus zurückgewonnenem Land errichtet und ist ein Stadtteil mit Gebäuden und Infrastruktur, die so nachhaltig wie möglich gestaltet wurden. Der Kunst- und Kulturkomplex Tri-bowl besteht aus drei riesigen schalenförmigen Gebäuden, die auf dem Wasser zu schweben scheinen.

In völligem Kontrast dazu steht der wunderschöne Tempel Jeondeungsa auf der Insel Ganghwado. Man übernachtet im Rahmen des nationalen Temple-stay-Programms (eng.templestay.com).

ANREISE

Der internationale Flughafen Incheon befindet sich auf der Insel Yeongjongdo, die mit dem Bus eine Stunde von Incheon-Stadt entfernt ist. Alternativ legen auch Schiffe aus dem chinesischen Hafen Dalian an den beiden internationalen Fährterminals von Incheon an. Um die West Sea Islands zu erreichen, legen die Fähren vom separaten Coastal Ferry Terminal am Yeonan Pier ab.

WANN AM BESTEN?

Juni & September

Die besten Monate, um sich an den Stränden der West Sea Islands zu entspannen, da die Wahrscheinlichkeit geringer ist, dass es zu heftigen Regenfällen kommt, die die Region im Juli und August überfluten können.

ABSEITS DER TOURISTENPFADE

 Spaziere durch Jayu, einen malerischen Park, der 1888 entworfen wurde und den historischen Hafen von Incheon mit Chinatown verbindet.

 Entspanne dich im Central Park von Songdo am Meer und bewundere die Architektur der Kunst- und Kulturhalle Tri-bowl.

 Wandere zum Tempel Bomunsa auf der Insel Seongmodo, die du mit der Fähre von Ganghwado aus erreichst, um seine Grotte und die 10 Meter hohe Buddha-Felszeichnung zu besichtigen.

 Bestaune den Dolmen Bugeun-ri, ein Grab aus der Bronzezeit, das aus drei riesigen Steinen auf der Insel Ganghwado besteht.

 Erkunde die Überreste des Goryeogungji-Palastes aus dem 13. Jahrhundert in Ganghwa-eup, ein Relikt aus der Zeit, als die Hauptstadt Koreas auf Ganghwado war.

 Campe am Seopori-Strand, einem spektakulären, 2 Kilometer langen, goldenen Sandstrand an der Südküste von Deokjeokdo, der von einem dichten Hain aus 200 Jahre alten Kiefern umgeben ist.

Oben: Auf der Insel Ganghwado war im 13. Jahrhundert, als die Mongolen durch das Land zogen, kurzzeitig die Hauptstadt Koreas

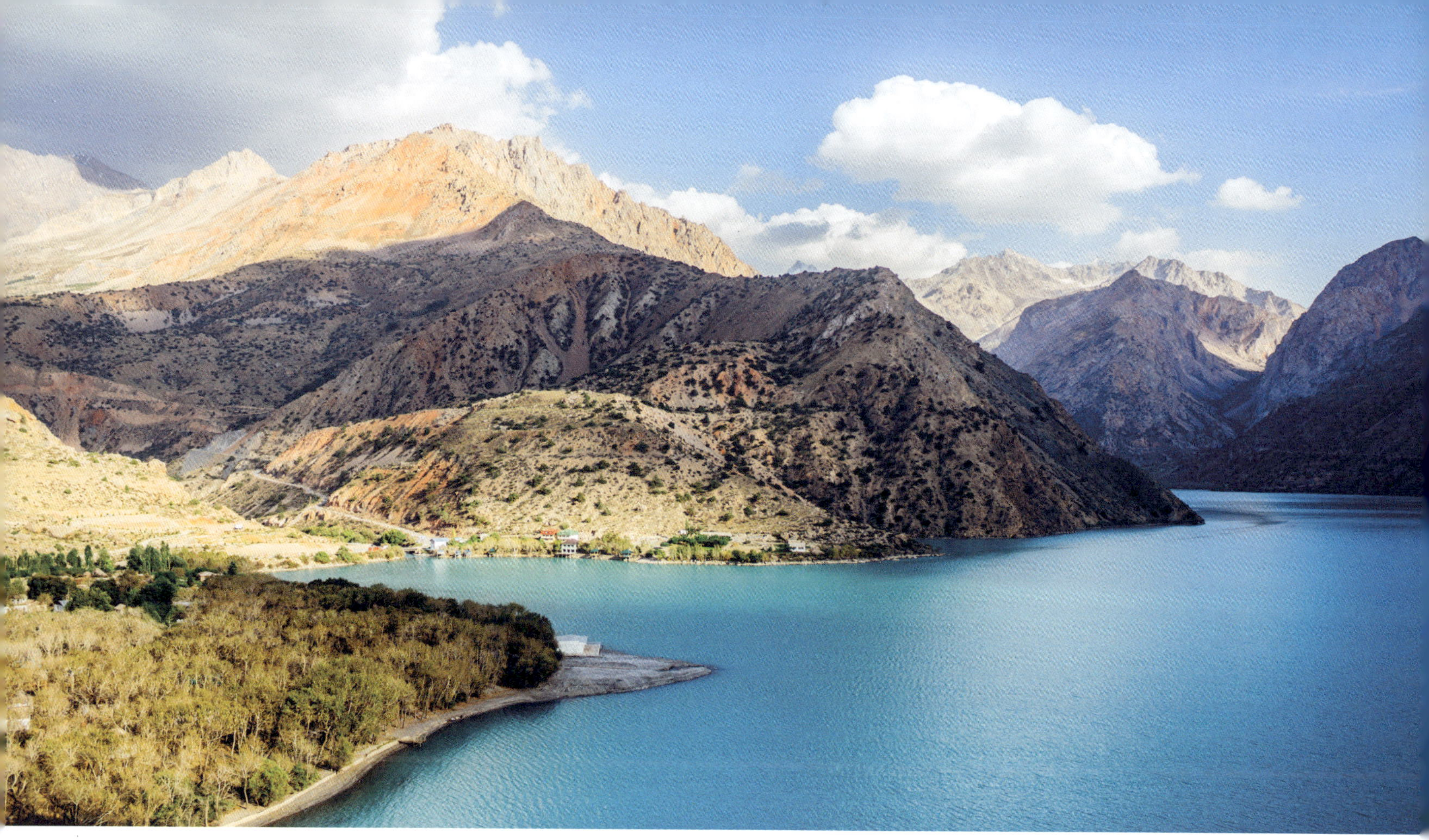

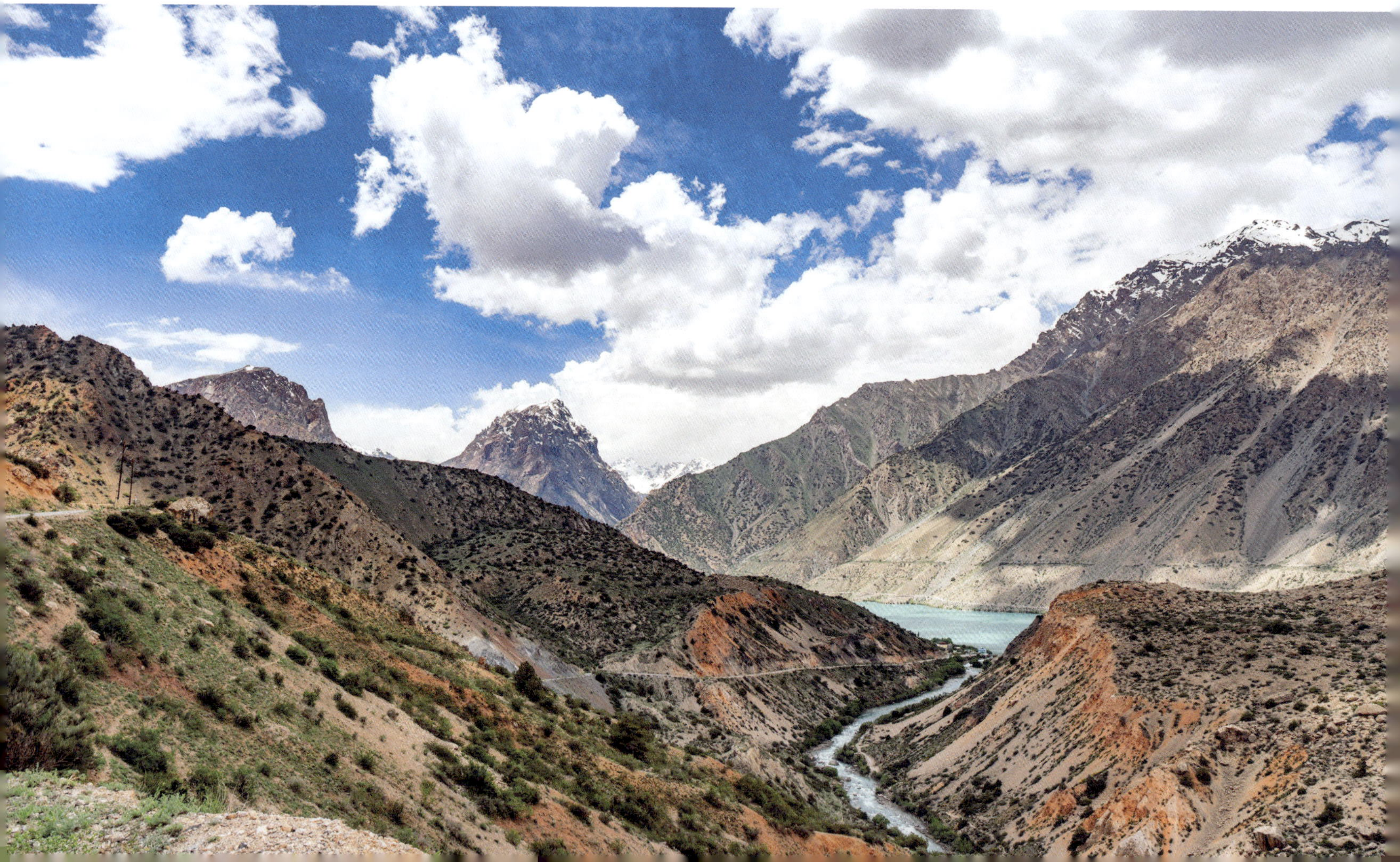

Fan-Gebirge

HOHE GIPFEL UND EIN HERZLICHES WILLKOMMEN IN ZENTRALASIEN

Das tadschikische Fan-Gebirge bietet imposante alpine Landschaften und azurblaue Bergseen, kulturelle Stätten sowie lokale Tourismusinitiativen, die Reisende mit einheimischen Familien zusammenbringen. Die Region, die lange Zeit auf dem Radar der Bergsteiger aus der Sowjetunion und der GUS stand, ist dem globalen Tourismus weitgehend entgangen.

Auch wenn Besucher häufiger den Pamir Highway in Richtung Osten befahren, kann man in dieser Ecke Tadschikistans Gebirgskämme und kulturelle Stätten entdecken, die es mit der Geschichte und Pracht bekannterer Orte aufnehmen können. Die bedeutenden sogdischen Wandmalereien von Penjikent, die mit dem alten Iran in Verbindung gebracht werden und sich heu-

te in der St. Petersburger Eremitage befinden, zeugen vom vielfältigen ethnischen und religiösen Erbe dieser Region. Das nahe gelegene Sarazm ist Unesco-Welterbe - ein Spaziergang durch die Ruinen der beiden Orte führt die Besucher mehr als vier Jahrtausende zurück zu den ersten menschlichen Siedlungen in Zentralasien.

FÜR FANS VON ...

💛 *Zentralasiatischer Gastfreundschaft*
💛 *Teehaus-Treks, Nepal*
💛 *Überlandfahrten*
💛 *Abgelegenen Bergseen*
💛 *Wenig beachteten Unesco-Stätten*
💛 *Relikten aus der Sowjetzeit*

Warum ins Fan-Gebirge?

Auf dem Chukurak-Pass (3180 Meter) reicht der Blick bis zu den glitzernden Kulikalon-Seen und dem Alauddin-Pass im Osten, bis zum Igrok-Pass und den sieben Seen des Haft Kul im Westen, im Norden und Süden bis zu den schroffen Gipfeln, die Bergsteiger von weit her anziehen. Auf dem Weg aus den Bergen beherbergen kleine Dorfgasthöfe die Reisenden für eine Nacht und bieten eine warme Mahlzeit an. Diese Gasthöfe werden formell von den beiden lokalen Tourismusverbänden der Region geleitet oder heißen vorbeikommende Gäste informell und traditionell willkommen. Die Kombination aus beeindruckenden Landschaften und herzlicher Gastfreundschaft findet sich in den Fan-Bergen immer wieder und macht das Reiseerlebnis aus. Mit der Wiedereröffnung des direkten Grenzübergangs zwischen dem modernen Pandschakent und dem usbekischen Samarkand im Jahr 2018 können Reisende wieder auf dem Landweg entlang dieses Abschnitts der alten Seidenstraße reisen.

Rechts: Tadschikistans schroffe Gipfel üben eine starke Anziehungskraft auf Bergfreunde aus

Unten: Eine spektakuläre Wanderung zum Chimtarga-Pass

REISETIPPS

Aus einer Reihe von Ländern kann man seit 2022 für einen Aufenthalt bis zu 30 Tagen visumfrei einreisen. Für längere Aufenthalte oder mehrmalige Ein- und Ausreisen muss man ein e-Visum beantragen (www.visa.gov.tj/index.html).

Man sollte sich zurückhaltend kleiden, Tadschikistan ist ein konservatives Land.

Englischsprachige Trekkingguides sind schwer zu finden – man sollte frühzeitig bei einer der lokalen Organisationen von Pandschakent buchen.

Ein Grundwortschatz in Russisch oder Tadschikisch ist hilfreich, insbesondere wenn man bei Gastfamilien in der Region wohnen möchte.

ANREISE

Wer nur nach Tadschikistan reist, fliegt in die Hauptstadt Duschanbe und nimmt ein (Sammel-)Taxi für die fünfstündige Fahrt nach Pandschakent im Fan-Gebirge. Auf einer längeren Überlandreise durch Zentralasien fährt man in etwa 1½ Stunden von Pandschakent nach Samarkand, wobei man einen kurzen Zwischenstopp für die Grenzformalitäten einplanen muss.

WANN AM BESTEN?

Juni–September

Im Sommer ist der Schnee in den tieferen Lagen geschmolzen, während die hohen Pässe zumindest passierbar sind. In den mittleren Höhenlagen findet man üppiges Grün und Wildblumen. In der Gegend um Pandschakent kann es heiß werden.

ABSEITS DER TOURISTENPFADE

 Erforsche die Geschichte der Ausgrabungsstätte von Sarazm, Unesco-Welterbe und eine der ersten menschlichen Siedlungen in Zentralasien.

 Steig den steilen Geröllpfad zum Chimtarga-Pass hinauf. Über dir erhebt sich der atemberaubende Tschimtarga (5489 Meter).

 Feilsche in bester Seidenstraßen-Tradition auf dem geschäftigen Basar von Pandschakent um alles – von Lebensmitteln bis zu Schuhen – oder beobachte die Menschen.

 Gönn dir ein Ferienhaus am Ufer des Iskanderkul, einem beliebten Bergsee, an dem der tadschikische Präsident ein Sommerhaus besitzt.

 Bestaune das reich verzierte Mausoleum von Rudaki, dem literarischen Giganten des Neupersischen – ein unerwarteter Anblick in seinem winzigen Heimatdorf.

 Schnür deine Wanderschuhe und erkunde das abgelegene Yaghnob-Tal, die Heimat der Yaghnoben und ihrer Sprache, die direkt vom alten Sogdisch abstammt.

Ko Tarutao Marine National Park

STRÄNDE OHNE FERIENANLAGE IN EINEM GESCHÜTZTEN VORPOSTEN THAILANDS

Die thailändischen Inseln sind Asiens beliebtester tropischer Zufluchtsort – aber Ruhe und Frieden findet man nicht an den Stränden von Koh Samui, Koh Tao oder Ko Pha-Ngan. Zum Glück gibt es eine Inselgruppe, die von Bauexzessen verschont geblieben ist: das Tarutao-Archipel, das so nah an Malaysia liegt, dass man die Insel Langkawi fast sehen kann.

Wie konnten diese Eilande den Investoren entkommen? Dank der thailändischen Behörden, die dieses ehemalige Staatsgefängnis 1974 zum Meeresnationalpark erklärten. Abgesehen von Ko Lipe, eine Insel der Seenomaden mit einer lebhaften Backpacker-Szene, ist die Zeit auf den 51 Tarutao-Inseln stehen geblieben. Affen bevölkern den Regenwald, es gibt Strände ohne Ferienanlagen, von Fischen umschwärmte Korallenriffe und nur wenigen Menschen. Wer jedoch an den Stränden des Nationalparks campt, sollte auch an die politischen Gefangenen denken, die jahrzehntelang vor einer Kulisse begraben wurden, die die Menschen heute als das Paradies betrachten.

FÜR FANS VON …

- 🧡 *Ko Phi Phi*
- 🧡 *Ko Chang*
- 🧡 *Koh Rong*
- 🧡 *Korallenatollen*
- 🧡 *Strandcamping*
- 🧡 *Ruhe und Frieden*

Warum nach Ko Tarutao?

Man kann auch auf Ko Lipe bleiben und einen Tagesausflug in das Schutzgebiet machen, aber das beste Tarutao-Erlebnis ist die Übernachtung auf den entspannten Inseln Ko Tarutao und Ko Adang. Die Nationalparkverwaltung unterhält dort einfache, preiswerte Lodges, Campingplätze und Kantinen, in denen man mehr thailändische Studenten als internationale Rucksacktouristen trifft. Man sonnt sich an wunderschönen Stränden, wandert durch dichte tropische Wälder, in denen es von wilden Tieren wimmelt, paddelt mit dem Kajak entlang der Küste und genießt Sonnenuntergänge, die noch schöner sind, weil es keine Touristen gibt, die sich von der Vollmondparty der letzten Nacht erholen.

Fehlende Entwicklung und wenig Menschen bedeuten Natur im Überfluss. Heute gibt es keine Krokodile und Haie mehr, die einst von Gefängnisausbrüchen abschreckten, aber dafür es ist leicht, im ganzen Nationalpark Hirschferkel, krabbenfressende Makaken, riesige Eichhörnchen und Wildschweine sowie Seeadler und Nashornvögel zu entdecken.

ANREISE

Auf den Inseln gibt es keinen Flughafen, sodass man mit dem Boot von Pak Bara aus, in der Nähe von Satun, anreist. Satun erreicht man von Bangkok aus mit dem Bus, aber es ist bequemer, den größten Teil der Strecke mit dem Zug (oder dem Flugzeug) zurückzulegen, indem man zuerst nach Hat Yai fährt, das zwischen Bangkok und Padang Besar in Malaysia liegt.

WANN AM BESTEN?

November–Mai

Der Monsun überschwemmt die Region Ko Tarutao von Mai bis Oktober und macht die Überquerung des Meeres manchmal gefährlich. Daher ist der Nationalpark nur während der Trockenzeit von November bis Mitte Mai geöffnet.

REISETIPPS

Man sollte sich über die politische Lage im Süden informieren. Die Inseln sind im Allgemeinen sicher, aber Hat Yai und andere Städte auf dem Festland wurden in der Vergangenheit von separatistischen thailändischen Rebellen angegriffen.

. . . .

Bevor man losfährt, sollte man sich mit dem Nötigsten eindecken. Auf Ko Lipe gibt es die übliche Backpacker-Infrastruktur (7-Eleven-Geschäfte, Strandbars usw.), aber auf den Inseln des Nationalparks findet man nur einfache Parkkantinen und vielleicht einmal einen kleinen Laden.

. . . .

Bargeld braucht man für Mahlzeiten, Bootsfahrten und die Zahlung der 200 Baht Nationalparkgebühr. Die einzigen Geldautomaten befinden sich auf Ko Lipe.

ABSEITS DER TOURISTENPFADE

 Fühl dich wie Robinson Crusoe und zelte auf einem der Campingplätze des Nationalparks. Es gibt drei auf Ko Tarutao und einen weiteren auf Ko Adang.

 Paddel die Küste entlang mit einem Kajak, das du beim Parks in Ao Pante ausleihen kannst. Die Salzwasserkrokodile von Ko Tarutao sind ausgestorben, es ist ungefährlich.

 Geh zum Birdwatching, um Nashornvögel, Nektarvögel, Brahmanenmilane und vieles mehr zu sehen – auch wenn du kein Ornithologe bist, wirst du beeindruckt sein.

 Wandere von Talo Wao nach Talo Udang auf dem 12 Kilometer langen Weg von Ko Tarutao, der dem Pfad folgt, der einst von politischen Gefangenen begangen wurde.

 Geh im Meerespark tauchen und schnorcheln. Tauchschulen auf Ko Lipe können dich zu Orten mit einer reichen Meeresfauna bringen.

 Miete ein Longtail-Boot, um leere Strände abseits von Ko Lipe zu erreichen, die sich perfekt für ein Nickerchen eignen, da du keine andere Seele sehen wirst.

Oben: Klares Wasser im Ko Tarutao Marine National Park, ein Paradies für Taucher und Schnorchler

Aralsee

EIN KATASTROPHENGEBIET, DAS SEINEN WEG MIT LOKALEM TOURISMUS FINDET

und zugleich äußerst tragische Lektion darüber, wie die Ausbeutung natürlicher Ressourcen durch den Menschen lang anhaltende Folgen haben kann.

In den 1960er-Jahren hatte der Aralsee, damals der viertgrößte Binnensee der Welt, eine florierende Fischereiindustrie und lieferte ein Viertel des Fischbedarfs der Sowjetunion. Dann wurden die Flüsse Amu-Darya und Syr-Darya, die den See speisen, umgeleitet, um die Baumwollfelder in Usbekistan und Turkmenistan zu bewässern – was eine unumkehrbare ökologische Katastrophe in Gang setzte. Heute bietet der Tourismus den Gemeinden, deren Lebensgrundlagen zerstört wurden, ein kleines Einkommen.

Es ist ein trostloses Bild: Eine Handvoll verrosteter Schiffe – alles, was von der Fischereiflotte im usbekischen Moynaq übrig geblieben ist – liegt auf einer mit Gestrüpp bewachsenen Salzwiese. Dahinter befindet sich eine riesige Wüste, und das, was vom See übrig geblieben ist, ist nun mehr als 200 Kilometer entfernt. Ein Besuch des Aralsees – entweder auf der usbekischen Seite oder von Kasachstan aus – ist eine eindrucksvolle

FÜR FANS VON ...

- 🧡 *Tschernobyl, Ukraine*
- 🧡 *Totes Meer, Israel*
- 🧡 *Nevada National Security Site, USA*
- 🧡 *Prince William Sound, Alaska*
- 🧡 *Hiroshima Peace Memorial, Japan*

111

Warum zum Aralsee?

Es sieht aus wie in einem dystopischen Science-Fiction-Film. Der Schiffsfriedhof in Moynaq und die im flachen Wasser des Nördlichen Aralsees gelegenen Metallhüllen von Fischkuttern sind ein ergreifender und unvergesslicher Anblick. Und im Zeitalter des Kampfes gegen den Klimawandel ist diese vom Menschen verursachte Katastrophe heute aktueller denn je. In der verfallenen kasachischen Stadt Aral, dem Tor zum gleichnamigen Gewässer, hat sich dank des Baus des Kok-Aral-Damms im Jahr 2005, der zu einem langsamen Anstieg des Wasserspiegels geführt hat, wieder eine bescheidene Fischereiindustrie entwickelt. Die Stadt ist jetzt ein Ausgangspunkt für von NGOs geleitete Besuche in dieser Wüstenlandschaft.

Auf der usbekischen Seite ist die Stadt Nukus ein lohnendes Ziel für lokal organisiertes Camping, Grabstättenerkundungen und Outdoor-Abenteuerausflüge. Hier befindet sich auch das Savitsky-Museum, das nach dem Staatlichen Russischen Museum in St. Petersburg die zweitwichtigste Sammlung zeitgenössischer Kunst in der ehemaligen Sowjetunion beherbergt.

ANREISE

Mit einem Visum für Usbekistan ist die Anreise nach Nukus unkompliziert. Die meisten Besucher fliegen nach Taschkent, der Hauptstadt, und können dann Besuche der Seidenstraßenstädte Samarkand, Buchara und Chiwa mit einer längeren Zugfahrt nach Nukus verbinden. Auf der kasachischen Seite ist Aral durch eine 30-stündige Zugfahrt von Almaty aus zu erreichen.

WANN AM BESTEN?

April–Juni & September

Die angenehmste Zeit für einen Besuch, da man die sengende Hitze des Sommers vermeiden kann. Vor allem auf der kasachischen Seite ist die Wüste in Seenähe im Frühling voller Wildblumen.

ABSEITS DER TOURISTENPFADE

 Klettere in Moynaq auf die Überreste von Fischerbooten und lass den Blick über den ehemaligen Meeresboden schweifen.

 Sieh dir das Gemälde *Aral Pieta* im Savitsky-Museum in Nukus an. Es stellt den Aralsee als ausgemergeltes Kind dar, das von einer traurigen Mutter gewiegt wird.

 Schwimm im Nördlichen Aralsee in der Nähe des Fischerdorfs Tastubek, und geh bei einem Tagesausflug von Aral aus mit der NGO Aral Tenizi zum Klettern.

 Mach einen zweitägigen Campingausflug ab Nukus mit Ayim Tour oder BesQala Tours. Du kannst den Sonnenaufgang über dem Südlichen Aralsee beobachten und im salzhaltigen Wasser nahezu schweben.

 Bewundere die antiken Gräber von Mizdakhan, einer wichtigen Stadt an der Seidenstraße. Von Nukus aus sind es hin und zurück 40 Kilometer mit dem Taxi. Zu den Höhepunkten gehören das unterirdische Mausoleum von Mazlum Khan Slu aus dem 12. Jahrhundert und das Mausoleum von Shamun Nabi mit seinen sieben Kuppeln.

Im Uhrzeigersinn von oben links: Tastubek ist eines der letzten Fischerdörfer am Aralsee; die Gräberstadt Mizdakhan

Mountainbiking rund um Downieville
in der Lost Sierra in Kalifornien
© JOHN WATSON / WWW.THERADAVIST.COM

Amerika

Waterton Lakes National Park

BANFF? GLACIER? DIESER SCHLUPFWINKEL IN DEN ROCKIES HAT ALLES ZU BIETEN

Waterton Lakes liegt zwischen den großen Nationalparks Glacier in den USA und Banff in Kanada und ist weniger bekannt und besucht als seine berühmten Nachbarn. Dennoch hat diese spektakuläre Region in den Rocky Mountains eine lange Geschichte. Sie wurde 1895 als einer der ersten Nationalparks der Welt eingeweiht und ist von der Unesco als Biosphärenreservat und Weltkulturerbe anerkannt worden. Um der Einzigartigkeit noch mehr Ausdruck zu verleihen, wurde Waterton 1932 mit Glacier zum ersten „Peace Park" der Welt zusammengelegt – als Symbol für die Freundschaft und den Frieden zwischen den beiden Ländern.

Mit der kleinen Stadt und dem hübschen historischen Hotel, umgeben von Bergen und einem langen schiffbaren See, ist Waterton ein Rocky-Mountains-Park im Kleinen. Mit seinen Sehenswürdigkeiten auf einer kompakten Fläche von 505 Quadratkilometern ist die Wildnis leicht zugänglich. Ein zerklüftetes Wegenetz führt direkt von der Stadt weg. Man findet mehr als 800 Wildblumenarten, Bären, Pumas und Huftiere.

FÜR FANS VON …

♥ *Banff, Kanada*
♥ *Rocky Mountains*
♥ *Glacier National Park, USA*
♥ *Seerundfahrten*
♥ *Alpinen Wanderungen*
♥ *Camping*

Warum nach Waterton Lakes?

Waterton ist berühmt für seine hoch gelegenen Wanderwege, die Wanderer fast augenblicklich in hochalpines Gelände mit weitem Blick über die Crown of the Continent, wie die Region genannt wird, führen. Der beste von ihnen, der Carthew-Alderson Trail, ist einer der schönsten Höhenwanderwege in ganz Amerika. Einige gut befahrbare Straßen, darunter der Akamina Parkway, bieten schöne Strecken für Radfahrer und ergänzen ein kompaktes Netz von Single Trails. Es gibt viele Tiere, die leicht zu entdecken sind. An der Schnittstelle zwischen Bergen und Prärien gelegen, ist Waterton die Heimat von Grizzlybären und Bisons.

Dank seiner frühen Entwicklung verfügt der Park über eine Stadt, was für Kanada ungewöhnlich ist. So ist es leicht, Unternehmungen und Unterkünfte von einem zentralen Ort aus zu organisieren – abenteuerliche Aktivitäten und weniger gefährliche Hobbys. Es gibt ein altes Hotel mit schweizerisch-schottischem Flair, die Möglichkeit einer Bootstour zur US-Grenze und sogar einen Golfplatz.

ANREISE

Waterton liegt im Südwesten Albertas, 270 Kilometer südlich von Calgary. Die einzige Zufahrt zum Park befindet sich in der nordöstlichen Ecke am Highway 5. Am internationalen Flughafen Calgary kann man Autos mieten. Alternativ gibt es Busse von Calgary und Fort Macleod bis nach Pincher Creek, von wo aus es mit dem Taxi die letzten 56 Kilometer nach Waterton Town geht.

WANN AM BESTEN?

Juni–September

Juli und August bieten das beste Wetter und viele Freizeitmöglichkeiten, ziehen aber auch viele Besucher an. Der späte Frühling ist gut, um Zugvögel zu beobachten. Im Frühherbst ist es auf den Wanderwegen ruhig, die Unterkünfte sind etwas günstiger.

ABSEITS DER TOURISTENPFADE

 Geh den Crypt Lake Trail. Bei der Wanderung fährst du Wassertaxi, steigst auf Leitern, kriechst durch einen engen Tunnel und kletterst an einer Felswand.

 Besuche den ruhigen Cameron Lake am „Dreiländereck" von Montana, Alberta und British Columbia. Es ist ein idyllischer Ort für Picknicks, Wanderungen und Bootstouren.

 Folge dem Carthew-Alderson Trail, einem Panoramaweg durch Wälder, Wiesen und über Geröllfelder vom Cameron Lake zurück nach Waterton.

 Umrunde den Mount Crandell auf dem Crandell Lake Cycle Loop, einem 16 Kilometer langen Radweg – eine Mischung aus Straßenradeln und Single Trail.

 Wandere am Upper Waterton Lake zu Nordamerikas einsamstem Grenzposten. Es sind 13 Kilometer bis zu den nördlichen Ausläufern des Glacier-Nationsparks.

 Zelte auf dem Upper Twin Lakes Campingplatz am Tamarack Trail. Hier kannst du den Nachthimmel im grenzüberschreitenden International Dark Sky Park bewundern.

Oben: Szenerien wie in den Rocky Mountains, aber weniger Besucher als im Glacier National Park oder in Banff erwarten den Besucher

Sunshine Coast Trail

DAS ABENTEUER EINER HÜTTENWANDERUNG DURCH BRITISH COLUMBIA

Kanadas längste Wanderroute von Hütte zu Hütte führt durch die Wälder und Berge der Küstenregion von British Columbia, die als Sunshine Coast bekannt ist. Ja, es kann sonnig sein auf dieser 180 Kilometer langen Route am Pazifischen Ozean, besonders in den Sommermonaten, aber man wandert auch in einem gemäßigten Küstenregenwald. Es geht über moosbewachsene Brücken, man finden Schatten unter alten Tannen und Zedern und kann – mit ein wenig Glück – unterwegs Weißkopfseeadler beobachten, die über den Baumwipfeln schweben.

Es gibt 14 rustikale Hütten, die alle kostenlos genutzt werden können. Wer nicht die gesamte Strecke gehen möchte, für die die meisten erfahrenen Wanderer zehn bis zwölf Tage benötigen, kann Tageswanderungen unternehmen, eine kürzere mehrtägige Tour planen oder von Gasthaus zu Gasthaus wandern – mit Craftbeer-Verkostung, Kanufahren und der Erkundung von Kleinstädten. Die Stadt Powell River auf halber Strecke entlang der Küste ist ein guter Ausgangspunkt.

FÜR FANS VON ...

💛 *Tour du Mont Blanc, Schweiz*
💛 *Haute Route, Schweiz*
💛 *White Mountains, USA*
💛 *San Juan Huts, USA*
💛 *John Muir Trail, USA*
💛 *West Coast Trail, Kanada*

Warum auf den Sunshine Coast Trail?

Obwohl der erste Abschnitt bereits im Jahr 2000 fertiggestellt wurde, ist der Sunshine Coast Trail unter Fernwanderern noch relativ unbekannt, insbesondere außerhalb der Region. Es gibt auch deshalb weniger Wanderer, weil es schwieriger ist, den Ausgangspunkt zu erreichen - die Sunshine Coast selbst gehört zwar zum Festland von British Columbia, ist aber nur mit der Fähre erreichbar, was sie noch abgelegener erscheinen lässt.

Obwohl der Trail als mittelschwer bis schwer eingestuft wird, ist für jeden etwas dabei. Einige Abschnitte sind familienfreundlich, andere stellen selbst für hartgesottene Wanderer eine Herausforderung dar. Mehrere Abschnitte weisen beträchtliche Höhenunterschiede auf und belohnen mit herrlichen Ausblicken auf die Berge und das Meer. Ein zusätzlicher Bonus: Da es nicht weit nach Vancouver ist, kann man sich anschließend mit einem Besuch in den Museen der Stadt, in den Parks und an Stränden der Innenstadt oder in einem gemütlichen Restaurant belohnen.

ANREISE

Vancouver ist der internationale Ausgangspunkt. BC Ferries betreibt Autofähren von Horseshoe Bay, nordwestlich der Innenstadt, nach Langdale am südlichen Ende der Sunshine Coast. Von Langdale aus sind es 80 Kilometer nach Norden bis Earls Cove, wo man eine zweite Fähre nach Saltery Bay an der Upper Sunshine Coast nimmt. Dort beginnt der Sunshine Coast Trail.

WANN AM BESTEN?

Juni–September

Die trockensten Monate an der Sunshine Coast gibt es im Sommer und im Frühherbst. Von Oktober bis April ist es an der gesamten Küste von British Columbia besonders regnerisch. In höheren Lagen kann es bis in den Mai hinein schneien.

REISETIPPS

Das Sunshine Coast Trail Guidebook *von RE (Eagle) Walz ist der detaillierteste* Wanderführer. *Über das Powell River Information Visitor Centre (tourism-powellriver.ca) kann man ihn bestellen.*

....

Auf der Website (sunshinecoast-trail.com) oder der Facebook-Seite (facebook.com/Sunshine CoastTrail) gibt es Infos über den aktuellen Zustand des Weges.

....

Jede Hütte bietet Platz für acht bis zwölf Personen. Die Betten werden nach dem Prinzip „Wer zuerst kommt, mahlt zuerst" vergeben. Es ist ratsam, auch ein Zelt einzupacken, falls eine Hütte voll ist.

....

An der Sunshine Coast leben Schwarzbären. Man sollte beim Wandern Lärm machen und das Essen über Nacht sichern.

ABSEITS DER TOURISTENPFADE

 Genieße die Aussicht auf den Desolation Sound vom Boot aus, das von Lund nach Sarah Point fährt, dem nördlichsten Punkt des Sunshine Coast Trail.

 Geh auf einen Aussichtspunkt mit Rundumblick, wenn du in der Tin-Hat-Hütte auf halber Strecke übernachtest.

 Halte Ausschau nach Tieren in den Bäumen und an der Küste. Blaureiher und Adler verstecken sich in den Wäldern, auf dem Weg entlang des Meeres kannst du Seelöwen, Robben und Otter beobachten.

 Erkunde den Primärwald rund um die Troubridge Hut, eine Blockhütte aus Douglasien unterhalb des Gipfels des Mount Troubridge.

 Kühle deine müden Füße in Waldseen. Die Hütten am Inland Lake, Confederation Lake und Elk Lake haben alle Strände oder abgelegene Plätze zum Baden.

 Übernachte am Meer in der Fairview Hut am Südende des Weges, bevor es mit der Fähre zurück in die Zivilisation geht.

Im Uhrzeigersinn von oben links: Hütte am Tin Hat Mountain; die Saltery Bay an der Sunshine Coast; Paddeln am Desolation Sound

Im Uhrzeigersinn von oben: Eine Pionierkirche der Uncle Tom's Cabin Historic Site; zu den Sehenswürdigkeiten von Buxton gehören Hütten aus dem 19. Jahrhundert und eine bedeutende Schule

Ontarios Black-History-Stätten

DIE UNDERGROUND RAILROAD BRACHTE VIELE EHEMALIGE SKLAVEN NACH KANADA

Im 19. Jahrhundert bot das als Underground Railroad bekannte Netz von Fluchthelfern versklavten Menschen Schutz, die in die Freiheit flohen. Mindestens 30 000 Afroamerikaner ließen sich auf diese Weise in Kanada nieder, die meisten davon im Südwesten Ontarios. An mehreren Orten in dieser Region, westlich von Toronto und östlich von Detroit, können Besucher mehr über das Leben dieser neuen Kanadier und ihrer Nachkommen erfahren. Während viele Orte in den USA die Besucher über die Sklaverei und die Kämpfe um die Bürgerrechte aufklären, sind sich weniger Reisende bewusst, wie sich die Geschichte in Kanada abgespielt hat.

Zu den Gemeinden in Ontario mit wichtigen schwarzen Siedlungen gehören Windsor, Sandwich, Amherstburg, Dresden, Buxton und Chatham. Letztere wurde zu einem Zentrum des intellektuellen Lebens der schwarzen Kanadier, bekannt als „Schwarzes Mekka". Die Sehenswürdigkeiten der Region lassen den Besucher tief in die Geschichte der Eisenbahn und der Sklaverei eintauchen.

FÜR FANS VON ...

- 🧡 *Black History*
- 🧡 *Geschichte der Bürgerrechte*
- 🧡 *US Civil Rights Trail*
- 🧡 *Ebenezer Baptist Church, USA*
- 🧡 *Robben Island, Südafrika*
- 🧡 *Canadian Museum for Human Rights*

Warum zu den Black-History-Stätten?

Viele Nordamerikaner rechnen mit anhaltendem Rassismus, und angesichts der Black-Lives-Matter-Bewegung ist es noch wichtiger geworden, etwas über die Geschichte und die Erzählungen von schwarzen Amerikanern und schwarzen Kanadiern zu erfahren. Kanada mag zwar den Ruf einer offenen, gerechten Gesellschaft haben, aber die Geschichte des Landes bestätigt dieses Bild nicht ganz. Im 17. und 18. Jahrhundert war die Sklaverei im Land legal.

Im Jahr 1793 erließ die Legislative von Oberkanada (das das heutige Ontario umfasst) ein Gesetz, wonach keine neuen Sklaven in die Kolonie gebracht werden durften. Doch erst 1833 wurden durch das britische Gesetz zur Abschaffung der Sklaverei (British Slavery Abolition Act) die Sklaven in Kanada und an anderen Orten des britischen Empires befreit. Dieses Gesetz aus dem 19. Jahrhundert ebnete den ehemals versklavten Amerikanern den Weg nach Norden in die Freiheit und führte zur Gründung bedeutender schwarzer Siedlungen im Südwesten Ontarios.

ANREISE

Der Toronto Pearson International Airport ist der wichtigste kanadische Flughafen für den Südwesten Ontarios, aber auch der Detroit Metro Airport jenseits der Grenze in den USA ist gut erreichbar. VIA Rail-Züge verkehren zwischen Toronto und Windsor, einem guten Ausgangspunkt für Erkundungen. Die Region selbst erkundet man am besten mit einem Auto.

WANN AM BESTEN?

Mai–Anfang Oktober

Im Sommer ist es am wärmsten, und alles ist geöffnet; September und Oktober sind gute Monate für einen Besuch, wenn man Herbstlaub und frischere Tage mag.

REISETIPPS

Vorab sollte man sich über die Öffnungszeiten der einzelnen Stätten informieren, da sie sich ändern können und nicht alle ganzjährig geöffnet sind. Einige erfordern eine Reservierung.

Wer mit der Geschichte nicht vertraut sind, sollte nicht zögern, beim Besuch der Stätten zu fragen.

Die vom Ontario Heritage Trust eingerichtete Website Slavery to Freedom (heritagetrust.on.ca/en/pages/our-stories/slavery-to-freedom) bietet hervorragende Hintergrundinformationen zur Geschichte der Schwarzen in der Provinz.

Die Website der Southwest Ontario Tourism Corporation (ontariossouthwest.com) ist bei der Reiseplanung hilfreich.

ABSEITS DER TOURISTENPFADE

 Setz dich in der Buxton National Historic Site and Museum an einen Schreibtisch in einer der ersten integrierten Schulen Nordamerikas in Buxton.

 Erfahre im Black Mecca Museum in Chatham mehr über Ontarios prominente schwarze Bürger und mach einen Spaziergang durch das historische Viertel.

 Höre in der Uncle Tom's Cabin Historic Site die Geschichten, die Harriet Beecher Stowe zu ihrem berühmten Abolitionisten-Roman inspirierten.

 Besichtige im Amherstburg Freedom Museum die Hütte einer ehemals versklavten Familie und besuche eine der frühesten schwarzen Kirchen Kanadas.

 Stell dir deine eigene Fluchtroute mit der Underground Railroad vor in der beeindruckenden John Freeman Walls Historic Site und im Underground Railroad Museum.

 Besichtige die Sandwich First Baptist Church National Historic Site und erfahre mehr über die Verbindungen des Gotteshauses zur Underground Railroad.

Im Uhrzeigersinn von oben links: Tower of Freedom Underground Railroad Monument in Windsor; Harriet-Tubman-Büste in St. Catharines; Henson House, Uncle Tom's Site

Shannon Prince
Kuratorin, Buxton National Historic Site & Museum

WARUM ICH BUXTON LIEBE

Die Buxton-Schule war seit ihrer Gründung im Jahr 1849 eine integrierte Schule, als alle anderen in der Umgebung noch segregiert waren. Wir alle gingen auf diese Schule. Das war eine Ehre und ein Privileg.

Erlebnisse vor Ort
In Chatham kann man einen coolen Rundgang machen durch verschiedene schwarze Geschäfte und den Freedom Park, wo eine Büste von Mary Ann Shadd steht, die die erste schwarze Zeitungsverlegerin in Kanada war.

Meine liebste Jahreszeit
Der Sommer ist die beste Zeit, um draußen etwas zu unternehmen, aber auch im Herbst ist es schön.

Bolívar

EINTAUCHEN IN DAS LÄNDLICHE KOLUMBIEN JENSEITS VON CARTAGENA

der Rest von Bolívar wird von weitaus weniger Touristen besucht und ist zweifellos bemerkenswerter, da er Besuchern einen Einblick in die verschlafene und charmante ländliche Kultur Kolumbiens bietet.

Auf der Fahrt nach Süden wechselt das Tempo schnell von den lauten und lebhaften Straßen Cartagenas zu den lakonischen Kleinstädten. Die großartige spanische Architektur, die man in größeren kolumbianischen Städten erwarten würde, schmückt die kleinen historischen Dörfer der Region. Der Nobelpreisträger Gabriel García Márquez ließ sich von der Magie dieser Region zu seinem magisch-realistischen Roman *Hundert Jahre Einsamkeit* inspirieren.

Benannt nach Simon Bolívar, der Kolumbien 1819 in die Unabhängigkeit vom spanischen Kaiserreich führte, ist diese Region Kolumbiens sowohl kulturell als auch topografisch einzigartig. Sie beginnt an der Nordküste beim mächtigen Río Magdalena und erstreckt sich nach Süden ins Landesinnere. Das Tor zur Region ist die karibische Hafenstadt Cartagena – eine beliebte Anlegestelle für vorbeifahrende Kreuzfahrtschiffe –, aber

FÜR FANS VON …

💛 *Freundlichen Einheimischen*
💛 *Charmanten Kleinstädten*
💛 *Literaturgeschichte*
💛 *Spanischer Architektur*
💛 *Roadtrips*

Warum nach Bolívar?

Kolumbien ist das Land mit der zweitgrößten Artenvielfalt auf der Erde und eines der 20 Gründungsmitglieder der wichtigen Future of Tourism Coalition. Es ist eines der wenigen Länder der Welt, die ihre Nachhaltigkeitsverpflichtung gesetzlich verankert haben. In Bolívar ist der Magdalena-Fluss ein Anziehungspunkt für nachhaltigen Tourismus. Besucher können an lokal organisierten Angelausflügen teilnehmen, Tanzunterricht nehmen, Bootsausflüge in Holzkanus unternehmen, die von einheimischen Kapitänen gesteuert werden, und auf Vogelbeobachtungstouren durch den Dschungel pirschen.

Tierliebhaber kommen an dem nebligen Flussufer des Magdalena auf ihre Kosten, denn dort sind der Brillenkaiman, das Spitzkrokodil, der Braunpelikan und der Karibik-Manati zu Hause. Und die Region hat noch mehr zu bieten: Vor Cartagena liegen karibische Inseln wie die Isla Barú und die Islas del Rosario – ein Meeresparadies und eine wenig bekannte Gegend für Perlensucher, in der einige der glänzendsten Edelsteine der Welt zu finden sind.

ANREISE

Der internationale Flughafen Rafael Núñez in Cartagena ist das wichtigste Tor zur Region. Von dort sind es etwa 5½ Stunden mit dem Auto nach Magangué, der wichtigsten Stadt von Bolívar. Mit Fähren und Wassertaxis geht es dann über den Fluss Magdalena nach Mompós. Um zu den vorgelagerten Inseln zu gelangen, nimmt man ein Schnellboot oder eine Fähre von Cartagena aus.

WANN AM BESTEN?

Dezember–Februar

Die beste Zeit für einen Besuch ist Anfang Dezember bis Mitte Februar. Die Preise sind zwar höher als sonst, aber das Wetter ist wirklich wunderschön. Zu den anderen Jahreszeiten ist die Hitze drückend, und der Himmel kann bewölkt sein.

ABSEITS DER TOURISTENPFADE

 Besuche in Mompós einen Gottesdienst in der Iglesia de Santa Barbara aus dem 17. Jahrhundert. Die Kirche ist eine der schönsten des Landes.

 Mach eine Bootsfahrt auf dem mächtigen Rio Magdalena. Der Fluss ist wichtig für die Bewässerung der Region und ein Wahrzeichen, auf das die Menschen stolz sind.

 Kauf in Mompós hergestellte Souvenirs aus Silber. Die Stadt ist bekannt für ihre Silberschmiede und ihre Produkte, die aus hochwertigstem Silber hergestellt werden.

 Beobachte, wie der Vollmond aufgeht. In Städten wie San Agustín und Mompós ist es beliebt, nach Einbruch der Dunkelheit dafür am Fluss entlangzuschlendern.

 Nimm Weihnachten an einer Novenenfeier teil. Im ländlichen Bolívar legt man sich mit Feuerwerk, langen Abendessen und *villancicos* (religiösen Volksliedern) ins Zeug.

 Übernachte im nachhaltigen Las Islas Hotel auf der Isla Barú, das Gemeinschaftsinitiativen unterstützt und zum Erhalt des marinen Lebensraums auf der Insel beiträgt.

Oben: Mompós, offiziell Santa Cruz de Mompox, hat spanische Kolonialarchitektur und eine revolutionäre Vergangenheit

Links: Camagüey ist fünf Jahre älter als Havanna und konkurriert bei der großartigen Kolonialarchitektur mit der Hauptstadt

Camagüey

DIE ELEGANTE FILMMETROPOLE IST SO COOL WIE DIE KUBANISCHE HAUPTSTADT

Man geht durch das Labyrinth einer lässigen kubanischen Stadt. Barocke Kuppeln erheben sich über den gepflasterten Straßen. Eine Gasse mündet in einen hellen Platz, auf dem Musiker auftreten und elegant gekleidete alte Männer Dame spielen. In Cafés und Restaurants, die geschmackvoll mit Erinnerungsstücken aus der glamourösen Vergangenheit der Stadt dekoriert sind, werden ausgezeichneter Kaffee, Rum und Meeresfrüchte serviert. In einem der renovierten Museen erfährt man alles über die international bekannten Persönlichkeiten der Stadt (ein bahnbrechender Revolutionär, ein wegweisender Dichter, ein berühmter Arzt). Gediegene alte Kinosäle weisen auf eine große Filmtradition hin. Oft gibt es Festivals, denn die Stadt ist stolz auf ihre Kultur, und ihr Tempo ist Allegro.

Im Laufe des Tages kehrt der Besucher in seine *casa particular* zurück – ein palastartiges historisches Gebäude, das bemerkenswert wäre, wenn nicht so viel in dieser Stadt palastartig und historisch wäre. Camagüey ist weniger überlaufen und ruhiger als Havanna, aber mit der ganzen Raffinesse der Hauptstadt.

FÜR FANS VON ...

- 🧡 *Havanna*
- 🧡 *Altmodischer Eleganz*
- 🧡 *Barocker Architektur*
- 🧡 *Jahrhundertealten Straßen*
- 🧡 *Kino*
- 🧡 *Helden der Revolution*

Warum nach Camagüey?

Eine schöne, kulturell lebhafte Stadt ist in vielen Teilen der Welt vielleicht kein Gesprächsthema, aber auf Kuba, wo die meisten Orte nach Zuwendung schreien, sticht das gepflegte Camagüey hervor. Die Gebäude, Straßen und Plätze, die anlässlich des 500-jährigen Jubiläums 2014 einer glanzvollen Renovierung unterzogen wurden, strahlen vor Vitalität. Hier kann man sehen, wie die kubanische Kultur mutige neue Schritte macht.

Camagüey ist eine Stadt, die stolz auf ihre Geschichte ist, und das zeigt sie. Sei es in einer herausgeputzten Straße wie der Calle Cinema mit ihren frisch gestrichenen Geschäften und den Einblicken in das kinematografische Erbe. Sei es in zauberhaften Unterkünften wie Los Vitrales, ein ehemaliges Kloster und heute eine Unterkunft der Superlative. Oder sei es ein sanierter Platz wie die Plaza San Juan de Dios, wo eines der besten Restaurants Kubas wartet. Daneben bietet Camagüey eine zentrale Lage, die es zu einem der besten Ausgangspunkte für Erkundungen macht. Und man kann in einem Resort den Blick auf einen der längsten und schönsten Strände Kubas genießen.

Rechts: Die Straßen von Camagüey sind ein Sammelsurium farbenfroher Gebäude aus den letzten 500 Jahren

Unten: Vieles in Camagüey ähnelt Havanna – etwa Autos aus den 1950er-Jahren und eine interessante Geschichte

ANREISE

Der Bus ist die bequemste und praktischste Art, um Camagüey zu erreichen; der nationale Betreiber Viazul fährt von Havanna (8–9 Stunden) im Westen und Santiago de Cuba (6 Stunden) im Osten. Camagüey liegt auch an der Zugstrecke zwischen Havanna und Santiago de Cuba; die Fahrzeit von Havanna beträgt etwa zehn Stunden.

WANN AM BESTEN?

November–April

Diese Monate der Trockenzeit eignen sich am besten für einen Besuch in Kuba, zumal sie nicht in der Hurrikansaison liegen. Davon abgesehen sind Februar, Juni und September gute Monate für Feste.

REISETIPPS

Obwohl nicht in dem Maß wie in Havanna, gibt es auch in Camagüey jiniteros *(Straßenverkäufer), die* alle möglichen Dienstleistungen *anbieten. Die beste Art, mit ihnen umzugehen, ist, höflich, aber bestimmt abzulehnen und weiterzugehen.*

In der Stadt gibt es einige fantastische und viele durchschnittliche Unterkünfte; um eine der besten zu bekommen, sollte man ein oder zwei Wochen im Voraus buchen.

Eine willkommene Abwechslung zur Stadt ist ein Ausflug an die weniger als zwei Stunden entfernte Nordküste der Provinz *Camagüey, wo ein 20 Kilometer langer Sandstrand im Ferienkomplex Playa Santa Lucia lockt.*

ABSEITS DER TOURISTENPFADE

 Schlendere durch das Labyrinth der Straßen, die angeblich so verwinkelt gebaut wurden, um eindringende Piraten zu verwirren, und bestaune die Kolonialgebäude.

 Reserviere einen Tisch im stilvollen Restaurante 1800, einem Beispiel für den enormen Fortschritt, den die kubanische Restaurantszene gemacht hat.

 Besuche das geistliche Juwel der Stadt, die Iglesia de Nuestra Señora de la Merced aus dem Jahr 1748, in der sich ein massiver Silbersarg befindet.

 Lerne Camagüeys berühmten Sohn in seinem Geburtshaus kennen, heute das Museo Casa Natal de Ignacio Agramonte. Agramonte führte den kubanischen Kampf für die Unabhängigkeit von Spanien an.

 Dreh eine Runde im Casino Campestre, dem größten Stadtpark Kubas. Dieser grüne Ort ist gespickt mit Denkmälern.

 Besuch die riesige Totenstadt von Camagüey, die letzte Ruhestätte berühmter Persönlichkeiten aus Camagüey, darunter Ignacio Agramonte.

Links: Die verträumten, natürlichen Pools von Puerto Plata sind nur eine kurze Autofahrt von Tubagua entfernt

Tubagua

STROHGEDECKTE DSCHUNGELHÜTTEN UND TOURISMUS JENSEITS DER STRÄNDE

In einem Land, in dem es nur wenige Touristen über die Swim-up-Bar ihres All-inclusive-Resorts hinaus schaffen, ist Tubagua eine angenehme Alternative. An der Cordillera Septentrional gelegen und geteilt von der Ruta Panorámica, einer Serpentinenstraße, die die dominikanischen Städte Puerto Plata und Santiago de los Caballeros verbindet, findet sich eine der besten Ökolodges der Karibik. In dem kleinen, abgelegenen Dorf Tubagua mit seinen einfachen Häusern und Kuhweiden liegt die Lodge in spektakulärer Höhe und ist im Stil eines traditionellen indigenen Dorfes gebaut. Hier bieten, inmitten von üppigem Laub und sanften Hügeln, Verkaufsstände am Straßenrand viele tropische Früchte an, und die Dorfbewohner tanken Benzin, das in recycelten Rumflaschen verkauft wird.

Tubagua unterscheidet sich gründlich von den Küstenorten und ist perfekt, um das authentischen dominikanischen Leben aufzusaugen. Wer bereit ist, die Klimaanlage gegen eine sanfte Bergbrise und den Merengue am Pool gegen den schrillen Chor der Zikaden einzutauschen, könnte hier sein Glück finden.

FÜR FANS VON …

💛 *Kuba*
💛 *Jamaikas Blue Mountains*
💛 *Dominikanischem Dorfleben*
💛 *Kaffeegenuss*
💛 *Reis und Bohnen*
💛 *Tropischen Früchten*

Warum nach Tubagua?

Tubagua ist nicht nur ein Fluchtpunkt vor dem kommerziellen Trubel der großen Ferienorte der Dominikanischen Republik, sondern auch ein Zentrum für den Gemeinschaftstourismus an der Nordküste. Die ruhige Ecolodge, umgeben von tropischer Vegetation und errichtet aus Palmdächern und Holz, ist der beste Ausgangspunkt für Erkundungen. Örtliche Führer organisieren von hier aus Ausflüge in die nähere Umgebung.

Die Kaffeeplantage Doña Julia im nahe gelegenen Dorf Pedro Garcia ist eine von über 50 lokalen Farmen, die in den letzten zehn Jahren wieder aufgebaut wurden, nachdem der Grundwasserspiegel durch Abholzung und Viehhaltung abgesunken war. Weiter südlich führen die Bernsteinminen von El Cumbre in den Untergrund, wo die Einheimischen die Edelsteine von Hand abbauen. Ein Wanderweg führt direkt von der Ecolodge aus zu einem leuchtend blauen natürlichen Pool und vorbei an abgelegenen Gehöften, darunter auch dem Geburtshaus des dominikanischen Malers Jaime Colson.

Rechts: Tubagua liegt auf einer spektakulären Anhöhe mit Blick auf den Dschungel

Unten: Die strohgedeckten Hütten im Landesinneren sind weit entfernt von den beliebten Badeorten

REISETIPPS

Für mehr Flexibilität sollte man ein Auto mieten. So ist es einfacher, die Dörfer zu erkunden, die die kürzlich ausgebaute Ruta Panorámica (Ruta 25) säumen.

Essen sollte man in der Tubagua Ecolodge (tubagua.com). Die hausgemachten Mahlzeiten, die aus lokalen Zutaten zubereitet und in großen Portionen serviert werden, sind ebenso spektakulär wie die Aussicht.

Zeit für einen Strandtag in Cabarete, dem entspannten Kite-Surfing-Mekka der Dominikanischen Republik, sollte sein. Der Kite-Strand ist eine 30-minütige Autofahrt von Tubagua entfernt. Bis zu 40 Kite-Surfer tummeln sich gleichzeitig im Wasser. Wer es ruhiger mag, sollte die 4 Kilometer westlich gelegene Playa Encuentro aufsuchen.

ANREISE

Tubagua liegt 18 Kilometer südöstlich von Puerto Plata an der Nordküste. Da es keine zuverlässigen öffentlichen Verkehrsmittel gibt, ist es am besten, ein Auto zu mieten oder ein Taxi zu nehmen, das zum internationalen Flughafen Gregorio Luperón kommt. Das Taxi kann im Voraus über die Ecolodge gebucht werden, eine Autovermietung gibt es am Flughafen.

WANN AM BESTEN?

November–März

Wie bei den meisten karibischen Reisezielen ist von November bis März Hauptsaison, wenn das Wetter ruhiger und trockener ist und die Temperaturen etwas erträglicher sind.

ABSEITS DER TOURISTENPFADE

 Wandere zwischen natürlichen Pools und Wasserfällen zu einem Bergfluss. Der elf Kilometer lange Rundweg ist am besten mit einem örtlichen Führer zu bewältigen.

 Besuche eine Kaffeeplantage und sieh zu, wie die Bohnen geröstet, mit einem hölzernen *pilón* gemahlen und in Tassen zum Trinken gefiltert werden.

 Erlebe in El Cumbre, wie in Minen Bernstein abgebaut wird. Ans Tageslicht kommen goldfarbene Edelsteine, in denen Fossilien eingeschlossen sind.

 Spaziere durch den Taíno Valley Tropical Park im Süden von Tubagua mit seinem Streichelzoo, der üppigen Vegetation und mehreren Kilometern Wanderwegen.

 Entspann dich in der Tubagua Ecolodge und verbring einen oder zwei Tage damit, die Aussicht zu bewundern, ein Bier an der Bar zu trinken und im Pool zu baden.

 Mach einen Ausflug mit dem Auto oder Motorrad entlang der Ruta Panorámica und halte in Tubagua und Yásica, um Käse, Honig und Obst aus der Region zu probieren.

Links: Pastellfarbene Favela auf dem Cerro del Carmen, einem von mehreren Stadtvierteln am Hang

Guayaquil

DAS YING ZUM YANG DES ECUADORIANISCHEN HOCHLANDES

Schwüle Tropenluft, ein bezauberndes Flussufer und frische Meeresfrüchte: Guayaquil ist eine andere Welt im Vergleich zu Ecuadors nebligen Hochlandstädten wie Quito. Viele Besucher kommen nur auf dem Weg zu den Galápagos-Inseln hierher, aber die größte und am meisten unterschätzte Stadt des Landes hat eine beeindruckende Reihe von Attraktionen zu bieten. Das Museum für Anthropologie und zeitge-

nössische Kunst beherbergt eine der besten präkolumbianischen Sammlungen des Landes. Und es gibt eine hervorragende Gastroszene, die, anders als in Quito, eine rein lokale Angelegenheit ist.

Der Río Guayas hat die Entwicklung Guayaquils geprägt – von den Anfängen als bedeutender Hafen und Schiffbauzentrum bis zur Wiederbelebung im 21. Jahrhundert. Heute gibt es an der großen Uferpromenade viele Parks und Denkmäler. Obwohl die Stadt 1896 bei einem Brand teilweise zerstört wurde, hat das Viertel Santa Ana seine Kopfsteinpflasterstraßen und bunten Häuser bewahrt. Der Aufstieg über 444 Stufen führt auf den Hügel, von dem man einen herrlichen Blick hat.

FÜR FANS VON …

- Historischen Stätten
- Kunstgalerien
- Uferpromenaden
- Meeresfrüchten
- Nachtleben
- Tropischer Kulisse

141

Warum nach Guayaquil?

Im Jahr 2021 wählte Ecuador einen neuen Präsidenten, den in Guayaquil geborenen Geschäftsmann Guillermo Lasso, der die Tourismusindustrie des Landes wiederbeleben will. Arbeitsvisa für digitale Nomaden wurden 2022 eingeführt. Auf lokaler Ebene investiert Guayaquil weiterhin in die Infrastruktur und grüne Orte. Im Jahr 2020 wurde die erste städtische Gondelbahn Ecuadors eröffnet, die Guayaquil mit Durán auf der anderen Seite des Flusses verbindet. Die vier Kilometer lange Strecke bietet einen atemberaubenden Blick über den Río Guayas und stellt gleichzeitig eine wichtige Verkehrsverbindung für Pendler dar.

Obwohl die Metropole wächst, findet sich die Natur an überraschenden Orten selbst im Stadtzentrum. Neue Fußgängerbrücken führen über den Fluss zu den Mangroven der Isla Santay mit ihren Wildtieren, während im Parque Bolívar Galápagos-Landleguane leben, von denen einige über einen Meter lang sind. Nur 15 Kilometer westlich von Guayaquil sind Jaguare, Aras und Brüllaffen im Schutzgebiet von Cerro Blanco heimisch.

ANREISE

Vom modernen Flughafen José Joaquin de Olmedo in Guayaquil gehen Direktflüge nach Miami und New York sowie nach Madrid und Amsterdam. Obwohl es häufige Flüge von Quito aus gibt, lohnt sich die achtstündige Busfahrt, die unterwegs einige faszinierende Ausblicke auf die Anden bietet.

WANN AM BESTEN?

Juni–November

Die Trockenzeit bringt kühlere Temperaturen und weniger Regen, was zu Spaziergängen und schönen Strandausflügen einlädt. Einige der besten Festivals finden in dieser Zeit statt, wie etwa die Musiknächte um den 25. Juli, den Gründungstag Guayaquils.

ABSEITS DER TOURISTENPFADE

 Bewundere im MAAC (Museo Antropológico y de Arte Contemporáneo) das fein gearbeitete Kunsthandwerk früher Völker, und sieh dir anschließend einen Independent-Film im Kino des Museums an.

 Unternimm eine skurrile Reise durch die Geschichte Guayaquils im Museo en Miniatura, einem Museum mit aufwendigen Miniaturszenen.

 Fahr mit dem Fahrrad über die autofreie Brücke zur Isla Santay. Auf der Insel leben mehr als 120 Vogelarten und Kaimane.

 Steig die 444 Stufen nach Santa Ana hinauf, um den Sonnenuntergang über Guayaquil zu beobachten. Anschließend kannst du im La Taberna einen Drink nehmen.

 Mach einen Spaziergang entlang des Malecón 2000, der Uferpromenade von Guayaquil. Betrachte die Denkmäler, stärke dich in einem Straßencafé und mach eine Fahrt mit dem Riesenrad La Perla.

 Iss arroz con mariscos (Reis mit Meeresfrüchten) und andere Spezialitäten im Lo Nuestro, einem der besten Restaurants.

Hermel Quezada
Ecuadorianischer
Künstler

WARUM ICH GUAYAQUIL LIEBE

Guayaquil hat mich vor 54 Jahren aufgenommen und mir erlaubt, als Künstler zu wachsen. Ich liebe die Spontaneität der Menschen, die immer voller Freude sind, und ich liebe das Essen.

Erlebnisse vor Ort
Ein Nachmittagsspaziergang führt entlang des Malecón und dann hinauf in das Viertel Las Peñas. Abgesehen von der tollen Aussicht ist dies ein idealer Ort, um guaya-quileñische Gerichte wie encebol-lado (Fischsuppe) zu probieren.

Meine liebste Jahreszeit
Ich bevorzuge die kühlen Tage ohne Regen im Sommer, der von Juni bis November dauert.

Oben: Der Parque Bolívar ist ein Stück Natur für die Stadtbewohner
Unten: In Guayaquil sind riesige Galapagos-Landleguane leicht zu entdecken

Links: Zukünftige *vaqueros* (guyanische Cowboys) in der Rupununi-Savanne

Rupununi

ÖKO-ABENTEUER IN EINER SCHWER ZUGÄNGLICHEN REGION SÜDAMERIKAS

Guyana, das einzige englischsprachige Land Südamerikas, hat einen ganz anderen Rhythmus als seine Nachbarn – und das macht es so faszinierend. Doch obwohl die Besucherzahlen seit 2015 steigen, machen sich nur etwa 315 000 Touristen pro Jahr auf, das Land zu besuchen. Noch weniger wagen sich in Guyanas Dschungel im Landesinneren (jenseits der berühmten Kaieteur-Wasserfälle), wo es fantastische Möglichkeiten gibt, Wildtiere zu beobachten. Verbinden lässt sich das mit der Begegnung mit der indianischen Kultur in der Rupununi-Region, die nach ihrem mächtigen Fluss benannt ist.

Ein Abenteuer im Norden dieser Region lässt sich am einfachsten über einen lokalen Anbieter wie Wilderness Explorers (wilderness-explorers.com) arrangieren. Man fährt mit dem Boot durch den Regenwald und übernachtet in Ecolodges, was den indianischen Gemeinschaften eine nachhaltige Lebensgrundlage bietet und wo köstliche guayanische Gerichte serviert werden. Der Dschungel weicht der wilden Savanne im Süden von Rupununi, wo Ranchaufenthalte den Schutz der Wildtiere unterstützen.

FÜR FANS VON ...

- 🧡 *Amazonas*
- 🧡 *Exotischer Tierwelt*
- 🧡 *Gemeinschaftstourismus*
- 🧡 *Off-Grid-Abenteuern*
- 🧡 *Scharfer (Pfeffer-)Sauce*
- 🧡 *Rum*

Warum nach Rupununi?

Wer sich schon einmal gefragt hat, wie es für die frühen Entdecker gewesen sein mag, den Amazonas-Regenwald zu besuchen, findet in Nord-Rupununi eine Antwort. Hier gibt es eine Reihe von abgelegenen Ecolodges (einige sind nur mit dem Boot zu erreichen) mitten im Dschungel, in dem sich viele seltene Wildtiere leichter beobachten lassen als in den belebteren Tourismuszentren des Amazonas – vor allem mithilfe indianischer Führer. Weiter südlich bietet der Aufenthalt auf einer Ranch in der Rupununi-Savanne einen faszinierenden Einblick in das Leben der *vaqueros* (guyanische Cowboys) am Rande des Waldes, wo riesige Ameisenbären neben Kühen leben.

Die Region ist nur durch eine einzige unbefestigte Straße mit der Hauptstadt Georgetown im Norden und mit Brasilien im Südwesten verbunden, was sie relativ unzugänglich macht. Da die Pläne, die Straße zu asphaltieren, immer konkreter werden, sollte man diese Gegend mit ihrer großartigen Natur und Kultur erkunden, bevor sie sich möglicherweise für immer verändert.

ANREISE

Die Hauptstadt Georgetown hat zwei internationale Flughäfen. Von der Stadt aus verkehren nachts Shuttlebusse in die Stadt Lethem in der südlichen Rupununi-Region an der Grenze zu Brasilien. Alternativ fliegen kleine Maschinen in der Regel vom Eugene F. Correia International Airport in Georgetown nach Rupununi.

WANN AM BESTEN?

September–April

In der Regenzeit von Mai bis Anfang August, wenn die Straßen überschwemmt sein können, kann der Zugang zum Landesinneren schwierig oder unmöglich sein.

REISETIPPS

Bürger der Commonwealth-Länder sowie Staatsangehörige anderer Länder, wie etwa Deutschland, benötigen für die Einreise nach Guyana <u>kein Visum.</u>

. . . .

Man sollte mehr Sonnencreme und <u>Insektenschutzmittel</u> einpacken, als man es für nötig hält.

. . . .

Wer den Bus nach Rupununi nimmt, sollte etwas Warmes im Gepäck haben. Im Bus ist es wegen der <u>Klimaanlage</u> arktisch kalt.

. . . .

Die Sonnenuntergänge in Rupununi sind am schönsten mit einem Rum aus Guyana. <u>Kaufen Sie eine Flasche</u> El Dorado in Georgetown.

. . . .

<u>Scharfe Soßen</u> gibt es zu jedem Essen. Manche sind sehr scharf!

ABSEITS DER TOURISTENPFADE

 Erfahre mehr über die indianische Kultur in der gemeindeeigenen Rewa Eco-Lodge (rewaecolodge.com) oder der Surama Eco-Lodge (suramaecolodge.com).

 Erlebe die Tierwelt hautnah auf dem Iwokrama Canopy Walkway, einem Baumwipfelpfad am nördlichen Zugang zur Rupununi-Region.

 Erfahre mehr über die Arbeit zum Schutz der Wildtiere in der Karanambu Lodge (facebook.com/karanambu), wo Riesenotter aufgezogen werden.

 Begleite lokale Forscher als Gast des Caiman House (caimanhouse.com) im Indianerdorf Yupukari auf ihren nächtlichen Kaiman-Patrouillen.

 Hoffe auf eine Sichtung von Jaguar und Riesengürteltier im Mapari Wilderness Camp (mapariwildernesscamp.com), das nur mit dem Boot zu erreichen ist.

 Erkunde die Savanne im Süden von Rupununi auf der Waikin Ranch (waikinranch.com) oder der Wichabai Ranch (wichabai.com), die sich dem Naturschutz widmet.

Leroy Ignacio
Präsident der South Rupununi Conservation Society (SRCS)

WARUM ICH RUPUNUNI LIEBE

Als Teil des Guayana-Hochlands ist die Rupununi-Region eine einzigartige Umgebung mit großen Artenvielfalt. Auch die alte Kultur und Sprache sind hier präsent. Es gibt überall Petroglyphen und Zeichen vergangener Kulturen.

Erlebnisse vor Ort
Mit SRCS-Führern suchen wir den Kapuzenzeisig, eine vom Aussterben bedrohte Vogelart, die den Anstoß zur Gründung des SRCS und zur Erhaltungsarbeit gab.

Meine liebste Jahreszeit
In der Trockenzeit gibt es weniger Insekten und weniger Niederschlag – ideal für Camping und besser für die Tierbeobachtung.

Oben: Totenkopfäffchen sind nur eine der vielen Tierarten des Dschungels, die man in Guyanas unberührter Rupununi-Region antreffen kann

Monte Albán

EINE PRÄKOLUMBIANISCHE STADT, DIE ES MIT CHICHÉN ITZÁ AUFNEHMEN KANN

Obwohl er Chichén Itzá stark ähnelt, ist der mexikanische Komplex Monte Albán 750 Jahre älter als der in Yucatán und hat nur ein Fünftel der Besucherzahlen. Die hoch über Oaxaca-Stadt gelegene Anlage wurde um 500 v. Chr. von den Zapoteken erbaut, geriet dann aber langsam in Vergessenheit, bis Leopoldo Batres 1902 mit Ausgrabungen begann und dabei bedeutende Goldfunde und beeindruckende Pyramiden entdeckte. Neben Chichén Itzá und den präaztekischen Ruinen von Teotihuacan ist Monte Albán einer der wichtigsten präkolumbischen archäologischen Schätze Mesoamerikas.

Die Lage der Stätte auf einem Hügel ermöglicht es, die Wolken über den Tälern von Oaxaca zu beobachten, und bei einem Spaziergang über das Gelände können die Besucher über die astronomischen Beobachtungen nachdenken, die vor Jahrhunderten von hier aus gemacht wurden. Der zapotekische Gott des Regens, Cocijo, wurde hier als Hauptgottheit verehrt, vielleicht weil die Höhenlage den perfekten Blick auf heranziehende Gewitterwolken bietet.

FÜR FANS VON ...

- 🧡 *Chichén Itzá, Mexiko*
- 🧡 *Teotihuacan, Mexiko*
- 🧡 *Tikal, Guatemala*
- 🧡 *Pyramiden von Gizeh, Ägypten*
- 🧡 *Sukuh-Tempel, Indonesien*
- 🧡 *Machu Picchu, Peru*

Warum nach Monte Albán?

Seit Jahren wird Oaxaca zu Recht als das beste Reiseziel gehandelt, wenn es um die mexikanische Küche geht. Die Ruinen außerhalb des Stadtzentrums wirken hingegen immer noch wie ein Geheimnis, ein Portal zurück ins präkolumbianische Mexiko und sogar in eine Zeit vor den Azteken. Die zahlreichen Pyramiden von Monte Albán, die in der vorklassischen Zeit erbaut wurden und in ihrer Blütezeit bis zu 35 000 Menschen beherbergten, waren Stätten religiöser Rituale und Orte staatlicher Macht. Hieroglyphen auf Stelen erzählen noch heute von friedlichen Machtwechseln zwischen den Herrschern.

Ein Besuch ist eine wichtige Erfahrung für jeden, der die Geschichte Mexikos vor der spanischen Eroberung verstehen möchte. Anders als in Chichén Itzá ist es hier noch möglich, die großen Pyramiden zu besteigen. Und immer noch gibt Monte Albán Geheimnisse preis: Im Jahr 2020 entdeckte man eine Pyramide unterhalb des Hauptplatzes.

Rechts: Hieroglyphen und Gravuren auf Stelen erzählen Geschichten von alten Herrschern

Unten: Von dem spektakulären Plateau in Monte Albán aus betrieben die Zapoteken früher Astronomie

ANREISE

Monte Albán ist nur 10 Kilometer vom internationalen Flughafen Oaxaca entfernt, der von Mexiko-Stadt aus direkt angeflogen wird. Wer nicht unter Zeitdruck steht, kann Oaxaca auch leicht von Mexiko-Stadt aus mit dem Auto besuchen.

WANN AM BESTEN?

Oktober–November

Der Oktober markiert den Beginn der Trockenzeit mit idealen Temperaturen und klarem Himmel. Wer seine Reise richtig plant, kann am 1. und 2. November den Dia de los Muertos (Tag der Toten) in Oaxaca feiern.

REISETIPPS

Man sollte Wasser mitbringen – es kann sein, dass es keine Verkäufer gibt und Monte Albán der Sonne ausgesetzt ist (eine Kopfbedeckung und Sonnenschutz sind ebenfalls eine gute Idee).

....

Taxis bringen Besucher zum Eingang, und auch die örtlichen Busse fahren von und zum Parkplatz.

....

Obwohl Monte Albán theoretisch jeden Tag bis 17 Uhr geöffnet ist, sollte man, für den Fall, dass die Stätte doch früher schließt, möglichst vor 14 Uhr kommen.

....

Wer nach oder von Oaxaca-Stadt fliegt, kann vom Flugzeug Ausschau nach Ruinen halten und so einen ersten oder letzten Blick auf Monte Albán werfen.

ABSEITS DER TOURISTENPFADE

 Steig auf die Platforma Norte. Sie dominiert ein Ende der Gran Plaza und beherbergt einen eigenen Zeremonienkomplex aus der Zeit von 500–800 n. Chr.

 Besuche den Juego de Pelota. Dieser gut erhaltene Ballspielplatz diente vermutlich vor allem zur Schlichtung von Streitigkeiten, ähnlich wie heute ein Gericht.

 Besichtige das Edificio de los Danzantes. In diesem Gebäude aus der Zeit zwischen 500 und 100 v. Chr. sind Reliefs von Gefangenen zu sehen, die geopfert wurden.

 Erkunde die nahe gelegenen Gräber. Oberhalb des Parkplatzes und außerhalb der Grenzen der Stätte führen weitere Ausgrabungsstätten zu zeremoniellen Gräbern.

 Sieh dir die Stelen an. Im Museum vor Ort und in dem nahe gelegenen Museo de las Culturas de Oaxaca sind weitere Ausgrabungsfunde zu sehen.

 Tauche in die kulinarische Szene Oaxacas ein. Der Mercado 20 de Noviembre wird hauptsächlich von Einheimischen besucht und hat viele Essensstände.

Santa Catalina

DIE EINZIGE PARTY IN DIESEM SURF-HUB FINDET AN DEN BREAKS STATT

COSTA RICA

PANAMA

Santa Catalina

KOLUMBIEN

Noch nie von Santa Catalina, Panama, gehört? Die Leute, die zu diesen entspannten Surf-Hub der alten Schule kommen, werden sich freuen, das zu hören. Während die Pazifikküste des nahe gelegenen Costa Rica vom Klang gezupfter Gitarren, klirrender Biergläser und nächtlichem Techno erfüllt ist, liegt Santa Catalina abseits des Mainstream-Radars. Natürlich gibt es hier eine Surfszene, aber sie ist unauffällig, und obwohl links und rechts mächtige Brecher rollen, ist es im Wasser selten voll.

Die Liebhaber der mittelamerikanischen Pazifikwellen vergleichen Santa Catalina mit Costa Rica vor 20 Jahren. Hier gibt es Boardverleih, Surfunterricht, Strandcafés, Pizzerien und Bäckereien sowie Strandkabinen mit Ven-

tilatoren für günstige Übernachtungen, aber die Nächte sind eher den Lauten der Tropen als dem Brmmen der Touristenbars vorbehalten. Hier kann man tagsüber nach Herzenslust surfen und nachts bei einem Bier am Strand unter dem Sternenhimmel dem besten Freund sein Herz ausschütten.

FÜR FANS VON ...

💛 *Costa Rica*
💛 *Bali, Indonesien*
💛 *Byron Bay, Australien*
💛 *Strandhütten*
💛 *Nicht überfüllten Surfbreaks*
💛 *Frühen Nächte*

Warum nach Santa Catalina?

Wenn es um die Surfer-Hotspots in Mittelamerika geht, ist Costa Rica das pulsierende Herz der Region, aber die vielen Surfer an erstklassigen Stränden wie Playa Tamarindo erinnern an die Warteschlangen vor den Klos während eines großen Festivals. In Santa Catalina gibt es zwar auch genug Trubel, um sich als Teil der Szene zu fühlen, aber dank der entspannten Stimmung fühlt man sich nicht wie am Fließband der Tourismusindustrie. Surfen ist auch nicht der einzige Clou, den Santa Catalina zu bieten hat. Der nur 46 Kilometer vor der Küste gelegene Meeresnationalpark Isla de Coiba ist ein Unterwasserspielplatz für Taucher und Schnorchler.

Der Preis dafür, dass man zur richtigen Zeit am richtigen Ort ist? Die mühsame Anreise. Man steigt zweimal um, um Santa Catalina von Panama City aus mit dem Bus zu erreichen. Vor Ort muss man sich zu Fuß fortbewegen – und das ist genau das, was die Fans mögen.

Rechts: Ein Surfer auf dem Weg zu einem Pointbreak

Unten: In Santa Catalina geht es deutlich ruhiger zu als in anderen mittelamerikanischen Surfstädten

ANREISE

Von Panama City aus nimmt man einen Bus nach Santiago und dann einen weiteren nach Soná, das durch einen dritten Bus mit Santa Catalina verbunden ist. Die gesamte Strecke kann an einem Tag zurückgelegt werden, aber es kann auch zwei Tage dauern, wenn die Anschlüsse nicht passen.

WANN AM BESTEN?

April–September

In Santa Catalina kann man das ganze Jahr über surfen, aber die Swells von April bis September sorgen für besonders beeindruckende Rides.

REISETIPPS

Wer auf dem Landweg nach Panama einreist – z. B. über den Paso Canoas an der Grenze zu Costa Rica –, muss möglicherweise nachweisen, dass er für die Ausreise eine Weiterfahrt gebucht hat.

....

Strandkleidung ist am Strand in Ordnung, aber wer in den Fischerdörfern in knapper Kleidung herumläuft, macht sich möglicherweise keine Freunde.

....

Man muss auf die Gezeiten achten. Wellen, die auch Anfänger bei Flut bewältigen können, sind nur für Profis bei Ebbe geeignet. Es besteht die Gefahr, an den messerscharfen Felsen zu scheitern.

....

In Santa Catalina gibt es eine respektvolle Surfszene. Man sollte nie anpaddeln, wenn ein anderer Surfer bereits eine Welle reitet.

ABSEITS DER TOURISTENPFADE

 Erlebe die abwechslungsreichen Breaks von Santa Catalina. Es gibt Abschnitte für Surfer aller Könnensstufen, sowohl hier als auch in den nahe gelegenen Punta Brava und Punta Roca.

 Verbessere deine Technik in einer örtlichen Surfschule oder einem Camp. Die Wellen können eine Herausforderung sein, aber die Lehrer helfen Anfängern.

 Komm zur Ruhe in einer Hängematte – Surfen war nicht der einzige Grund für die lange Anreise.

 Mach einen Bootsausflug mit Übernachtung zum Tauchen oder Schnorcheln auf der Isla de Coiba. Die Riffe ziehen Mantarochen, Walhaie, Hammerhaie, Delfine und sogar Buckelwale an.

 Steig auf ein Pferd für einem Ausritt am Strand und in den Dschungel. Pensionen, Hotels und Cabanas können ein Pferd und einen Führer zur Verfügung stellen.

 Verwöhn deinen Gaumen mit frischen Meeresfrüchten, von Curry bis hin zu Hummer und regionalem Tintenfisch-Ceviche.

Choquequirao

DIE GANZE FASZINATION VON MACHU PICCHU, ABER VIEL WENIGER BESUCHER

Man kann kaum über die abgelegene Inka-Stadt Choquequirao sprechen, ohne sie mit Machu Picchu zu vergleichen, eine der meistbesuchten Touristenattraktionen Südamerikas, die sich 40 Kilometer entfernt in den peruanischen Anden befindet. Choquequirao wird oft als die „heilige Schwester" von Machu Picchu bezeichnet, da die beiden Orte und die Architektur ähnlich sind. Wie Machu Picchu gehört sie zu den größten Inkaruinen Perus und erstreckt sich über mehr als 1800 Hektar zwischen Berghängen. Auch Choquequirao erreicht man nach mehrtägigen Wanderungen: Die nächstgelegene Zivilisation ist zwei, Machu Picchu fünf Tagesmärsche entfernt.

Choquequirao hat jedoch kaum mehr als 20 Besucher pro Tag, während es in Machu Picchu weit über 2000 sind. Choquequirao ist der geheimnisvollere Ort. Die fünf Jahrhunderte alten Bautechniken verblüffen immer noch. Zu den beeindruckenden Bauwerken gehören ein Zeremonienplatz, der durch die Abtragung einer Bergkuppe entstanden ist, und Steinterrassen an steilen Berghängen.

FÜR FANS VON …

- 🧡 *Machu Picchu*
- 🧡 *Anden*
- 🧡 *Alten Zivilisationen*
- 🧡 *Indiana-Jones-Archäologie*
- 🧡 *Mehrtägigen Wanderungen*
- 🧡 *Camping*

Warum nach Choquequirao?

Ein Bergpfad im Morgennebel. Die Wolken lösen sich während des 1500 Meter langen Abstiegs am Talhang eines Flusses auf. Die Ausmaße des Geländes werden offensichtlich: hoch genug für *nevados* (schneebedeckte Gipfel), aber niedrig genug, um durch den glasklaren Apurímac-Fluss im Tal tropisch zu wirken. Viele Esel mit ihren Hirten – und gelegentlich atemlose Rucksacktouristen – ziehen vorbei und betonen die großartige Szene.

Der steile Aufstieg auf der anderen Talseite ist selbst für erfahrene Wanderer eine Herausforderung, aber die Belohnung ist enorm. Die Stadt Choquequirao aus dem 16. Jahrhundert, eine der letzten Inka-Hochburgen, besteht aus erstaunlichen zwölf Bereichen, die sich an einen senkrechten Berghang klammern. Schätzungsweise 60 Prozent der Stadt warten noch auf ihre Ausgrabung. Terrassen zeigen steinerne Abbilder von Lamas, und die Architekten der Stadt trugen die Spitze eines Gipfels ab, um eine Ebene für den berühmten Zeremonienplatz von Choquequirao zu schaffen. Kaum jemand ist hier, aber es gibt Pläne für eine Seilbahn, um den Tourismus anzukurbeln.

ANREISE

Vom Flughafen in Lima fährt man nach Abancay oder Cuzco (58 Kilometer südwestlich bzw. von 166 Kilometer östlich Choquequirao). In beiden Städten gibt es Agenturen, die Choquequirao-Touren anbieten. Man kann die Stätte auch auf eigene Faust erreichen, indem man Busfahrten, Wanderungen und Mitfahrgelegenheiten mit Lastwagen oder Sammeltaxis kombiniert.

WANN AM BESTEN?

April–Oktober

Man kann das ganze Jahr über nach Choquequirao wandern, aber die Trockenzeit zwischen April und Oktober macht die Herausforderung geringer, da der steile Pfad zu dieser Zeit deutlich weniger verschlammt ist.

REISETIPPS

Für den Weg nach Choquequirao muss man eine <u>gute Wanderkondition</u> mitbringen.

....

Nach Choquequirao kann man auf eigene Faust und ohne Voranmeldung wandern. <u>Geführte Touren</u> müssen einige Wochen im Voraus bei einer Agentur gebucht werden.

....

Einheimische bieten entlang des Weges etwas zu essen an, aber wer auf eigene Faust unterwegs ist, sollte einen <u>Vorrat für zwei bis vier Tage</u> mitnehmen. Auch Wasseraufbereitungstabletten gehören ins Gepäck, weil nicht immer Trinkwasser verfügbar ist.

....

Man braucht ein <u>eigenes Zelt</u> für die ausgewiesenen Campingplätze, wo es nicht viel mehr als eine Toilette gibt.

ABSEITS DER TOURISTENPFADE

 Trainiere deine Abenteuertauglichkeit in den Anden, indem du mit einem rumpelnden Bus und einem Sammeltaxi durch die Berge zum Ausgangspunkt der Wanderung fährst.

 Erlebe eine echte, einfache Andensiedlung in Cachora, mische dich im Restaurant unter die Dorfbewohner und genieße die herrliche Aussicht.

 Bestaune das majestätische Apurímac-Tal vom Mirador de Capuliyoc aus.

 Leg eine Verschnaufpause am hübschen Playa Rosalina ein und erfrische dich am aquamarinblauen Apurímac-Fluss.

 Genieße den ersten Blick auf Choquequirao, der sich von dem Hügel aus eröffnet, den die Erbauer einst abgetragen haben.

 Entdecke die einzigartigen Lamaterrassen und klettere über diese Terrassen, um die Darstellungen der Tiere gut betrachten zu können.

Im Uhrzeigersinn von oben links: Hütten mit Blick ins Apurímac-Tal; die steinernen Lamas von Choquequirao; Lastesel auf einem Pass

Tobago

WO DIE EINHEIMISCHEN DEN RHYTHMUS DES LEBENS AUF DER INSEL BESTIMMEN

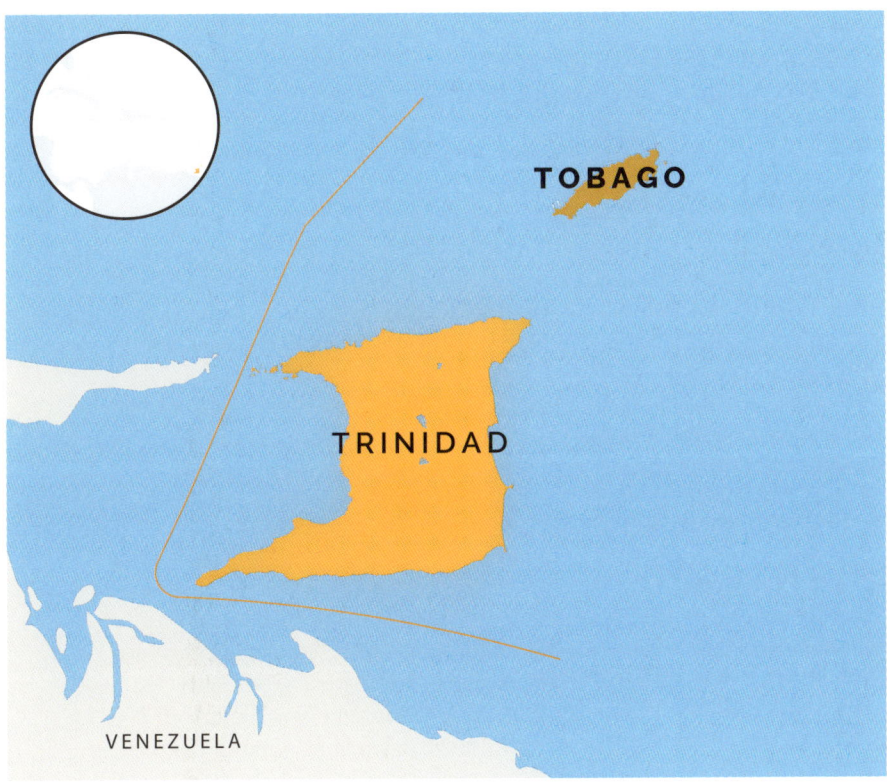

ßere Schwesterinsel Trinidad oder in die nahe gelegenen Ferieninseln Barbados oder St. Lucia.

Das Dasein im Schatten der großen Schwester hat es dem verschlafenen Tobago jahrzehntelang ermöglicht, seinen paradiesischen Zustand zu erhalten. Auf Tobago wird nachhaltig gewirtschaftet. Obst, Gemüse und Fleisch kommen oft von der Insel, und viele Einheimische verkaufen Säfte aus selbst angebauten Früchten zusammen mit Fisch, der am selben Tag gefangen wurde. Die Buchten der Insel bieten paradiesische Übernachtungsmöglichkeiten vor einer perfekten Strandkulisse. Den Zauber dieser malerischen, ruhigen und bescheidenen Insel sollte man nicht verpassen.

Sandstrände, plätschernde türkisfarbene Wellen in ruhigen Buchten und kristallklares, warmes Wasser: Tobago hat alle Voraussetzungen für eine unvergessliche Traumlandschaft. Doch irgendwie wird diese bescheidene Karibikinsel vor der Nordküste Südamerikas oft übersehen. Die meisten Besucher der Region, die unter dem Namen Trinidad und Tobago zusammengefasst ist, fahren zum Karneval direkt auf Tobagos grö-

FÜR FANS VON ...

- 💛 *Weißen Sandstränden*
- 💛 *Freundlichen Einheimischen*
- 💛 *Schnorcheln*
- 💛 *Birdwatching*
- 💛 *Karibischer Musik*

Warum nach Tobago?

Die fröhliche Zwillingsinsel-Republik Trinidad und Tobago hat der Welt kulturelle Phänomene wie die Steel-Pan-Musik und den Limbo-Tanz gebracht. In den letzten zwei Jahren hat Tobago seinen Besucher die Kultur der Insel nähergebracht. Touristen können jetzt an Kursen am Strand teilnehmen, die von einheimischen Fitness-Gurus geleitet werden, sich von Fischern zu schwer zugänglichen Stränden fahren oder in Wandmalerei unterrichten lassen. In vielen Einrichtungen auf der Insel werden lokale Kunstwerke angeboten, um die florierende Kunstszene Tobagos zu unterstützen. Und kleine unabhängige Ferienunterkünfte bieten lokale Lebensmittel an.

Tobago ist auch eine Insel mit außergewöhnlicher Artenvielfalt. Das Main Ridge Forest Reserve der Insel – ein fast 4000 Hektar großer tropischer Regenwald – gilt als das älteste geschützte Naturschutzgebiet der westlichen Hemisphäre, das 1776 von der britischen Krone ausgerufen wurde. Die Insel ist besonders bei Vogelbeobachtern bekannt, denn es gibt mehr als 200 Arten, darunter Papageien und den Moskitokolibri.

ANREISE

Direktflüge zum ANR Robinson International Airport auf Tobago kommen nur aus den USA und dem Vereinigten Königreich. Wer in Trinidad auf dem Piarco International Airport landen, hat eine kurze Taxifahrt zum Inter-island Ferry Service. Die Fähre legt die 32 Kilometer lange Strecke zwischen Port of Spain, Trinidad, und Scarborough, Tobago, in 3½ Stunden zurück.

WANN AM BESTEN?

Januar–Mai

Während der Trockenzeit st es auf der Insel idyllisch, es gibt kaum Niederschläge, und die Temperaturen liegen um die 26 °C. In den übrigen Monaten des Jahres ziehen nachmittags Regenwolken über den Himmel.

© JOHNINPIX | GETTY IMAGES, © COATSEY / ALAMY STOCK PHOTO, © HUGH STICKNEY | 500PX

REISETIPPS

Wer die Möglichkeit hat, sollte in einem kleinen Haus direkt am Strand übernachten. So kann man die örtliche Gemeinschaft kennenlernen und beim Meeresrauschen einschlafen.

Tobago liegt in den Tropen. Man sollte daher ein starkes Insektenschutzmittel mitnehmen und beim Wandern lange, weite Hosen tragen, um lästige Stiche zu vermeiden.

Ein breitkrempiger Hut ist nützlich, da die Sonne stark und unerbittlich ist.

Zum Wandern sollte man feste Schuhe im Gepäck haben.

ABSEITS DER TOURISTENPFADE

 Übernachte in dem winzigen Fischerdorf Castara Bay mit seinem Traumstrand, den perfekten Gästehäusern am Meer und der atemberaubenden Aussicht.

 Fahr nach No Man's Land, einem abgelegenen Strand, der nur mit dem Boot erreichbar ist – perfekt zum Sonnenbaden.

 Wander oder fahr mit einem Fischer zur Pirate's Bay. Diese wunderschöne, bewaldete Sandbucht war Drehort für den Film *Robinson Crusoe* aus dem Jahr 1952.

 Erkunde die Geschichte im Tobago Museum. Die Sammlung im Fort King George zeigt indianische Artefakte, koloniale Relikte und Karten aus dem 16. Jahrhundert.

 Erlebe die Tierwelt hautnah am Turtle Beach, dem Nistplatz von Schildkröten wie etwa der Lederschildkröte.

 Wander durch die Wälder der Lagune Petit Trou mit ihrem Gewirr aus hohen Baumwurzeln und geheimnisvollen Pfaden. Ein guter Ort, um Meereslebewesen und Vögel in Hülle und Fülle zu beobachten.

Im Uhrzeigersinn von oben links: Eine Kupferbürzelamazilie; weißer Sand an der Parlatuvier Bay; Grüne Meeresschildkröten

Suriname

MAROONS UND INDIGENE BEVÖLKERN DIESE WILDE GEGEND SÜDAMERIKAS

Menge Unesco-gelisteter Architektur, lebhafte Nachtlokale und einige ausgezeichnete Restaurants. Dort wird die würzige Fusionsküche der ethnisch vielfältigen Bevölkerung angeboten, die von entkommenen versklavten Afrikanern (bekannt als Maroons), indischen, indonesischen und chinesischen Kontraktarbeitern, englischen und niederländischen Kolonisten und Indigenen beeinflusst ist.

Alte Plantagenhäuser symbolisieren ein dunkles Kapitel der surinamischen Geschichte, als das Land eine der brutalsten Sklavenkolonien der Welt war. Nur wenige Stunden mit dem Auto oder dem Boot entfernt liegt der Dschungel, der mehr als 90 Prozent des Landes des bedeckt.

Suriname ist nicht nur das kleinste Land Südamerikas, sondern auch das am wenigsten besuchte. Dabei bietet diese wenig bekannte Ecke des Kontinents ein erfrischend anderes Reiseerlebnis. Und nach Putschen und einem Bürgerkrieg in den 1980er-Jahren ist Suriname heute eines der sichersten Länder Südamerikas. Die niederländisch-koloniale Hauptstadt Paramaribo liegt an der Mündung des Suriname-Flusses. Es gibt eine

FÜR FANS VON …

💛 *Amazonas*
💛 *Gemeindebasiertem Tourismus*
💛 *Off-Grid-Abenteuern*
💛 *Kolonialarchitektur*
💛 *Kultur der Maroons*
💛 *Wildtieren*

Warum nach Suriname?

Für viele Besucher ist ein Höhepunkt ihrer Reise, die Lebensweise der Maroons kennenzulernen. Auch wenn viele Maroons heute in der Hauptstadt leben, ist das Kernland ihrer Kultur nach wie vor der Dschungel von Suriname, wo sechs politisch unterschiedliche Gruppen weiterhin ihre traditionellen Gebiete entlang der mächtigen Flüsse des Landes bewohnen.

Die klassische Reise beinhaltet eine Fahrt mit dem Langboot zum oberen Suriname-Fluss, um in einer von der Saamaka-Gemeinschaft betriebenen Ökolodge wie der Danpaati River Lodge (facebook.com/FB.Danpaati) zu übernachten. Die landschaftlich reizvolle Reise dauert nur ein paar Stunden, aber man fühlt sich in eine vergangene Zeit zurückversetzt, in der kulturelle Traditionen noch tief verwurzelt waren. In den abgelegenen und ungezähmten Nationalparks und Lodges des Landes kann man die Tierwelt in freier Wildbahn erleben. In Paramaribo ist ein Museum einem Nebenprodukt der einst blühenden Zuckerindustrie Surinames gewidmet: dem Rum. Das Surinaamsch Rumhuis bietet auch Verkostungen an.

ANREISE
Eine Küstenstraße verbindet Paramaribo mit Georgetown, Guyana, im Westen (450 Kilometer) und Cayenne, Französisch-Guayana, im Osten (400 Kilometer). Beide Fahrten beinhalten eine Fährüberfahrt, und es dauert fast einen ganzen Tag, um den Bus-Fähren-Bus-Wechsel zu bewältigen. Es gibt Direktflüge nach Paramaribo von Amsterdam mit KLM.

WANN AM BESTEN?

Februar–Ende April & August–Anfang Dezember

Die Trockenzeit ist die beste Zeit für einen Besuch von Suriname. In der Regenzeit kann die Fahrt mit dem Boot brenzlig werden.

REISETIPPS

Niederländisch ist zwar die Amtssprache von Surinam, aber im ganzen Land wird eine außergewöhnliche Vielzahl von Sprachen und Dialekten gesprochen (darunter acht anerkannte indigene Sprachen). Sranan Tongo, eine kreolische Sprache, hört man häufig auf den Straßen von Paramaribo. In den Hotels und den touristischen Gebieten Surinames wird etwas Englisch gesprochen.

Fotografieren ist in den Maroon-Gemeinden (oder auf dem Hexenmarkt in Paramaribo) ohne Genehmigung nicht erlaubt. Dies gilt auch für Bootsfahrten auf dem oberen Suriname-Fluss.

In Suriname wird im Wesentlichen mit Bargeld bezahlt. Die offizielle Währung ist der surinamische Dollar (SR$), aber einige Geschäfte nehmen auch Euro und US-Dollar.

ABSEITS DER TOURISTENPFADE

 Mach eine Fahrt mit dem Langboot auf dem Suriname-Fluss von Atjoni aus und tauche ein in den Dschungel und die Kultur der Maroons.

 Buch eine mehrtägige Tour zum Central Suriname Nature Reserve: 1,6 Millionen Hektar tropischer Primärwald mit den besten Tierbeobachtungsmöglichkeiten.

 Erkunde das Zentrum von Paramaribo, das Unesco-Welterbe ist. Verpass nicht Fort Zeelandia, ein sternförmiges Fort aus dem 18. Jahrhundert.

 Flieg mit einem Kleinflugzeug über den Dschungel zum Kabalebo Nature Resort (kabalebo.com) – ein Paradies zur Beobachtung der Tierwelt.

 Entdecke die historischen Plantagen entlang des Commewijne-Flusses mit dem Fahrrad oder Boot. Möglicherweise siehst du auch rosafarbene Amazonasdelfine.

 Halte Ausschau nach Vögel, Affen und anderen Tieren im Brownsberg Nature Park – der beste Ort, um bei einem Ausflug von Paramaribo aus Wildtiere zu beobachten.

Oben: Ein Langboot gleitet den Suriname-Fluss bei Brokopondo hinunter

Lost Sierra

WO ALTE GOLDGRÄBERGEMEINDEN WEGE FÜR ABENTEURER AUSBAUEN

Wenn man bergab rast, die Schultern die Stämme der Baumriesen streifen und das Bike über Steine und Wurzeln fliegt, ist es unmöglich, den Blick von der Strecke abzuwenden. Aber gelegentlich sollte man anhalten, um zwischen Ponderosa-Kiefern oder Rottannen die Gegend zu genießen, während die Eichelhäher von Ast zu Ast hüpfen und das einzige Geräusch vom Fluss kommt, der wegen der Schneeschmelze anschwillt. Und es wird keine andere Seele in Sicht sein.

Das liegt daran, dass man sich in der Lost Sierra befindet, einem Dreieck aus bis zu 2591 Meter hohen Gipfeln und Gletscherseen etwa zwischen den Städten Quincy, Graeagle und Downieville, vier Autostunden nordöstlich von San Francisco. Um die Lost Sierra zu erkunden, muss man nicht unbedingt mit dem Fahrrad fahren. Die Region ist von Wegen durchzogen, die vor 170 Jahren von Goldgräbern angelegt wurden und nun von Gruppen vor Ort, die die Lost Sierra wieder auf die touristische Landkarte bringen wollen, für Wanderer, Reiter und Geländemotorradfahrer wiederhergestellt wurden.

FÜR FANS VON ...

💛 *Hochkarätigen Aktivitäten*
💛 *Frischer Bergluft*
💛 *Navigieren in der Wildnis*
💛 *Großen Bäumen – und vielleicht großen Katzen*
💛 *Dem authentischen Amerika*
💛 *Eintauchen in eiskaltes Wasser*

Warum in die Lost Sierra?

Die wachsende Beliebtheit der Lost Sierra als Outdoor-Abenteuerziel ist vor allem den Bemühungen vor Ort zu verdanken, insbesondere der Sierra Buttes Trail Stewardship (SBTS), die von Greg Williams, einem Nachfahren der Miwok, mitbegründet wurde. Das jüngste Projekt der SBTS trägt den Namen Connected Communities (Verbundene Gemeinden) und sieht vor, 965 Kilometer Wege zu erschließen, die 15 ehemalige Goldgräberstädte in der Lost Sierra miteinander verbinden sollen. Die Abschnitte werden zwischen 2023 und 2030 fertiggestellt und sollen die Ansiedlung neuer Unternehmen fördern, die Wanderer, Reiter und Radfahrer anziehen.

Städte wie Sierra City und Downieville haben weniger als 300 Einwohner. Man baut Häuser wie in der Zeit des Goldrausches, heute beherbergen sie unter anderem Restaurants und Gästehäuser. Teile der Lost Sierra wurden in den letzten Jahren von Bränden heimgesucht, aber der Tourismus wird zur wirtschaftlichen Erholung beitragen. Die Quintopia-Brauerei, die erste Brauerei in Quincy seit einem Jahrhundert, ist bereits aus der Asche auferstanden.

ANREISE

Die nächstgelegenen Flughäfen sind Reno-Tahoe, Sacramento, Oakland und San Francisco (die beiden Letzteren werden vor allem von internationalen Besuchern genutzt). Von Westen kommend ist der Highway 49 die wichtigste Verbindung, von Norden und Osten kommend sind es die Highways 89 oder 70. Es ist praktisch unmöglich, die Lost Sierra ohne Auto zu

WANN AM BESTEN?

Mai–Oktober

Auf höheren Trails kann Anfang Juni noch Schnee liegen. Die (immer kürzer werdenden) Winter bringen Schnee, der sich perfekt für Schneemobile und Schneeschuhe eignet. Angelsaison ist von April bis November. Die Waldbrandsaison wird jedes Jahr länger.

ABSEITS DER TOURISTENPFADE

 Wirf die Angel in den Seen und Flüssen aus, um Forellen zu fangen. Salmon Lake und Sardine Lake sind sehr beliebt, ebenso die Flüsse North Yuba und Middle Feather.

 Fahr mit dem MTB Downievilles berühmte Trails, den Mills Peak Trail und den Mount Hough Trail. Die örtlichen Bike-Shops haben Shuttles zu den Trailheads.

 Erkunde die Geschichte des Goldrauschs in der Lost Sierra, zum Beispiel im Kentucky Mine Museum in Sierra City. In der Nähe wurde ein riesiger Nugget gefunden.

 Wander oder radel einen Teil des neuen, 965 Kilometer langen Lost-Sierra-Trail-Netzes, das 15 Berggemeinden in der Region miteinander verbindet.

 Zelte unter dem sternenklaren Himmel auf einem der vielen Campingplätze der Lost Sierra in den vom Forest Service verwalteten Arealen von Lakes Basin, Mount Hough und weiteren.

 Fahr Kanu oder SUP in der Lakes Basin Recreation Area. Der Lower Sardine Lake ist einer der zugänglicheren Seen.

Oben: Wald Trail in der Lost Sierra; Schaufenster in der Main Street von Downieville; Wanderer kühlen sich in einem Fluss ab

Trinity Stirling
Projektkoordinatorin Connected Communities, Sierra Buttes Trail Stewardship

WARUM ICH DIE LOST SIERRA LIEBE

Ich bin in der Region geboren und aufgewachsen und schätze es sehr, dass 66 Prozent des Landes öffentlich sind. Den Zugang zu diesem öffentlichen Land und den starken Gemeinschaftssinn liebe ich am meisten.

Erlebnisse vor Ort
Wandern, Radfahren, Reiten oder Motorradfahren in der Umgebung von Downie- ville, Graeagle oder Quincy, gefolgt von gutem Essen und Getränken in einer örtlichen Brauerei.

Meine liebste Jahreszeit
Der Sommer ist am schönsten. Die Seen und Flüsse sind warm, die Region ist aus dem Winterschlaf erwacht, die Geschäfte haben geöffnet, und in den Gemeinden gibt es Veranstaltungen.

Buffalo

DIE KLEINE SCHWESTER VON NEW YORK CITY – EIN ZUKUNFTSWEISENDES MODELL

Sullivan, Henry Hobson Richardson und Frederick Law Olmsted gestalteten Gebäuden und Parks. Nach dem Zusammenbruch der Industrie im Rust Belt Ende des 20. Jahrhunderts war Buffalo nur noch ein Schatten seiner selbst, doch Wiederbelebung ist in Sicht.

Die Stadt hat ihre architektonischen Schmuckstücke restauriert, sie in stilvolle Hotels und Restaurants verwandelt und in den öffentlichen Raum integriert. Es gibt beeindruckende Frühwerke von Frank Lloyd Wright, eine aufkeimende Craft-Bier-Szene und neu gestaltete Hafenviertel. Eine Stadt, die es mit New York und Chicago aufnehmen kann, aber nur einen Bruchteil der Besucherzahlen hat.

Dank seiner Lage am Eriesee boomte Buffalo Anfang des 20. Jahrhunderts. Industrien wie die Stahlherstellung und die Automobilproduktion florierten, und die Stadt war ein Knotenpunkt für den Transport landwirtschaftlicher Erzeugnisse aus dem Mittleren Westen. Da die nahe gelegenen Niagarafälle Strom lieferten, war Buffalo die erste amerikanische Stadt mit elektrischer Straßenbeleuchtung. Talentierte Architekten wie Louis

FÜR FANS VON …

- 🧡 *New York*
- 🧡 *Chicago*
- 🧡 *Architektur*
- 🧡 *Frank Lloyd Wright*
- 🧡 *Museen*
- 🧡 *Parks*

Warum nach Buffalo?

Fans von Frank Lloyd Wright können mehrere Projekte des berühmten Architekten besichtigen: den Martin-House-Komplex und das Sommerhaus Graycliff am Eriesee, zwei sorgfältig restaurierte Häuser, die Wright für seinen Freund und Mäzen Darwin D. Martin schuf. Zudem die 1927 entworfene, aber erst 2013 errichtete Tankstelle im Pierce Arrow Museum und das Blue Sky Mausoleum, das 2014 nach Plänen von Wright aus den 1920er-Jahren errichtet wurde. Buffalo feierte 2022 auch den 200. Geburtstag von Frederick Law Olmsted mit einer Reihe von Veranstaltungen in den drei Parks, die er für die Stadt entworfen hat.

Die Wiederverwendung älterer Gebäude ist eine Spezialität von Buffalo. Die Delaware Avenue Methodist Church hat sich in das Babeville verwandelt, ein vielseitig nutzbares Kunstzentrum. Die Kleinbrauerei Resurgence Brewing zog in das E&B Holmes Machinery Company Pattern Building. Und die stillgelegten Getreidesilos der Stadt werden in verschiedene Einrichtungen von Silo City umgewandelt, ein Labor der ökologischen Erneuerung.

ANREISE

Amtrak-Züge fahren von New York City (8½ Stunden), den Niagarafällen (1 Stunde), Albany (5 Stunden) und Toronto (4½ Stunden) zur Exchange Street Station in der Innenstadt. Alle Züge halten auch östlich des Zentrums an der Buffalo Depew Station, die Anschluss an die Züge aus Chicago (10½ Stunden) bietet. Alternativ fliegt man zum Buffalo Niagara International Airport.

WANN AM BESTEN?

Mai–August

Im Sommer ist in der Stadt Hochsaison, aber das Wetter ist unschlagbar: Die durchschnittlichen Höchsttemperaturen liegen bei 25–30 °C.

REISETIPPS

Explore Buffalo (explorebuffalo.org) bietet eine erstaunliche Auswahl an architektonischen und anderen thematischen Führungen durch die Stadt – zu Fuß, mit dem Bus, dem Fahrrad oder dem Kajak.

In der Innenstadt von Buffalo ist die Metro Rail zwischen den Haltestellen Theater District und dem Harborcenter entlang der Main Street kostenlos.

Die Bars in der Chippewa Street (auch bekannt als Chip Strip) sind vor allem auf ein Mainstream-College-Publikum ausgerichtet, das nahe gelegene Allentown zieht eine vielseitigere Szene an.

Hinweise auf Musik- und Kulturveranstaltungen gibt es bei Artvoice (artvoice.com) und The Public (dailypublic.com).

ABSEITS DER TOURISTENPFADE

Spaziere durch den von Frederick Law Olmsted entworfenen Delaware Park mit seinen Wiesen, Wäldern, Seen, Rosen- und japanischen Gärten sowie dem Gelände des Buffalo Zoo.

Bestaune die Kunstsammlung der Albright-Knox Art Gallery, die Gemälde von Degas, Picasso, Rauschenberg und des Abstrakten Expressionismus umfasst.

Mach einen Rundgang durch die City Hall, ein Meisterwerk des Art déco und eines der größten öffentlichen Gebäude der USA.

Bewundere das prächtig restaurierte Guaranty Building, das von Louis Sullivan entworfen wurde. Ein wunderschönes Beispiel für die Beaux-Arts-Architektur.

Streife durch ein 264 Hektar großes, wiederhergestelltes Biotop im Tifft Nature Preserve mit langen Wanderwegen und Promenaden am Rande des Außenhafens.

Still deine Lust auf Süßes im Parkside Candy, einem historischen Süßwarengeschäft im Retro-Look, der genauso köstlich ist wie die Süßigkeiten, die es dort gibt.

Im Uhrzeigersinn von oben: Das Guaranty Building; Frank Lloyd Wrights Darwin D. Martin House; ein Rotkardinal im Tifft Nature Preserve

Big Bend National Park

SEINE ABGESCHIEDENHEIT VERHINDERT, DASS DIESER PARK ÜBERRANNT WIRD

zu baden, um dann abends in einem der größten Dark Sky Parks der Welt die Sterne zu beobachten. Der Big Bend National Park ist auch ein Vogelparadies mit über 450 Vogelarten - den meisten aller Nationalparks in den USA.

Big Bend ist abgelegen. Er ist mehr als drei Stunden vom nächsten Flughafen entfernt, auf der Straße sind es von Dallas und Houston mindestens acht Stunden Fahrt. Seine Abgeschiedenheit hat ihn davor bewahrt, überrannt zu werden. Der Nationalpark hat weniger als zehn Prozent der Besucherzahlen des Grand Canyon, und für mehrtägige Ausflüge – wie Rafting auf dem Rio Grande – muss man nicht viele Monate im Voraus buchen.

In dem riesigen Big Bend National Park in einer abgelegenen Ecke von Westtexas treffen die Berge auf die Wüste. Mit seinen steilen Canyons, den zerklüfteten Gipfeln und einem grünen Flusskorridor, der sich durch das Buschland schlängelt, hält diese Wildnis eine Menge Abenteuer für den Besucher bereit. Man kann seine Tage damit verbringen, auf holprigen Pfaden zu wandern, auf sanften Flüssen zu paddeln und in heißen Quellen

FÜR FANS VON …

- 🧡 *Bergwandern*
- 🧡 *Rafting*
- 🧡 *Wüstenlandschaften*
- 🧡 *Sternenbeobachtung*
- 🧡 *Vogelbeobachtung*
- 🧡 *Panoramatouren*

177

Warum in den Big Bend National Park?

Im Big Bend National Park kann man die Geschichte der Erde kennenlernen, ohne dabei über Menschenmassen zu stolpern. Die Fossil Discovery Exhibit, eine Art Freilichtmuseum für Vorgeschichte, führt die Besucher 130 Millionen Jahre zurück in die Vergangenheit. Eines der wichtigsten Ausstellungsstücke ist der Schädel des Bravoceratops, einem gehörnten Dinosaurier, der 2013 im Nationalpark entdeckt wurde. Auch die Geologie ist bemerkenswert im Big Bend. Man kann sogar Gesteinsschichten sehen, die als Javelina-Formation bekannt sind und von dem Massenaussterben zeugen, das die Ära der Dinosaurier beendete.

Big Bend hat viele Überraschungen zu bieten, weshalb es sich lohnt, eine Weile zu bleiben und nicht zu versuchen, alles in einen kurzen Besuch zu packen. Man kann sogar in Mexiko vorbeischauen: Der Grenzübergang über den Rio Grande wurde Ende 2021 nach fast zweijähriger Schließung endlich wieder geöffnet.

ANREISE

Um Big Bend zu erreichen, braucht man ein Auto. Die nächstgelegenen Flughäfen befinden sich in Midland (3 Stunden) und El Paso (5 Stunden). Mietwagen sind an beiden Flughäfen erhältlich. Die Hauptstraßen sind mit normalen Fahrzeugen befahrbar, wer tiefer in den Park vordringen (und an abgelegenen Plätzen ein Zelt aufschlagen) möchte, braucht ein Auto mit Allradantrieb.

WANN AM BESTEN?

Oktober–April

In den Sommermonaten ist es heiß, im Frühjahr (März bis April) kühler, und die Wildblumen blühen. Der Winter ist mild, obwohl es schneien kann, und die Wege im Park sind leer.

REISETIPPS

Das <u>Chisos Basin ist ein wichtiger Zugang</u> mit Besucherzentrum, einem Campingplatz und Wanderwegen, die auch zum Emory Peak führen. Hier befindet sich auch die Chisos Mountains Lodge, die einzige Unterkunft des Parks jenseits der Campingplätze.

....

Die Temperaturen können auch außerhalb des Sommers hoch sein. Man sollte daher <u>nicht mitten am Tag wandern</u>, viel Wasser mitnehmen sowie an ausreichenden Sonnenschutz denken.

....

Wer nicht im Park übernachtet, sollte nach <u>Terlingua</u>. Der Ort liegt westlich des Besucherzentrums Chisos Basin und ist die beste Wahl für Unterkunft und Verpflegung.

....

Für einen Ausflug nach Mexiko <u>nicht den Reisepass vergessen!</u>

ABSEITS DER TOURISTENPFADE

 Steig auf den Gipfel des Emory Peak, den höchsten Punkt des Nationalparks. Von dort aus hast du einen weiten Blick über die Chisos Mountains.

 Mach eine Rafting-Tour durch den Santa Elena Canyon, eine der spektalulärsten Formationen des Big Bend. Du fährst an steilen Wänden vorbei und zeltest unterwegs.

 Nimm nach einem Wandertag ein Bad in den heißen Quellen von Langford. Die Gegend entlang des Rio Grande ist magisch.

 Geh den Chihuahuan Desert Nature Trail. Du kannst dabei den Lebensraum Wüste und eine Oase voller Pappeln bewundern.

 Mach am Grenzübergang Boquillas einen Abstecher nach Mexiko. Du überquerst mit einem Boot den Rio Grande, und dann geht es mit einem Maultier oder einem Fahrzeug weiter in das Dorf Boquillas.

 Nimm einen Drink in der Geisterstadt Terlingua. In einem alten Kino, das als Starlight Theater wiederauferstanden ist, gibt es das beste Essen und Trinken weit und breit.

**Im Uhrzeigersinn
von oben links:**
Hohe Gräser rah-
men die Straße im
Nationalpark ein;
Felsformationen
im Park; das
Starlight Theatre
in Terlingua

Charlie Angell
*Gründer und
Reiseleiter Angell
Expeditions*

WARUM ICH DEN
BIG BEND LIEBE

*Es ist so vielfältig hier! Man kann
mountainbiken, zu hoch aufragenden Gipfeln wandern oder
auf dem Fluss durch einen der
Canyons paddeln, vorbei an über
450 Meter hohen Klippen.*

Erlebnisse vor Ort
*Bei Sonnenuntergang geht es nach
Terlingua, der Geisterstadt direkt
außerhalb des Parks. Dort besichtigt man den alten Friedhof und
sieht, wie die Chisos Mountains in
flammenden Farben leuchten.*

Meine liebste Jahreszeit
*Im Oktober und November ist es
kühler, und die Regenzeit ist zu
Ende. Der Fluss führt viel Wasser,
sodass man tolle Rafting-Touren
unternehmen kann.*

Waterpocket Fold, Capitol Reef

DER GRAND CANYON UTAHS BIETET EIN SCHAUSPIEL OHNE TOURISTEN

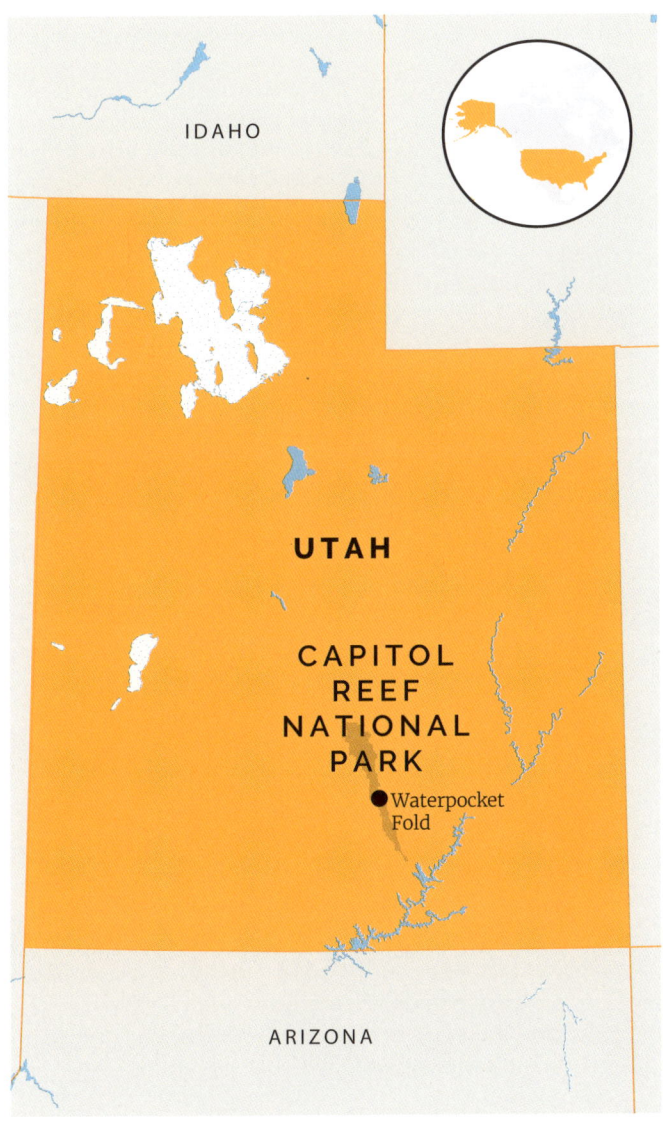

Wer von großen Wüsten, roten Felsen, blauem Himmel und feurigen Sonnenuntergängen träumt, die nur der Wilde Westen Amerikas bieten kann, hat wahrscheinlich den Grand Canyon im Kopf. Dieser Canyon ist zweifellos überwältigend, aber er ist auch Unesco-Weltnaturerbe. Das bedeutet, dass beliebte Wanderwege, Aussichtspunkte und Campingplätze im Hochsommer überlaufen sind. Gut 550 Kilometer nördlich ist man in dem wenig beachteten Capitol Reef National Park, der nur einen Bruchteil der Besucher empfängt, aber ein ebenso atemberaubendes geologisches Wunder zu bieten hat.

Capitol Reef liegt einsam im Red Rock Country von Utah und ist so abgelegen, dass es selbst in der Hochsaison ruhig bleibt. Der Park ist der Traum für Geologen, denn er liegt im Zentrum der Waterpocket Fold, einer fast 160 Kilometer langen Erdfalte, die von denselben Kräften geformt wurde, die vor rund 65 Millionen Jahren das Colorado-Plateau anhoben.

FÜR FANS VON ...

- 🧡 *Grand Canyon*
- 🧡 *Spektakulären Wüsten*
- 🧡 *Dem Wilden Westen*
- 🧡 *Dem Erbe der Mormonen*
- 🧡 *Ruhigen Wanderwegen*
- 🧡 *Sternenbeobachtung*

Warum zur Waterpocket Fold?

Man denkt über die Fundamente unserer Erde und die unaufhaltsame Kraft der Natur nach, während man in stiller Bewunderung diese Erdfalte betrachtet, die im Westen mehr als 2000 Meter höher ist als im Osten. Der Zeit und den Elementen ausgeliefert, bildet sie das Rückgrat der außergewöhnlichen Felslandschaften des Capitol Reefs National Park mit ihren ständig wechselnden Rosa-, Ocker-, Rot-, Taupe- und Grautönen. Diese karge, ergreifend schöne Landschaft mit den 250 Millionen Jahre alten Felsen gibt es, seit die ersten Dinosaurier auf der Erde lebten.

Die Waterpocket Fold kann aus vielen Perspektiven bewundert werden: Der Strike Valley Overlook etwa, den man zu Fuß oder mit dem Geländewagen erreicht, oder der Sunset Point auf dem 13 Kilometer langen Scenic Drive des Parks gehören dazu. Wenn der Tag in die glühende Dämmerung übergeht und das Nordamerikanische Katzenfrett und der Waschbär zum Spielen herauskommen, lässt sich in diesem International Dark Sky Park bald das Glitzern von Meteoren, Planeten und der Milchstraße beobachten.

ANREISE

Wer die entlegensten Gebiete des Parks erkunden möchte, braucht einen eigenen Wagen – am besten einen Allradantrieb. Der nächstgelegene internationale Flughafen ist Salt Lake City, 370 Kilometer nördlich. Alternativ kann man auch nach Las Vegas fliegen, 550 Kilometer südwestlich.

WANN AM BESTEN?

März–Anfang Oktober

Im Frühling blühen die Obstplantagen, und die milden Tage eignen sich perfekt für Wanderungen. Der Herbst ist ebenso prächtig (in beiden Jahreszeiten braucht man warme Sachen für die kühlen Nächte). Im Sommer sind die Tage heiß und trocken.

ABSEITS DER TOURISTENPFADE

 Erlebe den Sonnenuntergang in voller Pracht am Goosenecks Overlook, der sich über dem herrlichen, tief eingeschnittenen Canyon des Sulphur Creek erhebt.

 Tauch im Hinterland in die Wildnis ein. Es gibt zwei kostenlose, einfache, aber landschaftlich umwerfende Campingplätze im Cathedral Valley und auf dem Cedar Mesa.

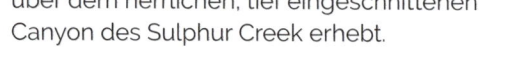 **Fahr von Torrey in Richtung Süden zum Bryce Canyon** auf dem Scenic Byway 12, eine der schönsten Straßen der USA.

 Wandere in der morgendlichen Kühle durch den Grand Wash. Ein Abstecher führt zum Cassidy Arch, benannt nach dem legendären Butch Cassidy, der sich hier im Labyrinth der Canyons von Utah versteckte.

 Genieß die Stille und Abgeschiedenheit eines Slot Canyon. Burro Wash, Cottonwood Wash und Sheets Gulch graben sich tief in die Waterpocket Fold ein. Du brauchst eine topografische Karte.

 Geh abseits der Pisten durch das Cathedral Valley. Die roten Sandsteinmonolithen wirken wie von göttlicher Hand geformt.

Oben: Die Waterpocket Fold mit ihren tiefen Schluchten und den rostroten Klippen ist eine fantastische Gegend für einen Roadtrip

Links: Milwaukee, die Heimat der Harley Davidson, zieht Motorradfans aus ganz Amerika an

Milwaukee

DIE STADT DER ARBEITER UND DER BRAUEREIEN KONKURRIERT MIT CHICAGO

Milwaukee wird oft übersehen, da es im Schatten Chicagos steht – und das ist schade. Denn wie seine Großstadtschwester hat auch Milwaukee ein hochkarätiges Kunstmuseum, eine lebendige Bierszene und zahlreiche Strände vor der Kulisse des Michigansees zu bieten – aber nur halb so viele Besucher. Wer die 145 Kilometer von Chicago aus nach Norden fährt, wird mit einer Stadt belohnt, die entspannter, kompak-

ter und preiswerter ist. Außerdem hat Milwaukee einige besondere Attraktionen zu bieten, die man nirgendwo anders finden wird, wie das Bobblehead Museum mit seinen mehr als 6500 Puppenköpfen oder die American Geographical Society Library, die voll alter Landkarten, Globen und handgezeichneter Seekarten von Captain Cook ist.

Milwaukee hat schon früh seine einzigartige Individualität entwickelt. Deutsche ließen sich in den 1840er-Jahren in der Stadt nieder und gründeten Brauereien. In den 1880er-Jahren produzierten Pabst, Schlitz, Blatz, Miller und 80 weitere Brauereien hier ihr Bier. Heute führen Miller und eine Reihe von Kleinstbrauereien das Erbe fort.

FÜR FANS VON …

💛 *Chicago*
💛 *Bier*
🧡 *Kunst*
💛 *Festivals*
💛 *Motorradkultur*
🧡 *Stränden am Seeufer*

Warum nach Milwaukee?

Ein Teil der Anziehungskraft von Milwaukee besteht darin, dass die Stadt ihren Ruf als Arbeiterstadt mit Brauereien, Bowlingbahnen und Polkahallen nicht verleugnen muss. Heute verbindet Milwaukee diesen Ruf mit modernen Wunderwerken wie dem von Santiago Calatrava entworfenen Kunstmuseum mit seinen beiden beweglichen Flügeln, die sich öffnen und schließen, und dem Harley-Davidson Museum aus Glas und Stahl, das eine Hommage an die hier erfundenen Motorräder darstellt.

Das ständig größer werdende Fahrradverleihsystem der Stadt macht es leicht, die Vorteile des Seeufers zu nutzen, wo Radwege und Strände warten und an den meisten Wochenenden im Henry Maier Festival Park ausgelassen gefeiert wird. Der RiverWalk führt durch die Innenstadt und lockt mit Bars und Cafés am Wasser. Und für die Feinschmecker unter den Besuchern? In Stadtvierteln wie Bay View, East Side und Third Ward entstehen immer wieder coole Lokale, die von Bauernhöfen, Obstplantagen und Molkereien aus der Region betrieben werden.

ANREISE

Die Anreise nach Milwaukee ist dank der häufigen Zug- und Busverbindungen von Chicago direkt ins Stadtzentrum ein Kinderspiel. Der Flughafen von Milwaukee bietet Direktflüge in 40 US-Städte. Internationale Flüge gehen in der Regel über Chicago.

WANN AM BESTEN?

April–Mai & September–November

Im Sommer (Juni bis August) gibt es viele Frestivals, es ist warm, aber auch überlaufen. Im Frühling und Herbst ist das Wetter schön, und es gibt viele Aktivitäten im Freien, aber mit weniger Menschen.

REISETIPPS

Wer an einem Freitagabend da ist, erlebt das traditionelle fish fry mit, ein gemeinsames Essen mit Kabeljau und Krautsalat, bei dem die Einheimischen zusammenkommen, um das Ende der Arbeitswoche zu feiern.

....

Man sollte eine warme Jacke einpacken. Der Michigansee sorgt für kühles, wechselhaftes Wetter. Selbst im Sommer können die Temperaturen schnell fallen, sodass man einen Pullover braucht.

....

Tickets für das Milwaukee Art Museum und die Lakefront-Brewery-Tour gibt es online.

....

Eine Unterkunft bucht man am besten im Voraus. Ende Juni bis Anfang September, wenn der Festivalkalender viele Menschen anzieht, sind die Preise höher.

ABSEITS DER TOURISTENPFADE

 Staune im Milwaukee Art Museum über Volkskunst von Weltrang, Gemälde von Georgia O'Keeffe und die Architektur, die das Gebäude „flattern" lässt.

 Setz dich im Harley-Davidson Museum auf ein Motorrad und bewundere Motorräder aus allen Epochen, darunter die von Elvis und Evel Knievel.

 Besichtige die ökologisch produzierende Lakefront Brewery, trink ausgiebig Bier, sing den Titelsong der Sitcom *Laverne & Shirley* und iss in der Bierhalle *cheese curds*.

 Schlender durch Walker's Point, ein Viertel voller LGBTQ+-Bars, Latin-Cafés und Sehenswürdigkeiten wie dem Bobblehead Museum und der Cheesehead Factory.

 Erkunde mit einem Leihrad den Lake Park. Entspanne am Strand, bevor du den Oak Leaf Trail entlangfährst.

 Besuche einen Käseladen oder eine Käserei, z. B. die Clock Shadow Creamery oder den Wisconsin Cheese Mart, und probiere Wisconsins typische Produkte: Gruyere, *buttermilk blue* und *beer cheddar*.

Phil Sklar
Mitbegründer & CEO, National Bobblehead Hall of Fame & Museum

WARUM ICH MILWAUKEE LIEBE

Es ist eine wirklich lebendige Stadt, die Kunstszene und die Museen sind großartig. Und sie hat einige einzigartige Attraktionen, die Spaß machen, vom Bobblehead Museum über die Cheesehead Factory bis hin zu den Brauereien.

Erlebnisse vor Ort
Man kann die Cheesehead Factory besichtigen, aus der der Schaumstoffkäse kommt, den die Fans der Green Bay Packers bei Football-Spielen auf dem Kopf tragen.

Meine liebste Jahreszeit
Sobald es Frühling wird, gehen alle nach draußen, um lange Spaziergänge am See zu machen und auf den Terrassen zu essen.

Im Uhrzeigersinn von oben links: Käseläden sind ein Markenzeichen von Milwaukee; die Wisconsin State Fair im Sommer; Wasser gehört zu Milwaukee dazu

Links: Eine Wanderin überquert eine Hängebrücke im Dschungel um Utuado

Utuado

TAÍNO-KULTUR UND FLUSSABENTEUER IN DEN BERGEN VON PUERTO RICO

Utuado

PUERTO RICO

U.S. VIRGIN ISLANDS

Touristen strömen an die Strände von Puerto Rico, aber das kulturelle Herz der Insel schlägt in den Bergen von Utuado. Diese üppig grüne Gegend war einst die Heimat der Taino, der Ureinwohner. Heute ist sie ein Ort für Naturerlebnisse und einzigartige Unterkünfte. Touristen finden hier, nur 1½ Stunden von San Juan entfernt, vor allem Wellnessangebote und malerische tropische Ausblicke, die an Ubud auf Bali erinnern.

Utuado ist eine der am wenigsten besiedelten Gegenden Puerto Ricos. Hier herrschen Ruhe und Frieden – statt der Geräusche des pulsierenden Nachtlebens hören die Gäste in der Dämmerung den Gesang der *coquís*, kleiner einheimischer Frösche. Utuado wirkt abgelegen und mystisch und bietet eine Reise in die Vergangenheit mit den tadellos erhaltenen Felszeichnungen im Caguana Indigenous Ceremonial Park, einer der wichtigsten archäologischen Stätten der Karibik. Um dorthin zu gelangen, muss man kurvenreiche, schmale Straßen befahren, aber es ist die Mühe wert.

FÜR FANS VON ...

💛 *Ubud, Bali*
💛 *Costa Rica*
🧡 *Kolumbien*
🧡 *Bergen*
💛 *Häusern am See & Glamping*
🧡 *Indigener Kultur*

189

Warum nach Utuado?

Eine Abkehr von der Reizüberflutung und eine Rückkehr zum Wesentlichen: Der nur sporadische Handyempfang sollte als Zeichen dafür verstanden werden, dass man entschleunigen und abschalten sollte. Das ist Puerto Rico in seiner reinsten Form – mit Pfaden durch üppiges Grün und natürlichen Süßwasserpools, die nahezu unberührt und für die Öffentlichkeit zugänglich sind.

Zu den Sehenswürdigkeiten gehören Seen und Infrastruktureinrichtungen für grüne Energie, die die Insel wiederbeleben sollen. Wellness-Retreats wie das Casa Grande setzen auf spirituelles Wachstum und Heilung und nutzen die Gegend mit ihrer reichhaltigen einheimischen Flora, die seit jeher zu medizinischen Zwecken verwendet wird. Camping ist sehr beliebt und bietet Reisenden mit kleinem Budget die Möglichkeit, die Berge zu genießen. Und neue Unterkünfte, die von Bubble Domes bis zu modernen Suiten am See reichen, haben die Region für Besucher immer attraktiver gemacht.

Rechts: Ein Steinkreis im Caguana Indigenous Ceremonial Park in der Nähe von Utuado

Unten: Kalksteinbogen am Tanama-Fluss mit einer der längsten unterirdischen Höhlen der Welt

Melina Aguilar Colón
independent tour guide

WARUM ICH UTUADO LIEBE

Utuado ist die erste Stadt, die im Zentrum der Insel gegründet wurde – ein Ort voller Geschichte, faszinierender Natur, Architektur und revolutionärer Vergangenheit.

Erlebnisse vor Ort
Die vorkoloniale Vergangenheit Puerto Ricos im Caguana Indigenous Ceremonial Park, ein Bad in den Flüssen und ein Spaziergang durch die Innenstadt. Wer Zeit hat, kann an einem abgelegenen Ort in der Natur campen. Unternehmen wie From Utuado Mountains helfen bei der Organisation.

Meine liebste Jahreszeit
Die Trockenzeit (Januar bis Mai).

REISETIPPS

Auto fahren kann eine Herausforderung sein. Man muss sich auf steile Steigungen einstellen und sollte unter Umständen auf ein <u>Allradfahrzeug</u> umsteigen.

....

Im abgeschiedenen Utuado kann es schwierig sein, alle Lebensmittel zu bekommen. Wer etwas Bestimmtes benötigt, sollte eigene <u>Vorräte mitbringen</u> – man kann sich z. B. in San Juan in einem Freshmart eindecken.

....

Man sollte Sonnencreme und auch <u>Insektenspray</u> einpacken. Die tropische Vegetation zieht mehr Insekten an als die Küstengebiete.

....

Vor einer langen Fahrt zu einem Geschäft sollte man anrufen. Viele haben <u>unregelmäßige Öffnungszeiten</u>, einige sind seit den Hurrikans Irma und Maria geschlossen.

ANREISE

Die meisten Besucher von Utuado fliegen den internationalen Flughafen von San Juan (SJU) an, aber auch der Airport Rafael Hernandez (BQN) in Aguadilla ist eine gute Option. Beide sind weniger als zwei Stunden von Utuado entfernt und mit einem Mietwagen leicht zu erreichen. Es gibt keine öffentlichen Verkehrsmittel in der Gegend, Mitfahrgelegenheiten sind schwer zu finden.

WANN AM BESTEN?

Mitte Dezember–März

Die Hurrikansaison (Juni bis November) sollte man meiden und die Insel besuchen, wenn es kühl und trocken ist. So kann man wandern und die Natur erkunden, ohne dass es regnet, und die Chancen auf Sonnenschein sind am größten.

ABSEITS DER TOURISTENPFADE

 Entdecke Felszeichnungen im Caguana Indigenous Ceremonial Park. Sie sind fast 1000 Jahre alt und und auf 21 Monolithen rund um einen alten Ballplatz zu sehen.

 Mach ein Picknick zwischen weißen Felsen am Cañon Blanco. Die glatten, vom Wasser geformten Blöcke sind perfekt, um sich in der Sonne auszuruhen.

 Buch eine Canyoning-, Abseil- und Tubing-Tour mit Tanama River Adventures (tanamariveradventures.com) in einer der längsten unterirdischen Höhlen der Welt.

 Genieße im Café Gran Batey einen Kaffee oder übernachte auf der Hacienda Horizonte (haciendahorizontepr.com), der Kaffeeplantage des Musikers Draco Rosa.

 Mach eine Bootstour zu den Restaurants am Ufer des Lago Dos Bocas und unterstütze kleine Betriebe, während du puertoricanische Gerichte probierst.

 Fliege mit einer Zipline über die Baumwipfel bei einer Tour mit Batey Adventures (bateydelcemi.com). Es gibt auch eine rund 50 Meter lange Hängebrücke.

Das Ufer der Saône
in Lyon im Abendlicht …
sehr französisch

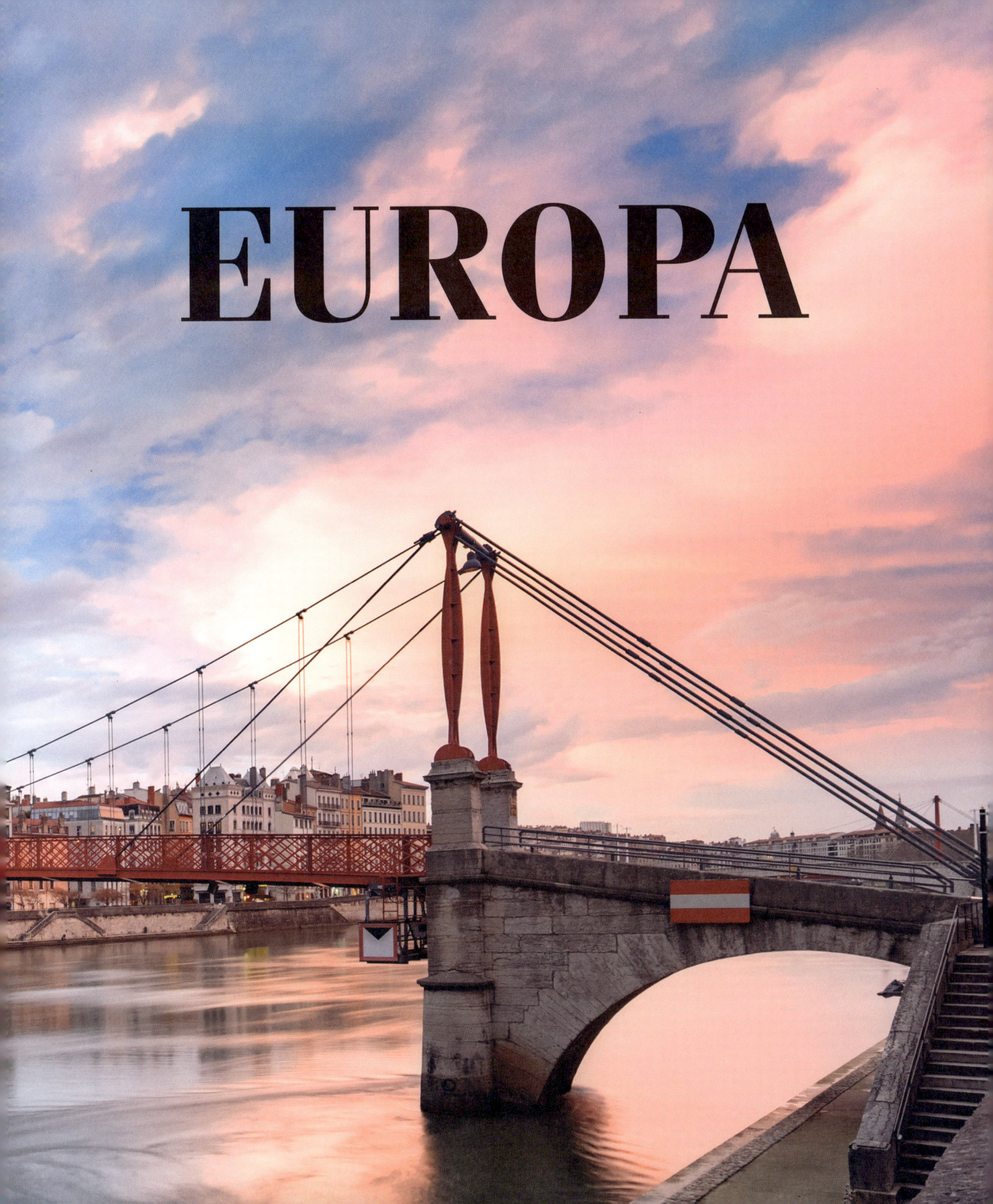

EUROPA

Kufstein

DIESE STADT BRINGT EINEN URLAUB IN DEN ALPEN AUF DEN PUNKT

Wer Österreich spontan mit Salzburg verbindet, sollte nach Kufstein fahren. Dort erhält man einen vergleichbaren Eindruck von Österreich, nur ohne die Touristenscharen der Mozartstadt: pastellfarbene Giebelhäuser, die sich in gepflasterten Gassen aneinanderreihen; mit Laternen beleuchtete Wirtshäuser; einer mittelalterliche Festung mit Ausblick über das bewaldete Inntal; Wiesen, auf denen Kühe weiden, und schroffe, schneebedeckte Berge. Kufstein vereinigt zahlreiche Vorstellungen, die man typischerweise mit der Alpenrepublik in Verbindung bringt.

Das *Kufsteinlied* aus den 1970er-Jahren, in dem die Stadt am Inn als „Perle Tirols" bezeichnet wird, bringt das Kufstein-Feeling auf den Punkt: Man möchte wirklich laut jodeln, wenn man die Kalksteinspitzen und -türme des Kaisergebirges erwandert, die winterliche Wildnis in der Umgebung auf Langlaufskiern erkundet oder sich am Ufer eines glitzernden Sees in der Sonne aalt. Kufstein bietet neben viel Kultur auch eine ordentliche Portion Outdoor-Abenteuer.

FÜR FANS VON …

- 🧡 *Salzburg*
- 🧡 *Alpinen Ausblicken*
- 🧡 *Märchenhaften Burgen*
- 🧡 *Unberührter Natur*
- 🧡 *Wandern & Skifahren*
- 🧡 *Abenteuersportarten*

Warum nach Kufstein?

Wenn im Winter die Flocken sanft hernierderrieseln, wirkt die Altstadt von Kufstein wie eine Weihnachtskarte. In der hoch über der Stadt aufragenden Festung mit ihren massiven Wehrtürmen spielt die größte Freilichtorgel der Welt. Zwischen den mit Fresken bemalten Fassaden der Römerhofgasse, die abends mit Laternen stimmungsvoll illuminiert ist, streift man durch die mittelalterliche Vergangenheit der Stadt, bevor man sich in Wirtshäusern wie dem 600 Jahren alten Auracher Löchl über Schnitzel groß wie Wagenräder hermacht.

Ein Blick auf die zerklüfteten Kalksteinberge, die steil hinter der Stadt emporragen, weckt Gipfelsehnsüchte. Der einsitzige Kaiserlift, in dem man mit den Zehen fast die Baumwipfel berührt, führt hinauf zum 1200 Meter hohen Brentenjoch, dem Ausgangspunkt für Wanderungen ins wild-schroffe Kaisergebirge. Im Winter begibt man sich auf Skiern, Rodeln oder mit Schneeschuhen in die tief verschneiten Wälder.

Rechts: Kufsteins Altstadt mit ihren pastell-farbenen Fassaden

Unten: Die Berge des Inntals bieten im Sommer und Winter zahlreiche Möglich-keiten für Aktivitäten

© FOOTTOO | SHUTTERSTOCK

REISETIPPS

Im <u>Advent</u> ist Kufstein mit dem Weihnachtsmarkt und der foto-genen Festung im Hintergrund <u>besonders stimmungsvoll.</u>

....

<u>Unter der Woche</u> kommen, am Wochenende kann es voll werden.

....

Man wird sich <u>viel im Freien aufhalten:</u> Wanderschuhe im Sommer, warme Kleidung und Skiausrüstung im Winter.

....

Bei einer Übernachtung in einer Alpenvereinshütte erlebt man <u>echtes Bergsteigerfeeling</u> und ist morgens früher auf dem Gipfel.

....

Mit der <u>Gästekarte</u> sind öffent-liche Busse, der Kaiserlift und die Festung kostenlos.

ANREISE

Kufstein ist etwa eine Stunde von den großen Verkehrsknotenpunkten Innsbruck, München und Salzburg entfernt, die alle über Flughäfen oder, wenn man nicht fliegen möchte, über ausgezeichnete Bahn-verbindungen verfügen.

WANN AM BESTEN?

Das ganze Jahr über

Im Sommer kann man im Kaisergebirge wandern (die Berghütten sind von etwa Juni bis September geöffnet) und in den Seen schwimmen. Im Winter locken verschie-dene Schneesportarten und romantische Weihnachtsmärkte.

ABSEITS DER TOURISTENPFADE

 Klettere hinauf zur Tischofer Höhle. Die anstrengende Wanderung in ein abgele-genes, bewaldetes Tal führt zu einer Höhle mit Spuren paläolithischer Besiedlung.

 Schöpfe neue Kraft aus den schwefel-haltigen Quellen im benachbarten Kurort Bad Häring, der von bewaldeten Bergen umrahmt wird.

 Genieße frischen Bergkäse auf der Ackernalm, einer Sennerei wie aus dem Bilderbuch auf einer Alm hoch über dem Thiersee.

 Reinige dein Chakra im Ayurveda Resort Sonnhof – ein zarter Hauch von Indien inmitten der Berge von Hinterthiersee.

 Erlebe den Sonnenaufgang auf einer Hüttenwanderung im Kaisergebirge, die dich in das Reich der Adler, Gämsen und Steinböcke führt.

 Erfrische dich bei einem Bad im flaschengrünen Stimmersee, der von kühlen Bergbächen gespeist wird und von dichten Wäldern und schroffen Gipfeln umgeben ist.

Karpas-Halbinsel

ZYPERN, WIE ES KAUM EINER KENNT: DIE WILDE SEITE DES MITTELMEERES

KARPAS-HALBINSEL

ZYPERN

Ältere Zypern-Besucher sprechen nostalgisch von den goldenen Zeiten, als Zypern noch eine Insel mit leeren Stränden, Eselskarren und alten Leuten war, die auf dem Dorfplatz Kaffee tranken. Was die meisten nicht wissen, ist, dass dieses Zypern auf der Karpas-Halbinsel weiterlebt. Hier gibt es nach wie vor unberührte Strände und verschlafene Dörfer mit steinernen Moscheen und Kirchen, als hätten der Massentourismus und die Teilung der Insel 1974 nie stattgefunden.

Auf dem Karpas, der im türkischen Teil Zyperns in Richtung Levante ragt, findet selbstverständlich modernes Leben in all seinen Facetten statt. Aber je weiter man auf der von den Zyprioten „Pfannenstiel" genannten Halbinsel gen Osten fährt, desto mehr scheint der Alltag

der Menschen in eine frühere, friedlichere Zeit zurückzugleiten. Hier finden sich aber kaum Sonnenanbeter, sondern türkische und griechisch-zypriotische Bauern, die inmitten von mit wildem Thymian überzogenen Dünen und Stränden ein ruhiges Leben führen, an denen ebenso viele Meeresschildkröten wie Menschen leben.

FÜR FANS VON ...

- 🧡 *Türkei*
- 🧡 *Griechenland*
- 🧡 *Griechisch-römischer Geschichte*
- 🧡 *Leeren Stränden*
- 🧡 *Meeresschildkröten*
- 🧡 *Wilden Eseln*

Warum auf die Karpas-Halbinsel?

Bereits mit der Reise in die Türkische Republik Nordzypern kehrt man dem Mainstream-Tourismus den Rücken, und auf der Halbinsel Karpas geht man noch einen Schritt weiter. Östlich von Yenierenköy stehen kaum noch Häuser – nur eine Handvoll Tavernen und die rustikalen Strandhütten am Golden Beach, der auf der Liste der besten Sandstrände des Mittelmeeres weit oben stehen dürfte.

Der Karpas ist reich an antiker Geschichte, von den frühchristlichen Basiliken in Agia Triada und Afendrika bis hin zu den vom Zahn der Zeit gezeichneten Ruinen der Burg Kantara, die einst von Tempelrittern, byzantinischen Kriegsherren und osmanischen Eroberern heimgesucht wurde.

Es ist einer der letzten Gegenden des europäischen Mittelmeers, in der man Strände ohne menschliche Spuren vorfindet. Und die Zivilisation beschränkt sich auf wenige Ansiedlungen, in denen kaum mehr zu hören ist als das Klirren der Kaffeetassen auf dem Dorfplatz.

Rechts: Das Kloster Apostolos Andreas, ein Ort der Verehrung für griechische Zyprioten

Unten: Wilde Esel grasen am Golden Beach, einem der besten Strände des Mittelmeeres

REISETIPPS

Der Süden Zyperns ist Teil der EU, der Norden nicht – und hat folglich andere Einreisebestimmungen. Bevor man die Grüne Linie, die die Insel teilt, überquert, sollte man sich über die neuesten Bestimmungen informieren.

Zahlreiche internationale Airlines fliegen die griechischsprachige Republik Zypern an. Alle Flüge zum winzigen Flughafen Ercan müssen über das türkische Festland führen, was die Auswahl an Fluggesellschaften einschränkt.

Benzin und Diesel sind auf der Karpas-Halbinsel Mangelware. Am besten, man fährt in Famagusta (Gazimağusa) mit vollem Tank los und hat zusätzlich einen (gefüllten) Kanister im Kofferraum dabei.

ANREISE

Der nächstgelegene Flughafen liegt in Ercan und wir nur aus der Türkei bedient. Die Alternative ist, nach Larnaka im Süden zu fliegen und die Grüne Linie, die die Insel teilt, zu überqueren. Das ist in der Regel problemlos, aber man sollte die aktuelle Lage checken. Um die Insel zu erkunden, braucht man einen Mietwagen oder, wenn man ausreichend ambitioniert ist, ein Fahrrad.

WANN AM BESTEN?

April–Mai & September–Oktober

Im Hochsommer (Juni bis August) ist es brütend heiß, für viele zu heiß. Im späten Frühling oder frühen Herbst sind die Tagestemperaturen niedriger, und nachts kühlt es angenehm ab.

ABSEITS DER TOURISTENPFADE

 Entspann dich am Golden Beach, dem schönsten Strand Zyperns. Von Juni bis September wird er von Karettschildkröten zur Eiablage aufgesucht.

 Klettere auf die verfallenen Zinnen der Burg Kantara. Unter der Woche hast du die Festung vielleicht ganz für dich allein.

 Übernachte in einer gemütlichen Strandhütte am Golden Beach. Gehe in einem der Kebab- und Fischrestaurants am Strand etwas essen, und lass dich dann von der Brandung in den Schlaf wiegen.

 Auf einer Wanderung an der nach Thymian duftenden Küste triffst du höchstwahrscheinlich mehr wilde Esel als Menschen.

 Besuche das Kloster des Apostels Andreas. Die griechischen Zyprioten lassen die Kerzen in diesem stimmungsvollen Ort der Andacht nie erlöschen.

 Schlürfe einen Kaffee auf einem schattigen Dorfplatz. Die Einheimischen verbringen hier die heißesten Stunden des Tages und sind sehr aufgeschlossen.

Links: Die Brunnen-
skulptur *Küssende
Studenten*, eine der
berühmten Straßen-
skulpturen von Tartu

Tartu

EUROPAS KULTURHAUPTSTADT 2024 WILL TOURISTEN VON TALLINN WEGLOCKEN

dazu bei, den Druck auf die vom Tourismus gestressten Bewohner Tallinns zu mindern, die sich jeden Sommer belagert fühlen.

Tartus Ursprünge gehen auf das 5. Jahrhundert zurück, als Estland noch eine heidnische Wildnis war. Hölzerne Befestigungen am Too-memägi (Domberg) – dem heuti-gen Standort der Universität Tartu – waren die ersten Gebäude im engeren Sinn. Die Stadt, die unter russischer, schwedischer, polni-scher, deutscher und sowjetischer Herrschaft stand, hat sich bis heute einen charmanten Kern bewahrt, ist preisgünstig und verfügt über ausgezeichnete Hotels und Res-taurants. Tartu hat eindeutig mehr Zuwendung verdient.

Jeder Besucher Estlands kommt nach Tallinn und verliebt sich in die Stadt, aber kaum einer fährt weiter nach Tartu. Dabei ist Tartu die älteste Stadt im Baltikum und das intellektuelle Zentrum des Landes. 2024 wird Tartu Kulturhauptstadt Europas sein. Das verspricht willkommene finanzielle Zuwendungen für Estlands zweitgrößte Stadt und bietet noch mehr Grün-de für einen Besuch. Wer in Tartu verweilt, trägt auch

FÜR FANS VON ...

- 🧡 *Vilnius & Riga*
- 🧡 *Estnischer Geschichte*
- 🧡 *Bezaubernden alten Straßen*
- 🧡 *Museumsshopping*
- 🧡 *Studentenleben*
- 🧡 *Innovativen Kulturszenen*

Warum nach Tartu?

Noch ist Tartu touristisch kaum erschlossen, infolgedessen wenig besucht und richtig billig. Aber Tartu bietet immer mehr kulturelle Attraktionen und legt Wert darauf, sein kulturelles Erbe zu bewahren. Im Zuge der Wahl zur Kulturhauptstadt Europas 2024 werden ständig neue Veranstaltungen geplant und neue Veranstaltungsorte geschaffen, darunter das Estnische Nationalmuseum, die wichtigste kulturelle Einrichtung des Landes, die 2016 zusammen mit dem Tartu Kunstimuuseum und dem KGB Cells Museum eröffnet wurde.

Tartu ist eine Universitätsstadt: Die gleichnamige Universität auf dem bewaldeten Toomemägi (Domhügel) im Herzen der Stadt ist unbedingt einen Besuch Wert. Gleichzeitig sind die zahlreichen Studierenden der Grund dafür, dass man in Tartu so viele interessante kleine Bars, so viele Veranstaltungen, so niedrige Preise und eine so aufgeschlossene, jugendliche Kultur vorfindet. Das Aparaaditehas, ein unabhängiges Kulturzentrum mit zahlreichen Bars in einer alten Fabrik, ist ein gutes Beispiel dafür.

ANREISE
Tartu verfügt über ausgezeichnete Bus- und Bahnverbindungen nach Tallinn, wobei der Zug die 200 Kilometer zwischen den Städten in etwa zwei Stunden zurücklegt. Wer ein Auto gemietet hat, um Estland zu erkunden, braucht für die Fahrt von Tallinn nach Tartu durch das Herz des Landes etwa genauso lang.

WANN AM BESTEN?

Juni–August

Im Winter wird es im Baltikum eisig kalt. Dafür entschädigen die Sommermonate mit scheinbar endlosem Tageslicht, sanfter Wärme und vor allem mit einer Stimmung sonnengetränkter Geselligkeit.

ABSEITS DER TOURISTENPFADE

 Spaziere über den bewaldeten Toomemägi – dort ist man zwar nie allein, findet aber trotzdem ein ruhiges Plätzchen.

 Streife durch die Straßen und halte die Augen nach Skulpturen offen – vor allem nach der von Oscar Wilde im Gespräch mit dem estnischen Schriftsteller Eduard Vilde.

 Besuche Raadi-Kruusamäe, die Überreste des Wohnsitzes der Familie Liphart. In den 1920er-Jahren stand hier das Estnische Nationalmuseum, im Zweiten Weltkrieg machten die Sowjets daraus einen Flugplatz.

 **Spaziere durch den Botanischen Garten.** Er beherbergt 6500 Pflanzen und bietet auch ein Gewächshaus mit Exoten.

 Schaue dir die Teleskope und Geräte im Alten Observatorium von Tartu an, einer ebenso erstaunlichen wie unterschätzten Sehenswürdigkeit.

 Bade im Sommer im Fluss Emajõgi. Wenn du dem Ufer des Flusses, der Tartu in zwei Hälften teilt, nach Norden folgst, erreichst du bald beliebte Badeplätze und erhältst einen guten Überblick über die Stadt.

Oben: Der Dom, heute eine Ruine, stammt aus dem 13. Jahrhundert, Tartu selbst geht auf das 5. Jahrhundert zurück

Utsjoki

UNVERGESSLICHE ERLEBNISSE IN UNBERÜHRTER WILDNIS AM POLARKREIS

Der finnische Teil Lapplands hat weit mehr zu bieten als den Weihnachtsmann und die bunten Lichter in Rovaniemi. In der Region Utsjoki, 500 Kilometer nördlich des Polarkreises, wo Finnland an Norwegen grenzt, verbirgt sich der eigentliche Zauber Lapplands. In dicke Schneedecken gehüllte Landschaften, Polarlichter, die den Nachthimmel erhellen, oder die goldenen Tage der Mitternachtssonne, die im Sommer nie vergehen, lassen Kindheitsträume wahr werden.

Diese abgelegene und dünn besiedelte Region ist eine der wahren Wildnisse Finnlands mit hügeligen Wäldern und hohen *fjälls* (Berge), von denen drei den einheimischen Samen immer noch als *ailigas* (heilige Orte) gelten. Hier hat die Natur das Sagen, egal ob man sich während eines Schneesturms in einer Blockhütte einkuschelt, riesige Lachse aus dem Fluss Teno zieht oder auf einem Rentierschlitten durch den Schnee saust. Es ist ein Ort abseits aller Pfade, an dem das himmlische rosa Glühen in der Polarnacht nur vermeintlich den Sonnenaufgang ankündigt.

FÜR FANS VON ...

🧡 *Schönheit der Arktis*
🧡 *Winterwunderland*
🧡 *Polarlichtern & Mitternachtssonne*
🧡 *Wildnisabenteuern*
🧡 *Outdoor-Aktivitäten*
🧡 *Kultur der Samen*

Warum nach Utsjoki?

Fichtenwälder, *fjälls*, blaue Seen und kaum eine Menschenseele in Sicht, höchstens das eine oder andere Rentier ... Unterwegs nach Nirgendwo? Nein, nach Utsjoki, 70° nördlich des Polarkreises. Hier fallen im Winter die Flocken dicht und schnell, die Temperatur sinkt leicht unter −20 °C, und die Bäume erstarren im Eis. Die Abgeschiedenheit gereicht der Region zur Rettung – nur ihretwegen ist es hier so unberührt und friedlich geblieben.

Utsjoki ist Finnlands einzige Gemeinde, in der die Samen die Bevölkerungsmehrheit stellen. Viele leben nach wie vor halbnomadisch von der Rentierzucht, wenngleich sie die Rentierschlitten gegen Motorschlitten eingetauscht haben. Aber ihre Kultur mit dem eindringlichen Gesang (*joik*) und den rhythmischen Gedichten, die den Geist der Vorfahren heraufbeschwören, überdauert. Gäste widmen sich im Sommer dem Lachsfischen, Kanufahren und Wandern, im Winter dem Schneeschuhwandern, Eisfischen und der Beobachtung des Polarlichts. Diese Region und ihre Menschen bringen einem die Natur und eine fast vergessene Lebensweise ein Stück näher.

ANREISE

Der nächstgelegene Flughafen liegt 160 Kilometer südlich in Ivalo und ist durch regelmäßige Finnair-Flüge mit Helsinki verbunden (1 Stunde 40 Minuten). Von dort aus fährt man entweder mit dem Auto oder dem Bus (2 Stunden 20 Minuten).

WANN AM BESTEN?

Juni–September & Dezember–März

Im Sommer verbringt man die Tage mit Saunagängen, Schwimmen und langen Wanderungen unter der Mitternachtssonne. Die Dunkelheit des Winters wird durch Schnee und Polarlichtshows erhellt.

REISETIPPS

Es herrscht <u>arktisches Klima.</u> Im Winter braucht man Thermokleidung, im Sommer Mückenschutz und mehrere Schichten.

....

<u>Outdoor-Aktivitäten</u> im Voraus planen. Viele Lodges sind bei der Organisation behilflich, von Motorschlittenfahrten über Besuche auf Rentierfarmen bis hin zum Lachsfischen.

....

In Finnland gilt das <u>Jedermannsrecht.</u> Man darf sein Zelt einfach abseits der Zivilisation aufschlagen und mitten in der Natur übernachten.

....

Klamotten runter und <u>ab in die Sauna!</u> Es gibt fast überall eine. Die anschließende Rolle im Schnee bringt das Immunsystem in Schwung.

ABSEITS DER TOURISTENPFADE

 Wandere auf dem Utsjoki Trail, einem 35 Kilometer langen Rundweg, der Seen, Täler und *fjälls* mit tollen Ausblicken auf die norwegischen Gipfel verbindet.

 Lerne die Kultur der Samen kennen – auf einer Rentierfarm, gefolgt von einer Schlittenfahrt und heißen Getränken und Geschichten am Lagerfeuer.

 Erlerne das Eisfischen. Fahre mit dem Motorschlitten über die gefrorene Tundra zu einem abgelegenen See und fange Saiblinge und Forellen.

 Fange im kristallklaren Teno Lachse unter der Mitternachtssonne. Der Fluss bildet eine natürliche Grenze zu Norwegen.

 Ziehe in der Dämmerung die Schneeschuhe an und bahne dir deinen Weg über die *fjälls*, noch rot im Gesicht vom nachmittäglichen Saunagang.

 Erlebe die Polarlichter in einer dunklen, klaren Winternacht, wenn die nordischen Götter höchstpersönlich mit Zaubertinte Bilder in den Himmel malen.

Oben: Rentieren begegnet man am Polarkreis auf Schritt und Tritt. Sie sind fester Bestandteil der Kultur der Samen

Erik Valle
Samischer
Rentierhirte

WARUM ICH UTSJOKI LIEBE

Weil es mein Zuhause ist. Ich habe mein ganzes Leben in Utsjoki verbracht, in einer Familie von Rentierzüchtern. Ich liebe den Ort, die Natur und die Tierwelt.

Erlebnisse vor Ort
Ich empfange Gäste auf meiner Rentier-farm, zeige ihnen die samische Kultur und die Rentiere und trinke mit ihnen Kaffee am offenen Feuer in einem Lavvu-Zelt.

Meine liebste Jahreszeit
Jede Jahreszeit hat hier ihren Reiz: das Angeln und die heißen Tage im Sommer, die harte Arbeit im Herbst, wenn wir die Rentiere aus der Wildnis holen und sie trennen, und der Winter mit Rentierzucht und Polarlichtern, die mangels jeglicher Lichtverschmutzung zu den besten in ganz Finnland gehören.

Hyères

MITTELALTERLICHE STADT SAMT INSELN ABSEITS DER HAUPTROUTE

gehörte Hyères dem Vizegrafen von Marseille, bevor die ganze Provence in das moderne Frankreich eingegliedert wurde.

Zwischen Hyères' mittelalterlichem Zentrum und dem Meer liegen die viel befahrene D98 und eine moderne Stadt mit Hotels und Kasinos. Besucher laufen Gefahr, die teilweise ummauerte Vieille Ville (Altstadt) völlig zu verpassen. Dabei konzentriert sich das Beste von Hyères auf diesen historischen Kern und die Gärten, die sich über ihm erstrecken. Am verlockendsten jedoch sind die Îles d'Hyères, drei vorgelagerte Eilande, die auch als Îles d'Or (Goldinseln) bekannt sind.

Besucher der provenzalischen Küste steuern unweigerlich auf glamouröse Orte wie Cannes, Antibes oder St-Tropez zu, selten auf Hyères. Dabei steckt der Ort voller historischer Sehenswürdigkeiten, und die nach der Stadt benannten Inseln zählen zu den schönsten Südfrankreichs. Die erste Besiedlung durch hellenistische Griechen, die von den Römern verdrängt wurden, geht auf das 4. Jahrhundert v. Chr. zurück. Später

FÜR FANS VON ...

- 🧡 *Cap d'Antibes*
- 🧡 *Traumhaften Inseln*
- 🧡 *Küstenwanderungen*
- 🧡 *Abgelegenen Fjorden*
- 🧡 *Mittelmeerstränden*
- 🧡 *Literatur*

Warum nach Hyères?

Liebhaber des französischen Kulturerbes finden an der gut erhaltenen mittelalterlichen Anlage von Hyères Gefallen, darunter die intakte Porte Massillon aus dem 13. Jahrhundert und freigelegte Abschnitte des Béal – eines Aquädukts aus dem 15. Jahrhundert, das noch immer Wasser in die Stadt leitet. Oberhalb des alten Stadtkerns liegen der Parc Bernard und das Castel Ste-Claire, ein restauriertes Kloster aus dem 17. Jahrhundert, in dem einst die amerikanische Schriftstellerin Edith Wharton lebte.

Aber die überzeugendsten Gründe für einen Besuch liegen vor der Küste: Porquerolles, Île de Port-Cros und Île du Levant – die Îles d'Hyères. Porquerolles, die größte, schenkte der belgische Unternehmer François Fournier 1907 seiner Frau zur Hochzeits. Die mit Weinbergen, Olivenhainen und Kiefern bewachsenen Inseln stehen teilweise unter dem Schutz des Parc National de Port-Cros. Auf allen findet man einsame Strände und Buchten mit Wracks und Meeresfauna, die Kajakfahrer und Taucher anlocken.

Rechts: Porquerolles ist eine echte Schönheit, aber in den Schulferien sehr überlaufen

Unten: Die Altstadt von Hyères hat mittelalterliche Wurzeln und ein lebhaftes Straßenleben, das es zu erkunden lohnt

REISETIPPS

Am stimmungsvollsten wohnt man <u>im Herzen der Vieille Ville</u> (Altstadt), günstigere Zimmer findet man im modernen Teil der Stadt.

. . . .

Hyères ist ein guter Ausgangspunkt für <u>Ausflüge nach Marseille oder Nizza.</u> Beide Städte liegen etwa zwei Autostunden entfernt.

. . . .

Auf die Île de Port-Cros sollte man <u>Proviant und Wasser</u> mitnehmen. Die wenigen Bistros auf der Insel sind nur zwischen April und Oktober geöffnet und schnell voll.

. . . .

Sollte man in Héliopolis auf der Île du Levant spazieren gehen, darf man sich nicht wundern, wenn man mehr nackte Haut zu Gesicht bekommt als erwartet – es ist eine <u>FKK-Kolonie.</u>

ANREISE

Hyères ist mit dem Zug von Marseille (ca. 1½ Stunden) oder Toulon (20 Minuten) leicht zu erreichen. Busse brauchen etwas länger, fahren aber regelmäßig und sind preiswerter. Es macht wenig Sinn, ein Auto zu mieten, um Hyères zu besichtigen: Alle Sehenswürdigkeiten liegen dicht beieinander, und auf die Inseln kommt man mit dem Auto ohnehin nicht.

WANN AM BESTEN?

März–Mai & September–Oktober

In der Nebensaison hat man mehr Ruhe bei meist annehmbarem Wetter. Hochsaison ist in den Schulferien im Sommer (Juli und August); dann wird Porquerolles täglich von mehr als 6000 Besuchern heimgesucht.

ABSEITS DER TOURISTENPFADE

 Wandere vom Port de Porquerolles aus ins Landesinnere, durch Weinberge zu den Calanques (Fjorden) und Pinienwäldern im Zentrum, Norden und Westen.

 **Steige die steilen Straßen im grünen nördlichen Teil von Hyères hinauf** zu den schönen Gärten des Castel Ste-Claire und den weniger gepflegten, aber nicht minder schönen Anlagen des Parc St-Bernard.

 Umrunde die von Stränden gesäumte Halbinsel Giens südlich von Hyères, wo salzige Lagunen Flamingos anlocken.

 Besuche die hübsche kleine Île de Port-Cros. Die geschützten Pinienwälder und die Macchia laden zu herrlichen Wanderungen ein.

 Erkunde den Parc National de Port-Cros von Port de Porquerolles aus im Rahmen einer Katamaran-Kreuzfahrt. Leihe dir ein SUP oder gehe schnorcheln.

 Spaziere durch die Ruinen von Olbia, der griechischen Kolonie, aus der später Hyères hervorging. Nicht spektakulär, aber schön zum Tagesausklang.

Links: Die gemütlichen *bouchon*-Restaurants mit regionaler Küche gibt es nur in Lyon

Lyon

DIE GASTRONOMISCHE HAUPTSTADT FRANKREICHS AM FUSSE DER ALPEN

Das von den Römern 43 v. Chr. gegründete Lyon, das auf der Unesco-Liste steht, ist reich an Geschichte. An den Hängen von Fourvière läuft man durch mittelalterliche Straßen, Vieux-Lyon glänzt mit Renaissancearchitektur, und der auf einem Hügel gelegene Vorort Croix-Rousse ist berühmt für seine *canuts* (Arbeiterhäuser) aus dem 19. Jahrhundert, als Lyon das Zentrum der Seidenspinnerei war. Auf dieselbe Zeit zurück gehen die *bouchons* von Lyon - rustikale Restaurants, in denen deftige Lyoner Gerichte serviert werden. Sie zählen zum einzigartigen kulinarischen Erbe der Stadt und sind einer der Gründe, warum Lyon auch als gastronomische Hauptstadt Frankreichs bezeichnet wird.

Im meistbesuchten Land der Welt sind Begriffe wie „unterschätzt" oder „wenig besucht" sehr relativ. Die sechs Millionen Besucher von Lyon im Jahr 2019 klingen nach viel, sind aber nichts im Vergleich zu den 30 Millionen in Paris. Noch dazu sind zwei Drittel der Besucher Lyons Geschäftsreisende. Es schlendern also weit weniger Touristen durch die Straßen und nehmen entsprechend weniger Tische in den Cafés in Beschlag.

FÜR FANS VON ...

- *Paris & Marseille*
- *Historischen Bistros*
- *Städten an Flussufern*
- *Beaujolais Nouveau*
- *Filmgeschichte*
- *Michelin-Sternen*

Warum nach Lyon?

Paris hat den Eiffelturm und Marseille das Mittelmeer. Lyon erhebt Anspruch auf die beste Gastronomie Frankreichs. Paul Bocuse, Frankreichs „Koch des Jahrhunderts", stand hier am Herd, aber ebenso wichtig für die gastronomische Bedeutung der Stadt sind die *mères lyonnaises*, Köchinnen aus einfachen Verhältnissen, die die *bouchons* der Stadt gegründet haben. 2019 eröffnete in einem ehemaligen Krankenhaus aus dem 15. Jahrhundert die Cité de la Gastronomie ihre Tore, ein einzigartiger, 4000 Quadratmeter großen Kulturraum, der sich ausschließlich dem Essen widmet.

Aber Lyon hat noch mehr zu bieten: Vor seiner Haustür wachsen Beaujolais und Côtes du Rhône, und hier wirkten die Filmpioniere Lumière. Obwohl Lyon die drittgrößte Stadt Frankreichs ist, lässt sich das Zentrum bequem zu Fuß oder mit der Metro erkunden. Nach dem Besuch in einer *bouchon* schlendert man am neu gestalteten Flussufer entlang oder lässt sich in einem der hervorragenden Museen in Geschichte unterrichten. Wer muss schon nach Paris, wenn er Lyon so einfach haben kann?

ANREISE

Lyon ist an das französische TGV-Netz angebunden; vom Pariser Gare de Lyon nach Lyon Part Dieu benötigt der Schnellzug etwa zwei Stunden. Der internationale Flughafen Lyon Saint-Exupéry 25 Kilometer östlich des Stadtzentrums bietet ebenfalls gute Verbindungen ins übrige Europa.

WANN AM BESTEN?

Juni–September

Seine Lage am Fluss macht Lyon zur perfekten Sommerstadt, aber im Juli und August ist auch sehr viel los. Der Juli ist in der Regel der heißeste Monat. Im September ist es immer noch warm, aber die Besuchermassen des Sommers sind verschwunden.

© VENTDUSUD | SHUTTERSTOCK. © JULIAN ELLIOTT / ALAMY STOCK PHOTO. © RIVER THOMPSON | LONELY PLANET

REISETIPPS

Wer gerne ins Museum geht, besorgt sich die Lyon Card (de.lyoncitycard.com). Sie ist für einen bis vier Tage erhältlich und beinhaltet den Eintritt zu 23 Museen in der ganzen Stadt sowie unbegrenzte Fahrten mit öffentlichen Verkehrsmitteln. Einfacher geht's wirklich nicht.

....

Alljährlich am dritten Donnerstag im November kommt der Beaujolais Nouveau in die Läden. In Lyon feiert man das mit Feuerwerk, Musik und Festivitäten.

....

Etwa 80 traboules *sind der Öffentlichkeit zugänglich (von mehr als 400 in den historischen Vierteln der Stadt). Mithilfe der offiziellen Traboules-App findet man auch die weniger besuchten Gassen.*

ABSEITS DER TOURISTENPFADE

 Folge den Spuren von Paul Bocuse. Zu seinem Mini-Imperium gehören die Les Halles de Lyon Paul Bocuse sowie fünf Brasserien.

 Besuche die Geburtsstätte der Cinématographie im Château Lumière, wo zwei Brüder 1895 eine Kamera erfanden, die dem Kino den Weg bereitete.

 Erkunde das Musée des Confluences am Zusammenfluss von Rhone und Saône, das die neuesten Entwicklungen im Bereich Wissenschaft präsentiert.

 Probiere die reichhaltige lyoner Küche, wie *quenelles lyonnaises* oder *andouillette*, zum Beispiel bei Le Bouchon des Filles oder Daniel et Denise Créqui.

 Fahre mit der Seilbahn von 1878 hinauf zur Basilique Notre-Dame de Fourvière, Lyons Version von Sacré-Cœur in Paris.

 Ducke und winde dich durch Lyons *traboules* – geheime Durchgänge in den Altstadtvierteln Vieux-Lyon und Croix-Rousse, die einst von Seidenarbeitern zum Transport von Textilien genutzt wurden.

Im Uhrzeigersinn von links oben: Eine *traboule* in Vieux-Lyon; eine klassische Salade Lyonnaise; Blick von Fourvière über die Stadt

Freiburg &
der Schwarzwald

DEUTSCHLANDS ÖKO-HAUPTSTADT IN STILLER BERGLANDSCHAFT

Verglichen mit Bayern fliegt der Schwarzwald unter dem touristischen Radar. Befreit man sich auch noch von den überstrapazierten Kuckucksuhr- und Tortenklischees, erlebt man bewaldete Hügel und Fachwerkstädte, die einen märchenhaften Reiz ausstrahlen – während Urlauber in Bayern vor überfüllten Berghütten Schlange stehen. Im Nationalpark Schwarzwald erheben sich Fichtenwälder über Bauernhöfen mit dunklen Holzschindeln, und man steht vor Gletscherseen, die sich wie tiefblaue Seidentücher ausbreiten. Wer im Morgengrauen durch den Wald spaziert, erlebt eine Ruhe, die man andernorts kaum mehr vorfindet. Wenn der Schnee fällt und man sich die Schneeschuhe oder Langlaufskier an die Füße schnallt, ist die Idylle vollkommen.

Nachhaltigkeit? Na klar! Der Schwarzwald ist Deutschlands grünes Reiseziel Nummer 1, und sein Öko-Stern glänzt immer heller: ein neues Unesco-Biosphärenreservat, grüne Vorreiterstädte wie Freiburg, die die Fotovoltaik voranbringen, und kilometerlange, sorgfältig markierte Wander-, Rad- und E-Bike-Wege.

FÜR FANS VON ...

- *Bayern*
- *Wäldern*
- *Grünen Reisen*
- *Abgelegenen Bauernhöfen*
- *Roadtrips*
- *Abgeschiedenheit in der Natur*

Warum nach Freiburg?

Das lebendige Freiburg ist Deutschlands südlichste Großstadt mit einem Gewirr mittelalterlicher Gassen und einem gotischen Münster, aber ihr Blick ist fest auf die Vision einer nachhaltigeren Zukunft gerichtet. In Deutschlands sonnenreichster Stadt werden mehr Fotovoltaikanlagen betrieben als in manchen europäischen Ländern. Und mit dem autoreduzierten Quartier Vauban, dem ersten kohlenstoffneutralen Plus-Energie-Wohnviertel der Welt, ist man noch einen Schritt weiter gegangen.

Eine nicht durch und durch ökologische, aber lohnende Möglichkeit, den Schwarzwald zu erkunden, ist die wenig befahrene Schwarzwaldhochstraße, die sich über 60 Kilometer von Baden-Baden nach Freudenstadt schlängelt. Dabei durchquert man den 100 Quadratkilometer großen Nationalpark Schwarzwald. Hier kann man richtig in die Natur eintauchen und in einem der ausgewiesenen Wildniscamps eine Nacht unter dem Sternenhimmel verbringen, mit nichts als Spechten und Eichhörnchen als Gesellschaft. Hören Sie das? Die Stille. Nein? Genau.

ANREISE

Freiburg ist an das ICE-Netz angeschlossen und von allen deutschen Großstädten gut erreichbar. Der auf französischem Staatsgebiet gelegene EuroAirport Basel Mulhouse Freiburg ist mit dem Airport Bus in 55 Minuten erreichbar. Mit dem Eurostar/TGV ist man auch schnell in Straßburg.

WANN AM BESTEN?

Das ganze Jahr über

Der Frühling bringt Wildblumen und herrliches Wanderwetter, der Herbst ein grandioses Farbenspiel. Der Sommer ist ideal zum Wandern, Radfahren und Schwimmen. Die Winter können schneereich sein, überall werden Weihnachtsmärkte veranstaltet.

REISETIPPS

Wenn man im Winter mit dem Auto unterwegs ist, sollte man Winterreifen aufgezogen und Schneeketten im Kofferraum haben.

....

Im Besucherzentrum auf dem Ruhestein erfährt man alles über den Nationalpark Schwarzwald mittels einer interaktiven Ausstellung über seine Landschaften und seine Tierwelt.

....

Wildes Zelten ist verboten, aber man kann von Mai bis Oktober in elf einfachen Trekking-Camps übernachten. Vorab buchen unter trekking-schwarzwald.de.

....

Man sollte sich auf eine Region konzentrieren. Einsamkeit findet man vor allem im Nationalpark Schwarzwald.

ABSEITS DER TOURISTENPFADE

 Steige auf die Hornisgrinde (1164 Meter) und genießen den atemberaubenden Blick auf den Mummelsee, einen von Wäldern umgebenen, saphirblauen Gletschersee.

 Wandere durch stille Wälder auf dem Westweg zu Mooren und Seen. Er beginnt im Nordschwarzwald und führt über 285 Kilometer nach Süden bis Basel.

 Mache eine Langlauftour durch die Hochwälder an der Martinskapelle, der Quelle der Donau. Die Loipen führen bis auf den 1150 Meter hohen Brend.

 **Entdecke die Schwarzwälder Flusstäler** wie das Murgtal und das Kinzigtal – sie wirken wie aus einem Kindheitstraum.

 Schlendere durch die mittelalterlichen Gassen von Freiburg und fahre dann mit der Seilbahn auf den Schauinsland, um die Aussicht auf den Schwarzwald zu genießen.

 Genieße ein römisches Dampfbad oder ein kalt-warmes Wechselbad im Friedrichsbad in Baden-Baden, das seit 2021 als Bedeutende Kurstadt Europas zum Unesco-Welterbe zählt.

Um Uhrzeigersinn von links: Freiburger Altstadt; Freiburger Münstermarkt; Wandern im Schwarzwald ab Freiburger Stadtzentrum

Andrea Philipp
Projektmanagerin,
Aiforia – Agentur
für Nachhaltigkeit &
Partner von Green City
Freiburg

WARUM ICH FREIBURG LIEBE

Ich liebe die kontrastreiche Mischung aus Landschaften und Ökosystemen dieser Region. Die Wanderwege in den Schwarzwald beginnen direkt im Freiburger Zentrum, und Radfahrer und Longboarder teilen sich die „Fahrradautobahnen".

Erlebnisse vor Ort
Mit der Green City Map (greencity.freiburg.de) kann man ganz einfach Freiburgs Nachhaltigkeits-Hotspots erkun- den, vom Öko-Viertel Vauban über das neue Rathaus bis hin zum Bauernmarkt, der an sechs Tagen in der Woche auf dem Münsterplatz stattfindet.

Meine liebste Jahreszeit
Der Herbst ist eine gute Zeit, um den Altweibersommer im Schwarzwald und die reiche Ernte im Rheintal zu genießen. Oder man kommt Anfang Dezember, wenn der erste Schnee fällt.

Andros

EINE INSEL ZUM WANDERN, NICHT ZUM FAULENZEN

Andros ist die zweitgrößte Insel der Kykladen, aber im Gegensatz zu anderen Inseln nicht vom Tourismus abhängig. Die Touristen, die hierher kommen, sind in der Regel Athener, und historisch gesehen ist der Schiffbau hier der wichtigste Wirtschaftszweig. Seit die großen griechischen Reederdynastien im frühen 20. Jahrhundert Niederlassungen in London eröffneten, trägt Andros den Spitznamen „Micra Anglia" (Klein-England). Heute sind die glitzernden Strände, die archäologischen Stätten und das zerklüftete Hochland erfreulicherweise noch immer nicht überlaufen und wenig erschlossen.

Zudem ist Andros ungewöhnlich grün, gesegnet mit ganzjährigen Flüssen und Quellen. Jahrhundertelang waren die Menschen hier Selbstversorger, die *emasies* (Terrassen) bebauten, um Gemüse, Olivenöl, Wein und Kräuter zu produzieren. Die Zeiten haben sich geändert, aber der Gedanke der Selbstversorgung ist geblieben. Auf Andros gibt es jetzt eine lokale Initiative, die das kulturelle Erbe wiederbeleben und die Insel zu einem der besten Wanderziele Griechenlands machen will.

FÜR FANS VON ...

- 🧡 *Kreta*
- 🧡 *Korfu*
- 🧡 *Peloponnes*
- 🧡 *Wandern*
- 🧡 *Antiker Archäologie*
- 🧡 *Untouristischen Tavernen*

Warum nach Andros?

An Andros gibt es viel zu lieben. Es ist eine abwechslungsreiche, bergige Insel mit üppigen Tälern, die von hellblauen Wellen umspült wird. Die elegante Hauptstadt Chora besticht mit ihren neoklassizistischen Villen aus der Zeit der Reeder-Dynastien, und man kann eine Reihe antiker griechischer und venezianischer Stätten sowie teilweise restaurierte alte Wassermühlen besuchen. In vielen schattigen Tavernen wird kaltes Bier, frischer Fisch und Käse serviert: Griechenland von seiner schönsten Seite.

Aber das Beste von allem ist das 2010 von Freiwilligen gegründete Projekt Andros Routes, ein 170 Kilometer langes Netz markierter Wanderwege auf alten Maultierpfaden, Nebenstraßen und gepflasterten *stenes* (die charakteristischen, von Trockensteinmauern gesäumten Wege), das von der Europäischen Wandervereinigung als Leading Quality Trail (der erste auf einer Insel!) klassifiziert wurde. Wer hier wandert, entdeckt nicht nur eine unbekannte Insel, sondern trägt auch dazu bei, sie für künftige Generationen zu bewahren.

ANREISE

Auf Andros, der nördlichsten Kykladeninsel, gibt es keinen Flughafen. Die Fähren vom Hafen Rafina (16 Kilometer vom Athen Flughafen und 32 Kilometer vom Stadtzentrum entfernt) verkehren regelmäßig nach Gavrio auf Andros; von dort fahren sie weiter nach Tinos (1 Stunde 20 Minuten) und Mykonos (2 Stunden 15 Minuten).

WANN AM BESTEN?

März–Mai & September–November

Im Frühling (Wildblumen blühen) und Herbst herrschen hervorragende Wanderbedingungen; dank des milden Klimas kann man es auch im Winter versuchen.

ABSEITS DER TOURISTENPFADE

 Gib dir die Andros Route, die quer über die Insel von Frousei im Norden nach Dipotamata im Süden führt. Plane dafür fünf bis zehn Tage ein.

 Probiere die begehrten Zitronen von Livadia, dem Obstgarten der Insel. Genieße sie als teuflisch süße *glyko tou koutaliou* („Löffelsüßigkeit").

 Besuche Paleopolis, Andros' alte Hauptstadt aus dem 7. Jahrhundert. Es gibt ein tolles kleines archäologisches Museum und einen leeren Strand.

 Erkunde Mühlendörfer wie Frousei und Strapouries oder folge dem Menites-Rundweg von Andros Routes – einst waren auf Andros rund 200 Wassermühlen in Betrieb.

 Wandere zum großen Kloster Zoodochos Pigi. Der Weg von Ano Agios Petros zu diesem kirchlichen Wahrzeichen bietet großartige Ausblicke auf die Westküste.

 Besichtige die alten Turmhäuser in Kapparia und Aidonia, in denen einst die hochgeschätzte Seide von Andros hergestellt wurde.

Oben: Auf Andros warten ausgesprochen hübsche Küstenorte auf die wenigen Touristen, die sich hierher verirren

Olga Karayiannis
Gründerin Andros Research Center & Koordinatorin Andros Routes Project

WARUM ICH ANDROS LIEBE

Der Insel liegt ein Zauber inne, den ich immer noch zu ergründen versuche. Ein Teil ihres Charmes ist die gebirgige Topografie – alles liegt versteckt, man entdeckt ständig neue Landschaften.

Erlebnisse vor Ort
Wandern! Man muss Andros zu Fuß erkunden ... und seine Sinne nutzen: die Kräuter und Blumen riechen, die lokalen Produkte schmecken, die Temperaturwechsel erleben. Auf diese Weise spürt man, wie lebendig Andros ist.

Meine liebste Jahreszeit
Im Frühling leuchten die Farben. Im Herbst ist das Wetter mild und das Licht sanfter. Schwimmen kann man bis Dezember.

Links: Der Dettifoss im Vatnajökull National Park ist eine der Hauptattraktionen Nordislands

Nordisland

AUF DEM ARCTIC COAST WAY ENTLANG DER WENIG BESUCHTEN NORDKÜSTE

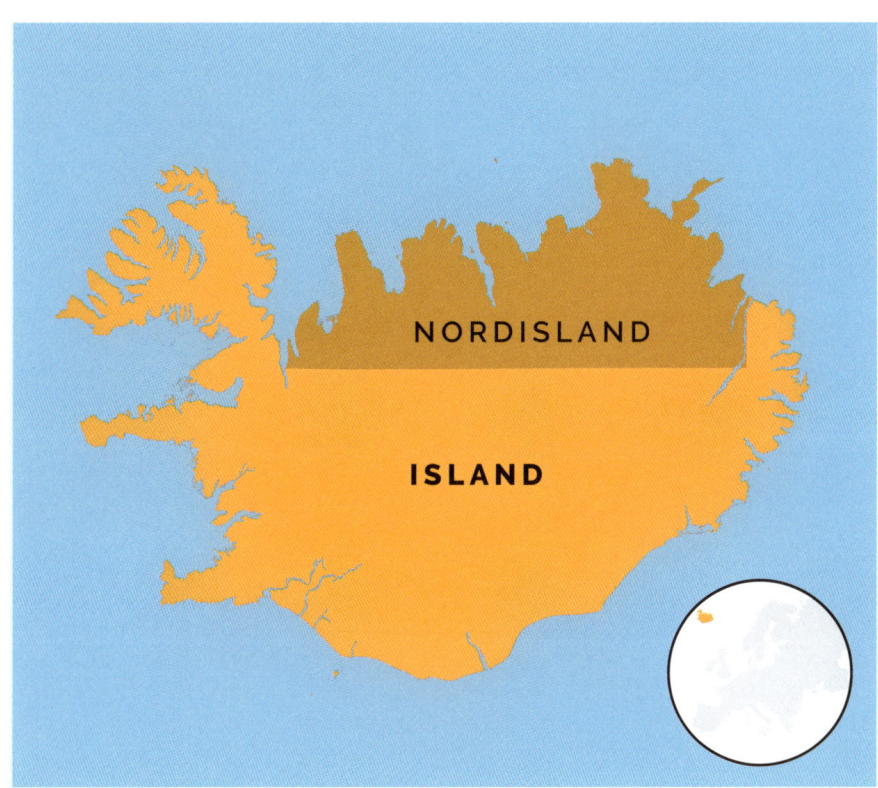

NORDISLAND

ISLAND

So spektakulär die Insel im Atlantik sein mag, sie hat unter ernsthaftem *overtourism* gelitten. Vor der Pandemie kamen etwa zwei Millionen Besucher pro Jahr, mehr als das Fünffache der isländischen Bevölkerung. Tatsache ist aber auch, dass die meisten Besucher Islands nur eine kleine Ecke erkunden. Von der Hauptstadt Reykjavík aus zieht es die Touristen zu den großen Sehenswürdigkeiten wie Gullfoss, dem Geysir Strokkur

und zur Blauen Lagune, vielleicht noch zu den Gletschern von Skaftafell oder den Eisbergen von Jökulsárlón.

Weitaus weniger reisen in den Norden - aber wer es tun, erlebt eine ganz andere Seite Islands. Küstenstraßen, die sich an verlassenen Landzungen vorbeischlängeln; Strände am Ende der Welt, die direkt aus einem Bergman-Film stammen, und geothermische Hotspots mitten im Nirgendwo. Dazu seltsame Städte, merkwürdige Museen, seltsame Lavahöhlen und gespenstische Inseln, auf denen 10 000 Vögel auf einen Menschen kommen. Der Norden erfordert ein wenig Anstrengung und Abenteuergeist, aber es lohnt sich.

FÜR FANS VON ...

- 🧡 *Der Blauen Lagune*
- 🧡 *Wasserfällen*
- 🧡 *Arktischen Küsten*
- 🧡 *Seevögeln*
- 🧡 *Schwarzem Sand*
- 🧡 *Vulkanen*

Warum nach Nordisland?

Auch im Norden gibt es einige beliebte Sehenswürdigkeiten, wie die Wasserfälle Goðafoss und Dettifoss und die Vulkankrater rund um den Mývatn. Wer etwas Ausgefallenes erleben möchte, muss die Ringstraße hinter sich lassen und auf den Arctic Coast Way (arcticcoastway.is) abbiegen, der 2019 eröffnet wurde, um dem *overtourism* auf der Ringstraße entgegenzuwirken. Er umfasst 900 Kilometer zerklüftete Nebenstraßen von Hvammstangi im Westen bis Bakkafjörður im Osten.

Es ist keine Route für schwache Nerven: ein Drittel der Strecke ist Schotterpiste, und viele Abschnitte sind im Winter unpassierbar, sodass man auf jeden Fall einen Allradantrieb benötigt. Unterwegs erlebt man die fast unerforschten Landschaften Islands – schwarze Sandstrände, riesige Felsen, Gletschertäler und abgelegene Dörfer, in die kaum jemand kommt. Allerdings sollte man einkalkulieren, dass man sich ein wenig verirrt. Aber das ist Teil des Spaßes.

ANREISE

Die Nordküste ist von Reykjavik aus in einer langen Tagesfahrt (oder mit dem Bus) zu erreichen. Alternativ kann man auch direkt nach Akureyri, den Hauptort der Region, fliegen und seine Reise dort beginnen.

WANN AM BESTEN?

Mai–Oktober

Im Winter sind viele Abschnitte des Arctic Coast Way unpassierbar, und es gibt wenig Tageslicht. Im Sommer sind die Tage umso länger, und das Wetter ist (relativ) ruhig.

REISETIPPS

Am Mietwagen (Allrad!) unbedingt den Zustand aller Reifen (einschließlich Ersatzrad) prüfen und für alle Fälle einen (vollen) Reservekanister mitnehmen.

....

Eine gute *Straßenkarte* ist unerlässlich: Das Handynetz im Norden Islands ist löchrig.

....

Einen Blick auf die *Wettervorhersage* und in den Straßenzustandsbericht werfen, bevor man losfährt.

....

Wer empfindlich ist, sollte im Hochsommer eine Augenbinde dabei haben, sonst kann einen die *Mitternachtssonne* um den Schlaf bringen.

ABSEITS DER TOURISTENPFADE

 Erforsche das Vesturdalur, das zu den Geheimtipps des Nordens zählt. Die Schlucht Jökulsárgljúfur und der Wasserfall Urriðafossar sind Höhepunkte.

 Beobachte verschiedene Wildtiere auf der Halbinsel Rauðanes. Die abgelegene Landzunge ist ein erstklassiger Ort, um Papageientaucher und Robben zu sehen.

 Bestaune die Vögel auf der Insel Drangey, die sich 180 m hoch aus dem Meer erhebt. Sie wirkt mit ihren Millionen Seevögeln ein wenig wie aus *Die vergessene Welt.*

 Wage dich in Lofthellir unter die Lava, in eine Höhle mit dramatischen Eisformationen in der Nähe des Mývatn. Für den Besuch braucht man einen Guide.

 Besuche die Insel Grimsey, den einzigen Teil Islands nördlich des Polarkreises. Sie ist nur per Kleinflugzeug oder mit einer notorisch wackeligen Fähre erreichbar.

 Tauche ein in den Swimmingpool von Hofsós. Vergiss die Blaue Lagune – das hier ist das spektakulärste Schwimmbad in ganz Island.

Im Uhrzeigersinn von links oben: Papageientaucher; Pool am Atlantik in Hofsó; Jökulsárgljúfur-Nationalpark

Copper Coast

PRÄHISTORIE UND NATURSCHÖNHEITEN IM SÜDIRISCHEN GEOPARK

Die Küste, die hier vor 460 Millionen Jahren durch Vulkanausbrüche entstanden ist, wirkt wie aus dem Morgengrauen der Schöpfung. Anhand der Brandungspfeiler, Felsen und Klippen kann man weit in die Geo-Geschichte unserer Erde zurückblicken. Und von den allerbeliebtesten Sommerwochenenden abgesehen hat man die abgeschiedenen, wellengepeitschten Buchten, die Wanderwege und Küstenwälder weitgehend für sich allein. Jenseits der Strände verweisen prähistorische Dolmen, bronzezeitliche Steinwälle und gespenstische Ruinen aus der Zeit des Kupferbergbaus im 19. Jahrhundert auf die lange und zutiefst geheimnisvolle Vergangenheit dieser Gegend.

Den Wild Atlantic Way, die Straße entlang Irlands sturmgepeitschter Westküste, hat jeder Irlandurlauber auf dem Schirm, aber die Copper Coast im Süden ist genauso schön. Obwohl dieser 25 Kilometer lange Küstenabschnitt zwischen Kilfarrasy und Stradbally 2015 zum Unesco Global Geopark gekürt wurde, ist er weitgehend unbekannt – selbst die meisten Iren können wenig mit seinem Namen anfangen.

FÜR FANS VON ...

- 🧡 *Wild Atlantic Way*
- 🧡 *Der Küste der Grafschaft Kerry*
- 🧡 *Giant Causeway*
- 🧡 *Versteckten Buchten*
- 🧡 *Prähistorischen Stätten*
- 🧡 *Industriekultur*

Warum an die Copper Coast?

Ob man zum Schwimmen, Surfen, Radfahren, Wandern hierherkommt oder um Wale zu beobachten – die ungezügelte Kraft des Atlantiks zieht jeden in ihren Bann. Die Natur zieht hier alle Register, aber man sollte sich auch Zeit nehmen, in die faszinierende Geschichte der Region einzutauchen: zum Beispiel im Copper Coast Geological Garden, wo man Oghamsteine mit frühchristlichen keltischen Schriftzeichen und einen Fluchstein sehen kann (der Legende nach wird der Fluch wahr, wenn man gegen den Uhrzeigersinn um den Stein herumgeht).

An der Küste trifft man auf Dolmen, Ganggräber und die weltweit meisten *promontory forts* (bronzezeitliche Steinwälle), in Tankardstown auf die Reste einer Kupfermine. Aber das ist noch lange nicht alles: Die Comeragh Mountains im Norden der Region sind wild, einsam und wundersam. Mit Farnkraut überwucherte Pfade führen zu den Mahon Falls, wo sich der River Mahon spektakulär auf ein von Gletschern geformtes Plateau ergießt.

ANREISE

Der nächstgelegene Flughafen ist Cork. Fähren aus Wales und vom Kontinent legen in Rosslare, etwa 90 Kilometer östlich, an. Andererseits ist die Copper Coast auch auf ruhigen, wenig befahrenen Wegen von anderen Teilen Irlands aus gut mit dem Fahrrad erreichbar.

WANN AM BESTEN?

April–Oktober

Das irische Wetter ist bekanntermaßen unbeständig, aber vom Frühling bis zum Frühherbst ist es einigermaßen trocken und angenehm warm. Die Winter können nass und neblig sein.

REISETIPPS

Im *Copper Coast Geopark Visitor Centre* in Bunmahon erhält man viele Informationen zur Geo-Geschichte und zum Industrieerbe.

....

Fahrräder im Voraus buchen. The Greenway Man in Dungarvan hat das beste Angebot. Der Greenway ist ein 46 Kilometer langer Radweg entlang ehemaliger Eisenbahnlinien.

....

Im *Tannery in Dungarvan* zaubert Küchenchef Paul Flynn in einer umgebauten Lederfabrik großartige Gerichte. Unbedingt reservieren.

....

Beim Baden und bei Küstenwanderungen unbedingt *auf die Gezeiten achten.* Verlässliche Vorhersagen gibt es auf tideschart. com.

ABSEITS DER TOURISTENPFADE

 Sieh dir die Pipes of Baidhb bei Knockmahon an. Diese polygonalen Säulen aus Rhyolith sind der Giant's Causeway der Copper Coast.

 Unternimm einen Spaziergang über den Strand von Stradbally Cove, wo Vogelgezwitscher aus alten Traubeneichenwäldern erklingt.

 Mache dich mit der Sammlerin und Autorin Marie Power (theseagardener.com) am Strand von Garrarus auf die Suche nach essbarem Seegras.

 Fahre auf der Magic Road zu den Mahon Falls. Sie führt zu einem Feenbaum, wo (aufgrund von Magie oder elektromagnetischen Feldern) die Autos rückwärts bergauf rollen.

 Nimm ein traditionelles Algenbad bei Sólás Na Mara, wo das Meerwasser direkt in die gusseisernen Wannen eines ehemaligen Fischauktionshauses gepumpt wird.

 Mache einen Abstecher nach Ardmore, dem Ausgangspunkt für einen spektakulären Pilgerpfad. Der heilige Declan gründete hier im Jahr 416 ein Kloster.

Marie Power
Meeresgärtnerin,
Sammlerin,
Köchin & Autorin

WARUM ICH DIE COPPER COAST LIEBE

Kajakfahren, in einem Felsenpool baden oder im kristallklaren Wasser schwimmen – die Copper Coast erinnert mich an glückliche Kindheitstage und die Besuche bei meinen Großeltern, die in Stradbally lebten.

Erlebnisse vor Ort
An der Copper Coast wachsen viele verschiedene Algen. Wenn man sie sammelt, kann man viel über das Ökosystem dieser Küste lernen.

Meine liebste Jahreszeit
Das Frühjahr, wenn die Algen zu wachsen beginnen und besonders zart schmecken.

Oben: Die Wanderung zu den Mahon Falls führt durch einsame, wilde Moorlandschaften mit Blick auf die Comeragh Mountains

Die Marken

EINE ZAUBERHAFTE REGION IM SCHATTEN DER TOSKANA

Die Marken sind das Italien, von dem man sich wünscht, man hätte früher davon gehört. Alle schwärmen von der benachbarten Toskana, aber diese Region ist ebenso zauberhaft, mit Weinbergen und Olivenhainen, Zypressen und Mohnfeldern so weich wie ein Aquarell. Auf den sanften Hügeln liegen alte Städte mit Renaissancekunstwerken, verstimmten Glockentürmen und *piazze* für einen gemütlichen Aperitivo. An der Adriaküste fallen die Kalksteinklippen zu schneeweißen Kieselstränden ab, während sich im Westen die schneebedeckten Gipfel des Apennin 2000 Meter hoch über mit Wildblumen übersäte Ebenen erheben.

Auf einer Fahrt durch das Hinterland kommt man durch kleine Bergdörfer mit familiengeführten Trattorien, die regionale Produkte wie Trüffel, Oliven, Wildschwein, Salami und Wein für ausgedehnte Mittagspausen bereithalten. Die Tage vergehen zum Zirpen der Zikaden in verträumten *agriturismi* oder in prächtigen *palazzi*, die an einigen der schönsten Plätze Italiens stehen. Ein italienischer Traum? Ja. Aber nicht weitersagen …

FÜR FANS VON …

- 🧡 *Toskana*
- 🧡 *Florenz*
- 🧡 *Mittelalterlichen Bergorten*
- 🧡 *Kunst der Renaissance*
- 🧡 *Leben auf der Piazza*
- 🧡 *Abgelegenen Bergpfaden*

Warum in die Marken?

Der Parco Nazionale dei Monti Sibillini mit dem 2476 Meter hohen Monte Vettore ist der höchste Punkt einer in vielerlei Hinsicht außergewöhnlichen Region Italiens – egal, ob sie sich im Winter unter einer Schneedecke versteckt oder sich im Frühling in einen Teppich aus Wildblumen kleidet. Weiter östlich gehen die Berge in die Adriaküste über, wo der Parco del Conero mit ruhigen Pfaden lockt, die sich durch Weinberge und bewaldete Klippen schlängeln, bis sie in Buchten mit weißen Kieseln abfallen.

Die Hügelstädte der Marken sind trotz ihres offensichtlichen Charmes selten überlaufen, sei es Urbino, die Geburtsstadt Raffaels, mit seiner Architektur und Kunst aus der Renaissance oder das mittelalterliche, mit vielen *palazzi* gesegnete Macerata, das für seine Opernfestspiele bekannt ist. Und nur wenige italienische Städte können mit Ascoli Piceno mithalten, wenn es um den schönsten Platz von allen geht. Seine Piazza del Popolo ist eine harmonische Vision mit Säulengängen aus hellem Travertin, die aussieht, als wäre sie von den Engeln selbst gebaut worden.

ANREISE

In Ancona gibt es einen internationalen Flughafen, der von einer Reihe Billigfliegern bedient wird. Die Stadt verfügt auch über gute Zugverbindungen zu anderen Städten in Italien und ins europäische Ausland. Um die abgelegenen Teile der Region zu erreichen, benötigt man ein Auto.

WANN AM BESTEN?

März–Oktober

Von den Küstenorten abgesehen kann man hier auch im Hochsommer Ruhe finden. Aber es kann heiß werden. Das späte Frühjahr (Wildblumen am Piano Grande) und der frühe Herbst (Herbstlaub, Trüffel und Kastanienspezialitäten) sind vorzuziehen.

ABSEITS DER TOURISTENPFADE

 Tauche in der Grotte di Frasassi, einem der größten Höhlensysteme Europas, in einen ganzen Wald aus Stalaktiten und Stalagmiten ein.

 Besuche den Strand von Sirolo, eine halbmondförmige Sand- und Kieselbucht, umgeben von bewaldeten Klippen und duftender *macchia*.

 Wandere durch die stillen Berge bei Montefortino. Einer der denkwürdigsten Wanderwege führt durch die Gola dell'Infernaccio (Höllenschlucht).

 Werde Zeuge, wenn im späten Frühling die Wildblumen auf dem Piano Grande erblühen, einer 1270 Meter hoch gelegenen Karstebene in der östlichen Ecke der Region.

 Verirre dich in den mittelalterlichen Gassen von Sarnano. Diese Stadt, die sich einen steilen Hügel hinunterzieht, ist nie fotogener als in der späten Nachmittagssonne.

 Folge den Pilgern nach Loreto, wo eine mit Juwelen besetzte schwarze Statue der Jungfrau Maria die Menschen anzieht.

Oben: Die sanften Hügel der Marken sind von klassischen Weinbergen, Olivenhainen und blühenden Feldern durchzogen

Treviso

DIE ALTERNATIVE ZUR SERENISSIMA, 20 MINUTEN NÖRDLICH VON VENEDIG

Jahrhundertelang hat Treviso im Schatten seines berühmten Nachbarn Venedig existiert. Während die Serenissima heute mit Überschwemmungen, aufdringlichen Kreuzfahrtschiffen und rund 30 Millionen Touristen pro Jahr kämpft, zieht Treviso lediglich 350 000 Besucher an, die sich freuen, dieses Juwel Venetiens entdeckt zu haben. Auf einem Spaziergang von der Piazza dei Signori zu den alten Stadttoren entdeckt man prächtige Renaissance- und Barockpaläste, romantische Kanäle und stille Museen mit Meisterwerken von Tizian, Tintoretto und Tiepolo.

In dieser entspannten Stadt gibt es keine Menschenmassen - abgesehen vom Aperitivo am frühen Abend, wenn sich alle auf einen Spritz oder ein kühles Glas Prosecco treffen. Wie Mailand ist auch Treviso für seine Mode bekannt, denn hier sind die Weltmarken Benetton, Diesel, Replay und Geox zu Hause. Venedig kann man natürlich trotzdem besuchen, und auch die Badeorte Jesolo und Lignano, die Skipisten von Cortina oder die idyllische Prosecco-Region sind nicht weit entfernt.

FÜR FANS VON ...

- 🧡 *Venedigs Kanälen*
- 🧡 *Tiramisu*
- 🧡 *Straßenmärkten*
- 🧡 *Prosecco*
- 🧡 *Italienischer Mode*
- 🧡 *Rugby & Basketball*

Warum nach Treviso?

Das unwiderstehliche Venedig ist nur 20 Zugminuten entfernt und eignet sich perfekt für einen Tagesausflug. Gegen Abend lässt man die Menschenmassen gerne hinter sich und kehrt in sein charmantes B&B in Treviso zurück, genießt ein Abendessen in einer Trattoria und schlemmt lokale Spezialitäten wie Perlhuhn mit Granatapfel. Nicht fehlen darf ein Tiramisu, das hier erfunden wurde. Die Preise sind immer angemessen, und abgezockt wird hier keiner.

Trevisos Wurzeln reichen bis in die Römerzeit zurück. Im kürzlich renovierten Kloster Santa Caterina werden Ausstellungen alter Meister gezeigt, während in der Casa dei Carraresi moderne Kunst zu sehen ist. Morgens bietet die *pescheria*, der Fischmarkt, unter freiem Himmel ein lärmendes Spektakel, während sich Modebegeisterte in die Via Calmaggiore begeben, die von schicken Boutiquen gesäumt wird. Sportfans können hochkarätige Rugby- und Basketballspiele verfolgen, und anders als in Venedig gibt es hier ein pulsierendes Nachtleben.

ANREISE

Treviso hat einen eigenen kleinen Flughafen, der bei Billigfliegern beliebt ist. Der internationale Flughafen Marco Polo in Venedig liegt eine 30-minütige Busfahrt entfernt. Für Reisende aus anderen Teilen Italiens ist Treviso auch gut mit dem Zug erreichbar.

WANN AM BESTEN?

Das ganze Jahr über

Treviso ist ein echtes Ganzjahresziel. Es eignet sich besonders gut als Basis für den Karneval in Venedig im Februar, da man so die völlig überhöhten Hotelpreise in der Serenissima vermeiden kann.

REISETIPPS

Auf dem großen Straßenmarkt von San Tomaso am Samstagmorgen kann man <u>Vintage- und Zweite-Wahl-Mode</u> der großen Modehäuser ergattern.

....

Aperol Spritz trinken nur die Touristen. Einheimische bestellen <u>Spritz al Bitter</u>, gemischt aus Campari, Weißwein und Selters, niemals Prosecco.

....

Das Teatro Mario Del Monaco, Trevisos kleines Opernhaus aus dem 18. Jahrhundert, ist der perfekte Ort, um eine Aufführung von <u>Rigoletto oder Tosca</u> zu sehen.

....

Die <u>Weinberge und Weingüter</u> in den zum Unesco-Weltkulturerbe gehörenden Prosecco-Hügeln besichtigt man am besten mit einer geführten Tour.

ABSEITS DER TOURISTENPFADE

 Spaziere auf den 500 Jahre alten Stadtmauern durch das Herz des historischen Treviso, vorbei am grasbewachsenen Stadtgraben.

 Unternimm eine gemütliche Radtour am malerischen Fluss Sile, denn Treviso ist eine echte Fahrradstadt. Nimm dir etwas für ein Picknick am Wasser mit.

 Plane einen Abstecher zur zauberhaften Villa di Maser, einer prachtvollen palladianischen Villa mit Trompe-l'œil-Fresken von Paolo Veronese aus dem 16. Jahrhundert.

 Entdecke das wenig bekannte Museo Collezione Salce mit seiner Sammlung alter Werbeplakate für Marken wie Martini, Campari, Vespa und Ferrari.

 Bewundere im abgelegenen Priesterseminar Chiesa San Nicolò die Fresken von Tommaso da Modena, einem Zeitgenossen von Giotto.

 Mache einen morgendlichen Spaziergang am romantischen Buranelli-Kanal, vorbei an einem mittelalterlichen Bogengang, der von Renaissancepalästen gesäumt wird.

Oben: Wie Venedig hat Treviso viel Wasser, das von hübschen Brücken überspannt wird, aber weit weniger Touristen

Alfredo Sturlese
Besitzer der legendären Trattoria Toni del Spin aus den 1930er-Jahren

WARUM ICH TREVISO LIEBE

Treviso ist eine kleine, menschliche Stadt, in der man alles zu Fuß oder mit dem Fahrrad erreicht. Dennoch haben wir hier tolle Museen, Parks und schicke Geschäfte. Nur ohne den Stress.

Erlebnisse vor Ort
In einer traditionellen Osteria sollte man mit den freundlichen Menschen an der Bar ein Glas Prosecco schlürfen und ein traditionelles Gericht wie unsere Polenta mit Kabeljau probieren.

Meine liebste Jahreszeit
Von Herbst bis Jahresende. Dann feiern wir unser berühmtes Radicchio-Festival (normalerweise im November). Zum dreiwöchigen Weihnachtsmarkt kommt jeden Abend die ganze Stadt zusammen.

Luxemburger Weinstraße

WESTEUROPAS GEHEIMTIPP FÜR LIEBHABER AUSSERGEWÖHNLICHER WEINE

Wenn man an Wein denkt, fällt einem Luxemburg nicht sofort ein, dabei werden am großherzoglichen Moselufer schon seit der Römerzeit Trauben kultiviert. Heute produzieren etwa 55 unabhängige Winzer auf 40 Kilometern entlang der Mosel Qualitätsweine, viele davon nach biologisch-dynamischen Kritierien. Zwischen zwei Weinproben kann man auf einen altmodischen Dampfer aufspringen, das schrullige Weinmuseum „A Possen" besuchen und bei Wäistuff lecker essen oder in handwerklichen Brennereien sagenhafte Obstbrände probieren. Und all das ohne die Reisebusse, die auf der deutschen Seite im Stau stehen.

Luxemburg ist klein und bietet sich deshalb für einige kurze Abstecher an. Das mittelalterliche Echternach ist das Tor zum Mullerthal Trail, wo man in der „Luxemburger Schweiz" wandern und klettern kann. Auch die Stadt Luxemburg mit ihrer uneinnehmbaren Burgfestung, die auf einem hoch aufragenden Felsvorsprung thront, ist durchaus einen Abstecher wert.

FÜR FANS VON ...

- 🧡 *Weingut-Touren*
- 🧡 *Flusskreuzfahrten*
- 🧡 *Gourmetpicknicks*
- 🧡 *Wandern in der Natur*
- 🧡 *Handwerklich hergestelltem Schnaps*
- 🧡 *Moselwein*

Warum an die Luxemburger Weinstraße?

Im Gegensatz zu den deutschen Weinen vom rechten Moselufer sind luxemburgische Moselweine kaum bekannt, bieten aber bemerkenswerte Qualität und ein gutes Preis-Leistungs-Verhältnis. Hier wachsen die Trauben auf terrassierten Steilhängen, und die luxemburgischen Winzer könnten nicht freundlicher sein. Zu den Highlights zählen die Domaine Kox und die Caves Saint-Martin in Remich sowie das familiengeführte Maison Schmit-Fohl in Ahn. Viele Weingüter der Region bieten Verkostungen an, und in den malerischen Winzerdörfern kann man gut essen und hübsch übernachten.

Tagsüber erkundet man den Fluss, wandert oder radelt durch Weinberge und unberührte Wälder. Zur Mittagszeit entdeckt man in Landgasthöfen Spezialitäten wie *kniddelen* (Knödelchen mit cremigen Waldpilzen oder Speck), die perfekte Ergänzung zum aromatischen Müller-Thurgau, eleganten Pinot Noir oder gehaltvollen Gewürztraminer. Und zum Aperitif bei Sonnenuntergang gibt es hier keinen Prosecco, sondern köstlichen einheimische Schaumwein namens Crémant.

ANREISE

Luxemburg-Stadt hat einen internationalen Flughafen und TGV-Anschluss nach Paris, Brüssel, Amsterdam und Frankfurt. Innerhalb des Landes sind alle öffentlichen Verkehrsmittel kostenlos. Vom zentralen Terminal in Luxemburg-Stadt fährt man mit dem Bus in 50 Minuten nach Remich, Luxemburgs Weinhauptstadt. Oder man mietet ein Fahrrad und radelt die 25 Kilometer.

WANN AM BESTEN?

April – Oktober

Die Moselregion ist zu jeder Zeit einen Besuch wert, von den ersten Knospen des Frühlings über den warmen Sommer, wenn die Rebstöcke schwer mit Trauben behangen sind, bis hin zu den goldenen Farben des Herbstes.

REISETIPPS

Der Oktober ist eine gute Reisezeit, weil die Winzer dann die anstrengende Weinlese hinter sich haben.

....

Zu einer Weinprobe sollte man sich immer telefonisch anmelden. Einheimische begrüßen sich mit Moien – und zwar morgens, mittags und abends.

....

Beim Wandern ist gutes Kartenmaterial wichtig. Die Pocketguides, die in den Touristenbüros oder unter visitmoselle.lu/de/shop erhältlich sind, enthalten QR-Codes für GPX-Dateien, die man auf sein Mobiltelefon laden kann.

....

Eine Alternative zur klassischen Flusskreuzfahrt ist La Péniche Vintage, ein Retro-Kahn, der in Remich ablegt und Verkostungen und Vintage-Produkte anbietet.

ABSEITS DER TOURISTENPFADE

 Folge dem Trois-Rivières-Weg (PC3), dem 40 Kilometer langen Mosel-Radweg von Schengen bis Wasserbillig, und mache in Weinkellern, Landgasthöfen und Dörfern Station.

 Gönne dir einen Wellness-Aufenthalt in Mondorf-les-Bains, einem malerischen Kurort aus dem 19. Jahrhundert mit Thermalbäder, Hamam und Massagen.

 Schippere mit einem Elektroboot von Remich aus über die Mosel – Führerschein nicht erforderlich. Der Verleih bietet auch SUPs an, mit denen man in abgelegene Ecken gelangt (wateradventures.lu).

 Wandere auf dem Wein- und Naturpfad Palmberg Ahn, einem Rundweg durch das Naturschutzgebiet Palmberg mit bewaldeten Schluchten, Wasserfällen und Klippen.

 Mache einen Abstecher zum Château de Clervaux in den Ardennen, wo eine bewegende Ausstellung über die verheerende Ardennenoffensive, den letzten Feldzug des Zweiten Weltkriegs, zu sehen ist.

Im Uhrzeigersinn von links oben: Luftaufnahme der Mosel; reife Trauben vor der Lese im Oktober; Weinberge bei Remich

Delft

DIE RUHIGE ALTERNATIVE ZU AMSTERDAM MIT MEHR GRACHTEN ALS TOURISTEN

volk wie in Amsterdam gibt es hier nicht. Als Universitätsstadt ist Delft keineswegs ruhig, aber es ist geht unbestreitbar friedlicher zu als in den großen Tourismuszentren der Niederlande.

Um das in Zahlen auszudrücken: Delft hat nur fünf Prozent der Touristen von Amsterdam, bietet aber eine viel charmantere, unverfälschte Seite des niederländischen Lebens. Grachten säumen die Straßen, die sich um einen zentralen Marktplatz mit dem Rathaus gruppieren, und das Nachtleben spielt sich in Cafés ab, in denen der Kaffee im Vordergrund steht, oder in gemütlichen *bruin cafes*, braunen Cafés, wie die Niederländer ihre traditionellen Kneipen nennen.

Die alte niederländische Stadt Delft zieht viele Tagesausflügler von Rotterdam und Den Haag an. Die stimmungsvollsten Stunden des Tages, den frühen Morgen und den Abend, überlassen sie jenen, die über Nacht bleiben. Zu bestimmten Tageszeiten fühlt man sich in der Heimat von Johannes Vermeer und dem Geburtsort der Delfter Töpferwaren wie in einem Gemälde aus dem Goldenen Zeitalter, denn lärmendes Party-

FÜR FANS VON ...

🧡 *Amsterdam, Niederlande*
🧡 *Brügge, Belgien*
🧡 *Kanälen*
🧡 *Kneipen*
🧡 *Kaffeehauskultur*
🧡 *Architektur und Geschichte*

Warum nach Delft?

Delft wirkt ein wenig wie Amsterdam *en miniature* – Grachten, traditionelle holländische Architektur, interessante Museen, lebendige Kaffeehauskultur und viel Geschichte – das Einzige, was fehlt, sind die Touristen. In den Museen kann man Vermeers und Delfter Porzellan bewundern, ohne von einer Flut von Menschen mitgerissen zu werden, und nach einem entspannenden Abendessen kommt man in sein Hotel zurück, ohne sich mit betrunkenen zukünftigen Ehepaaren herumschlagen zu müssen.

Historisch gesehen ist Delft eng mit dem Haus Oranien-Nassau verbunden. Hier wurde Wilhelm von Oranien 1584 als erster politischer Führer mit einer Handfeuerwaffe ermordet. Viele seiner Nachfolger liegen in der Nieuwe Kerk begraben. Delft wurde jedoch von Amsterdam, Rotterdam und Den Haag in den Schatten gestellt, was die unverdorbene Atmosphäre der Stadt erklärt.

ANREISE

Der internationale Flughafen von Rotterdam liegt nur zwölf Kilometer von Delft entfernt. Von den größeren niederländischen Städten wie Rotterdam, Amsterdam und Den Haag ist Delft ganz einfach mit der Bahn zu erreichen, in Den Haag kann man sogar die Straßenbahn nach Delft nehmen.

WANN AM BESTEN?

März–Mai

Im Sommer ist das Wetter am besten, um alles Mögliche im Freien zu unternehmen, aber im Frühjahr kommen weit weniger Tagesbesucher aus Amsterdam. Die relativ trockenen Monate April und Mai, wenn die Frühlingsblumen blühen, sind für einen Besuch besonders attraktiv.

REISETIPPS

Unter der Woche kommen. An Wochenenden (und während der Schulferien) ist immer mehr los.

....

Donnerstag ist Markttag. Delft hat gleich drei davon: einen Antiquitätenmarkt, einen Blumenmarkt und einen Lebensmittelmarkt.

....

Nicht mit dem Auto anreisen. Im historischen Zentrum werden pro Tag mindestens 29,50 € fällig, und stundenweises Parken ist nicht möglich.

....

Wer ohnehin in den Niederlanden unterwegs ist und einen Tagesausflug nach Delft plant, kann Umweltbewusstsein beweisen und die Radwege von Den Haag (elf Kilometer nordwestlich) und Rotterdam (28 Kilometer südöstlich) nutzen.

ABSEITS DER TOURISTENPFADE

 Stehe früh auf und unternimm einen Spaziergang, bevor du in einem Straßencafé deinen Morgenkaffee trinkst.

 Probiere *oliebol* (holländische Donuts), *boterkoek* (Butterkuchen) und leckere *broodje* (Sandwiches) in einer traditionellen Delfter Bäckerei.

 Steige im späten Nachmittagslicht auf den Turm der Nieuwe Kerk und genieße den Blick über die Dächer der Stadt.

 Entdecke bei einem Spaziergang durch die Straßen, was Johannes Vermeer und andere Künstler der Delfter Schule inspiriert hat, bevor du dich im Vermeer Centrum Delft ausführlich mit dem Leben und Wirken des Künstlers beschäftigst.

 Radele mit einem Mietrad durch die Landschaft südwestlich der Stadt, die sich im Vergleich zu den Szenen auf den Delfter Porzellanwaren gar nicht so sehr verändert hat.

Oben: Alles wie in Amsterdam – Grachten, Backsteinhäuser und Kaffeehauskultur –, nur keine Partytouristen

Nordmazedonien

EUROPAS LETZTE TERRA INCOGNITA LIEGT AUF DEM BALKAN

Zwischen dem riesigen Ohridsee und dem Prespasee gibt es in Nordmazedonien mehr Wassertourismus, als man denkt.

Große Teile des Landes werden von Schluchten und Bergen geprägt, wo man in wenig besuchten Nationalparks auf ruhigen Wanderwegen zu Dörfern aus der osmanischen Zeit gelangt, in denen gemeinschaftlicher Tourismus praktiziert wird. Die komplexe Vergangenheit Nordmazedoniens mit seinem griechischen, römischen, osmanischen und jugoslawischen Erbe ist einzigartig. Diese tief reichenden Wurzeln kann man in den Museen von Skopje, einer der verrücktesten und orginellsten Hauptstädten Europas, ergründen.

Kroatien wird alljährlich von 16 Millionen ausländischen Touristen besucht, Albanien immerhin noch von drei Millionen. Demgegenüber nehmen sich die 120 000 Besucher, die Nordmazedonien 2020 verzeichnete, eher bescheiden aus. Zweifellos mindert der Status als Binnenland die Attraktivität für den Massenmarkt, wenngleich man sich am schönen Kiesstrand des mittelalterlichen Ohrid wie am Meer fühlen kann.

FÜR FANS VON …

- 🧡 *Montenegro & Kroatien*
- 🧡 *Mittelalterlichen Kirchen*
- 🧡 *Osmanischer Architektur*
- 🧡 *Muslimischem Erbe in Europa*
- 🧡 *Schrägen Hauptstädten*
- 🧡 *Slow Food*

Warum nach Nordmazedonien?

Köstlicher gebratener Fisch am Seeufer und Bootsausflüge zu fresken-verzierten byzantinischen Kirchen. Die Stadt, nach welcher der Oh-ridsee benannt ist, ist eine echte Schönheit und ihre Klippenkirche Sveti Jovan das meistfotografierte Gebäude des Landes. Nordmazedonien ist nur versierten Touristen ein Begriff und verströmt, vom Juli und August ab-gesehen, viel ungebändigte Kraft.

Je weiter man sich von Ohrid entfernt, desto spärlicher wird die touristi-sche Infrastruktur. In den Bergdörfern des Bab- und Shar-Gebirges in der Grenzregion zu Albanien, Kosovo und Griechenland trifft man auf famili-engeführte Gästehäuser, in denen alles zu Schnäppchenpreisen zu haben ist. Viele verwöhnen ihre Gäste mit traditionellen Rezepten, hausgemach-tem Frucht-*rakija* und Käse und Honig auf selbst gebackenem Brot. In der kleinen Weinregion Tikveš in der Landesmitte gedeihen wenig bekannte Trauben auf Rebstöcken aus dem 19. Jahrhundert. Und in den östlichen Randgebieten des Landes hat man von Tourismus noch nie etwas gehört.

ANREISE

Eine Handvoll Billigfluggesellschaften fliegt Ohrid direkt aus dem europäischen Aus-land an, aber der wichtigste internationale Flughafen befindet sich in der Hauptstadt Skopje. Die Einreise aus den Nachbarlän-dern ist relativ problemlos, lediglich die Grenzbeziehungen zu Griechenland ge-raten bisweilen unter Druck, weshalb man aktuelle Informationen einholen sollte.

WANN AM BESTEN?

Mai–September

Im späten Frühling und im Sommer ist das Wetter am besten. Im Juli/August kann es im Flachland bis zu 40 °C heiß werden. In den Bergen, die Höhen über 2500 Meter er-reichen, kann es das ganze Jahr über nachts kühl werden.

REISETIPPS

Eine gute, alte Straßenkarte ist in Nordmazedonien unerlässlich: Die GPS-Abdeckung ist extrem löchrig, eingefleischte Tech-Freaks landen schnell in der Sackgasse.

. . . .

Die mazedonische Sprache bedient sich des kyrillischen Alphabets. Am besten lädt man sich Google Translate herunter, um mit der Ka-merafunktion wenigstens Schilder entziffern können.

. . . .

Nordmazedonische Lebens-mittel sind ein Hochgenuss. Man sollte Platz im Gepäck lassen für getrocknete Bergkräutertees, frische Paprikaschoten, Honig und mindestens ein Glas köstlichen Ajvar, den traditionellen rauchi-gen Dip vom Balkan, die zu fast allem passt.

ABSEITS DER TOURISTENPFADE

 Erkunde die schrullige Hauptstadt Skopje mit ihrer Altstadt aus osmanischer Zeit, riesenhaften Kriegerstatuen, Brunnen und neoklassizistischen Museumsbauten.

 Spaziere in Ohrid bis zur Klippenkirche Sveti Jovan. Mache eine Pause am Seeufer mit gebratenem Fisch und fahre dann mit dem Boot zurück.

 Übernachte im Kloster Sveti Jovan Bigorski im Mavrovo-Nationalpark. Dieser byzantinische Konvent aus dem Jahr 1020 ist immer noch in Betrieb.

 Wandere oder paddele durch den Matka-Canyon. Übernachte im Canyon Matka Hotel, dann hast du die Schlucht bei Tagesanbruch ganz für dich allein.

 Probiere einheimische Produkte in Dihovo, einem hübschen Dorf im Pelister-National-park, in dem die Bergpfade direkt vor der Haustür beginnen.

 Bezeuge deinen Respekt in der bunten Moschee von Tetovo – ein Relikt aus der muslimischen Vergangenheit Europas, die nur selten von Touristen besucht wird.

Oben: Ohrid mit seinen römischen Ruinen und byzantinischen Kirchen ist das touristische Aushängeschild Nordmazedoniens

Links: Der zackige
Gipfel des Berges
Segla erhebt sich
über der arktischen
Insel Senja

Senja

NÄHER AN DER ARKTIS UND MINDESTENS SO SPEKTAKULÄR WIE DIE LOFOTEN

Senja ist der Ort, an dem Gott sich ein bisschen ausgetobt hat. Granitberge erheben sich über weißen Sandstränden an einem Meer, das von Türkis zu Saphirblau wechselt. Die Felsen ähneln großen Meeresbewohnern aus der Tiefe. Die Wälder sind dicht und uralt - fast wie aus der Urzeit. Spektakulär? Und wie! Und warum hat man noch nie von diesem Stückchen Norwegen gehört? Wahrscheinlich weil die unmittelbar südlich gelegenen Lofoten alle Aufmerksamkeit auf sich ziehen.

Wer einmal da war, wird Senja nicht mehr vergessen. Es ist ein Ort von brutaler Schönheit, nicht ganz von dieser Welt, mit von Gletschern geschliffenen Gipfeln und cremefarbenen Stränden, die dem wilden Atlantik trotzen. Man kommt hierher, um entlang der Klippen zu wandern, Kajak zu fahren und die Polarlichter zu beobachten, oder man lässt sich in einem Holzschindel-Haus in einem Fischerdorf nieder, beobachtet, wie sich die Wale der Küste nähern, und wartet, bis der erste Schnee die Landschaft überzuckert.

FÜR FANS VON ...

- 🧡 *Lofoten*
- 🧡 *Arktischer Wildnis*
- 🧡 *Polarlichtern & Mitternachtssonne*
- 🧡 *Frisch gefangenen Meeresfrüchten*
- 🧡 *Dramatischen Felslandschaften*
- 🧡 *Romantischen Fischerdörfern*

Warum nach Senja?

Auf Norwegens zweitgrößter Insel herrscht noch echte Stille, und das Leben bewegt sich in längst vergessenen Rhythmen im Einklang mit der unberührten arktischen Umwelt. In naher Zukunft soll Senja zum zertifizierten „nachhaltigen Reiseziel" gemacht werden.

Auf Senja, 350 Kilometer nördlich des Polarkreises, diktieren die scharf abgegrenzten Jahreszeiten den Tagesablauf. Wer im Sommer kommt, kann herrliche Küstenwanderungen unternehmen, in Festrumpfschlauchbooten aufs Meer hinausfahren, um Papageientaucher, Schweinswale und Seeadler zu beobachten oder riesige Kabeljaue zu angeln. Die knorrigen, 600 Jahre alten Kiefernwälder des Ånderdalen-Nationalparks sind ebenfalls einen Besuch wert. Der Winter, sagen viele, hat eine noch magischere Kraft. Man paddelt zu den kleinen Inseln hinaus, um ungestört die Polarlichter zu beobachten, geht auf Ski- oder Hundeschlittentour, oder man trifft sich, um Schwert- und Buckelwale zu beobachten, die sich zur Laichzeit über die Kabeljaue hermachen

ANREISE

In Tromsø befindet sich der nächstgelegene internationale Flughafen. Er wird von Norwegian Airlines bedient und bietet einige Direktflüge ins europäische Ausland. Oder man fährt mit der Bahn nach Narvik und nimmt dort den Bus nach Senja (von Finnsnes gibt es eine Straßenverbindung zum Festland). Fähren verbinden Finnsnes mit Tromsø und Harstad.

WANN AM BESTEN?

Juni–September & Dezember–April

An den endlosen Sommertagen macht Camping, Kajakfahren und Wandern Spaß. Im Winter bietet Senja Schnee, eisige Kälte, Polarlichter und hervorragende Bedingungen für Ski- und Hundeschlittentouren.

REISETIPPS

Die Unterkünfte auf Senja sind in der Regel <u>*klein und familiengeführt.*</u> *Husøy an der Nordküste ist wohl das schönste Fischerdorf. Hamn und Mefjordvær haben auch ihren Reiz.*

. . . .

<u>*Auch das Landesinnere Senjas ist reizvoll.*</u> *Hinter der spektakulären Westküste erwarten einen stille Birkenwälder, Moore und Seen.*

. . . .

Ohne <u>*hochwertige Outdoor-Kleidung,*</u> *feste Stiefel und Regenjacke geht es nicht; Mückenschutz im Sommer, Arktisausrüstung im Winter.*

. . . .

Kanu-Wanderungen sind eine großartige Möglichkeit, um die Fjorde, Halbinseln und Inseln zu erkunden. Boote sind überall erhältlich, und <u>*Zelten ist erlaubt.*</u>

ABSEITS DER TOURISTENPFADE

 Erkunde den Ånderdalen-Nationalpark. Seine unberührten Wälder und Gipfel sind ein Paradies für Elche, Rentiere und Vögel wie den Schwarzkehltaucher.

 Gehe auf eine Expedition. Basecamp Senja (basecampsenja.no) entführt dich in die Wildnis mit Walsafaris, Polarlichtsafaris und Hundeschlittentouren durch die Fjorde.

 Sieh dir die Insel von oben an, vom messerscharfen Gipfel des Segla, einer Felsnadel, die sich 640 Meter über den tiefblauen Mefjord erhebt.

 Besuche den Strand von Ersfjord, eine sensationell schöne Bucht vor grünen Bergen, oder Bøvær im Bergsfjord mit seinen 98 Inselchen.

 Lasse dich von der Aussicht auf Okshornan überwältigen, eine Bergkette, die wie abgebrochene Zähne den Ersfjord und das tosende Meer überragt.

 Fahre mit dem Auto oder Fahrrad auf der Scenic Route Senja, die über 102 Kilometer von Gryllefjord nach Botnhamn führt. Die Ausblicke sind nicht von dieser Welt.

Oben: Arktische Sonnenuntergänge tauchen die schneebedeckten Fjorde von Senja in zauberhaftes Licht

Tatra

RUHIGE SKIPISTEN UND SEHENSWERTE KULTUR IN POLENS SÜDEN

POLEN

DEUTSCH-LAND

RUSSLAND   LITAUEN

BELARUS

TSCHECHIEN

Tatra

UKRAINE

SLOWAKEI

auf Murmeltiere oder Gämsen trifft. Die Gämsenpopulation hat sich dank der Bemühungen eines lokalen Schutzprojekts deutlich erhöht.

In Polen ist die Tatra ein beliebtes Sommerziel. Wenn man im Winter auf den 274 Kilometer langen Wanderwegen mit Schneeschuhen oder Langlaufskiern unterwegs ist, begegnet man kaum jemandem. Am Rand der Berge liegt Zakopane, ein quirliger Skiort, den man aber alleine wegen seiner vielen fröhlichen und vergleichsweise günstigen Bars und Restaurants nicht links liegen lassen sollte. Am besten mietet man sich außerhalb der Stadt in einer gemütlichen Unterkunft ein, wo man die Abenteuer des Tages Revue passieren lässt.

Polen ist außerhalb des Landes als Winterreiseziel so gut wie unbekannt, bietet aber eine preiswerte Alternative zu Urlaubszielen in den Alpen. Das im äußersten Süden gelegene Tatra teilt sich das Land mit der Slowakei. In beiden Ländern wurde das Gebirge zum Nationalpark erklärt, zusammen bilden sie ein Unesco-Biosphärenreservat. Hier leben scheue Braunbären, Luchse und Wölfe, wahrscheinlicher ist es, dass man

FÜR FANS VON …

♥ *Skifahren & Snowboarden*
♥ *Urlaub in den Bergen*
♥ *Volkskultur*
♥ *Winterwanderungen*
♥ *Großartigen Bergblicken*
♥ *Deftiger Küche*

Warum in die Tatra?

Winterurlaub in Polen ist nach wie vor sehr preiswert. Skipässe sind rund halb so teuer wie in Österreich oder der Schweiz, und auch für Après-Ski und Unterkunft muss man nicht tief in die Tasche greifen. In Zakopane entstehen immer wieder neue Hotels, schöner und authentischer nächtigt man aber in Häusern wie dem Tatra Wood House oder der Villa Dorota, beide außerhalb der Stadt, oder im Hotel Bukovina, das ganz von Wald umgeben ist.

Die Tatra ist auch die Heimat der Goralen, der „Hochlandbewohner", einer ethnischen Gruppe mit einer einzigartigen Kultur, die noch sehr lebendig ist. Die unlängst renovierte Villa Koliba ist ein schönes Beispiel für den unverwechselbaren „Zakopane-Stil" und beherbergt ein außergewöhnliches Museum für Volkskunst. Der örtliche Anbieter BazaTatry (bazatatry.com) bietet Touren an, bei denen man mehr über das Leben der Goralen erfahren kann, außerdem Winteraktivitäten wie Skikurse, Schlittenfahrten und Schneeschuhwandern.

ANREISE

Zakopane – das Tor zur Tara – liegt zwei Autostunden südlich von Krakau und seinem internationalen Flughafen, der von vielen europäischen Städten angeflogen wird. In Krakau stehen auch regelmäßig verkehrende Busse und Züge für die Weiterreise nach Zakopane zur Verfügung.

WANN AM BESTEN?

Dezember–März

In der Tatra liegt den ganzen Winter über Schnee. Kultureller winterlicher Höhepunkt ist der Karneval der Goralen im Februar, die Skisaison dauert bis in den März hinein. Praktischerweise vermeidet man Januar und Februar, dann sind in Polen Schulferien.

ABSEITS DER TOURISTENPFADE

Mache eine Fahrt Hundeschlittenfahrt. Fun Dog (fundog.pl) bietet Einzelausflüge inklusive Schmusestunden mit den Siberian Huskys und Alaskan Malamutes.

Wandere im Tatra-Nationalpark. Als Einstieg bietet sich die einstündige Tour durch das bewaldete Tal von Dolina Strążyska an.

Probiere lokale Spezialitäten. Mehrere Restaurants bieten traditionelle Gerichte wie Räucherkäse oder Kartoffelpuffer an, serviert von Personal in der traditionellen Kleidung der Gorale.

Besuche den kaum bekannten Goralischen Karneval in Bukowina Tatrzańska. Im Februar feiert das Dorf seine einzigartige Kultur mit Gesang, Tanz und Schlittenrennen.

Erlebe einen unverstellten Blick über die Berge, zum Beispiel auf der Almwiese von Polana Głodówka, auf der sich auch vorzüglich Schneeengel zeichnen lassen.

Stehe früh auf und besuche die Herz-Jesu-Kapelle in Zakopane. Diese Holzkirche in goralischer Bauweise sieht frisch mit Schnee bestäubt zauberhaft aus.

Im Uhrzeigersinn von links oben: Winterliche Tatra; reich verzierte goralische Tracht; Herz-Jesu-Kapelle in Zakopane

Ericeira

EIN SURFER-HOTSPOT, DER SO GAR NICHTS MIT DER ALGARVE ZU TUN HAT

PORTUGAL

SPANIEN

● Ericeira

MAROKKO

Atlantikwellen brechen sich unablässig an langen Stränden. Weiß-blau getünchte Häuser stehen in Reih und Glied hoch über dem Meer, und täglich werden frische Muscheln aus den Zuchtbetrieben vor der Küste angeliefert. Das unaufgeregte Ericeira bietet ein Welt-klasse-Angebot an *beachlife* und ist die entspannte Alternative zur Algarve, die sich nach der Pandemieun-terbrechung wieder zum *overtourism*-Spot entwickelt.

Ericeira, nördlich von Lissabon, ist das einzige World Surfing Reserve in Europa und bietet eine Vielzahl erstklassiger Surfschulen und Retreats. Der Ruf als Surfrevier hat den Ort international bekannt gemacht, gleichzeitig tragen Bemühungen um Nachhaltigkeit dazu bei, dass Ericeira als friedliches portugiesisches Fischerdorf noch weitgehend intakt ist. Und man kann hier nicht nur surfen: Die nahen Weinberge im Lizan-dro-Tal locken zahlreiche Gäste an, Kunstliebhaber zieht es zum barocken Palast im Nachbarort Mafra. Zum Sundowner begibt man sich in eine der Boho-Bars und sieht zu, wie die Sonne im Atlantik versinkt.

FÜR FANS VON ...

💛 *Surfen*
💛 *Meeresfrüchten*
💛 *Sand zwischen den Zehen*
🧡 *Entspannter Atmosphäre*
💛 *Mundaka, Spanien*
🧡 *Baja California, USA*

263

Warum nach Ericeira?

Dank einem guten Dutzend Surfstränden, von den keiner weiter als acht Kilometer entfernt liegt, muss man sich in Ericeira seinen Platz im Wasser nicht erkämpfen. Jeder Strand hat seine Charakteristika - vom riesigen Anfängerstrand Foz do Lizandro bis hin zu den schnellen, langen Walls von Coxos, die zu den besten Europas zählen. Wenn die Wellen anderswo in Portugal abflachen, bleibt der Swell in Ericeira bemerkenswert konsistent, was auch für die Wassertemperatur gilt. Der wahre Reiz der Region liegt aber in den Bemühungen, den alten Charme zu bewahren, lokale Unternehmen zu unterstützen und die natürlichen Ressourcen zu erhalten.

Ericeira, dessen Name sich vom portugiesischen Wort für Seeigel ableitet, ist heute ein wichtiges Fischereizentrum, in dem Nachhaltigkeit groß geschrieben wird. So findet man beispielsweise im alten Ortskern keine Geschäfte und keine Fast-Food-Läden. Und im Jahr 2021 begann das Ericeira World Surfing Reserve mit der Ausarbeitung eines Plans, um die Region zu einem der wichtigsten nachhaltigen Reiseziele Portugals zu machen.

ANREISE

Ericeira liegt etwa 50 Kilometer nordwestlich von Lissabon. Am Lissaboner Flughafen Humberto Delgado mietet man ein Auto oder gelangt in 40 Minuten mit dem Taxi nach Ericeira. Busse sind ebenfalls verfügbar, brauchen aber etwas länger. Ericeira selbst ist so klein, dass man alle Wege zu Fuß oder mit dem Fahrrad erledigen kann.

WANN AM BESTEN?

Das ganze Jahr über

Ericeira ist ein ganzjähriges Reiseziel, auch im Winter scheint oft die Sonne. Die besten Wellen für Anfänger gibt es von Mai bis Anfang September. Von September bis November werden die Wellen immer stärker und sind Surfern mit mehr Erfahrung vorbehalten.

ABSEITS DER TOURISTENPFADE

Probiere im Mar à Vista an der Promenade frische Meeresfrüchte. Das unscheinbare Restaurant ist auf Gerichte wie Seespinne, Entenmuscheln und *arroz de marisco* (Reis mit Meeresfrüchten) spezialisiert.

Begrüße die Sonne in einem Yoga- und Surf-Retreat. Das rustikale Casa Paço D'Ilhas (casapacodilhas.com) bietet Pools, Yoga-Decks im Freien und Aktivitäten.

Nimm die Brecher von Ribeira D'Ilhas in Angriff, einem der anspruchsvollsten Surfspots in Portugal. Nichts für Zartbesaitete.

Erkunde die Säle und die Bibliothek des Palasts von Mafra. Er ist ein schönes Beispiel für die portugiesische Architektur des Barock und Neoklassizismus.

Fahre mit dem Fahrrad durch die Weinberge des Lizandro-Tals und probiere bei einer Weinkellerbesichtigung ein paar lokale Sorten.

Schnapp dir ein Skateboard und begib dich in den grandiosen Skatepark an der Praia do Matadouro. Der Quiksilver Shop nebenan verleiht auch Boards.

Oben: Ericeira hat ein ganzes Dutzend toller Surfstrände und ist Europas einziges World Surfing Reserve

Braga

VIEL GESCHICHTE ABSEITS DES MASSENTOURISMUS IM NORDEN PORTUGALS

Städteurlaub in Portugal boomt: Vor der Pandemie zogen Lissabon und Porto pro Einwohner mehr Touristen an als das berühmt-berüchtigte Barcelona. Nach Braga hat es der *overtourism* noch nicht geschafft. Die drittgrößte Stadt Portugals in der nördlichen Region Minho ist zugleich die älteste Stadt des Landes; sie wurde 20 v. Chr. von den Römern als Bracara Augusta gegründet. Braga – während der Reconquista wichtigstes christliches Zentrum und Sitz der portugiesischen Erzbischöfe – ist so etwas wie der religiöse Hauptstadt des Landes – an jeder Ecke steht eine schöne alte Kirche, eine gekachelte Kapelle, eine Kreuzwegstation oder ein Geschäft mit spirituellem Schnickschnack.

Aber Braga hat auch eine große, florierende Universität und eine der jüngsten Bevölkerungen Europa. Investoren lassen verfallene historische Gebäude wiederaufleben, und 2021 wurde die Stadt von European Best Destinations zur Siegerin gekürt. Alt im Herzen, im Geiste jung – Braga brummt.

FÜR FANS VON ...

- 🧡 *Lissabon, Portugal*
- 🧡 *Porto, Portugal*
- 🧡 *Salamanca, Spanien*
- 🧡 *Kirchen*
- 🧡 *Barocker Architektur*
- 🧡 *Studentischem Nachtleben*

Warum nach Braga?

Braga hat genau die richtige Größe für ein paar Tage Urlaub in einer Stadt, in der wirklich gelebt wird und die sich nicht an den Tourismus verkauft hat. Vielleicht ist das der Grund, warum ihre Einwohner zu den glücklichsten in Portugal gehören. Das Zentrum besteht aus verkehrsfreien Straßen, breiten Alleen und 35 Kirchen - darunter die Sé, Portugals älteste Kathedrale. Es gibt zwar einige römische Relikte, aber der vorherrschende Architekturstil ist der Barock, der überall zu sehen ist, vom Arco da Porta Nova bis zum Palácio do Raio mit seinen *azulejos* und, etwas außerhalb der Stadt, der Unesco-gelisteten Basilika von Bom Jesus do Monte.

Die vielen Studenten – manche davon mit schwarzen Umhängen und Dreispitzmützen – sind der Grund, warum es so viele coole Bars gibt, in erster Linie hinter der Sé. Hier sollte man sich ein Glas erfrischenden *vinho verde* um keinen Preis entgehen lassen (wenngleich er nicht viel kostet).

ANREISE

Braga liegt etwa 50 Kilometer von der spanischen Grenze entfernt, genauso weit ist es nach Porto. Direkte Busse verbinden Braga mit Portos Internationalem Flughafen (50 Minuten). Von Porto nach Braga gelangt man mit Zügen (ab 1 Stunde) und Bussen (1 Stunde). Züge von Lissabon nach Braga brauchen etwa 3½ Stunden.

WANN AM BESTEN?

April–Mai & September–Oktober

Frühling und Herbst bieten angenehmes Wetter und zahlreiche Studenten, die die Stadt mit ihrem jugendlichen Elan beleben. Die Karwoche (vor Ostern) ist das größte Ereignis in der Stadt.

ABSEITS DER TOURISTENPFADE

 Die Kaufmannsresidenz Casa Rolão, ein hübsches Haus aus dem 18. Jahrhundert, beherbergt heute eine Buchhandlung, Vintage-Boutiquen und ein Gartencafé.

 Sieh dir die Sé, Portugals älteste Kathedrale, von innen an. Sie hat einen exquisiten Chor, einen natürlich mumifizierten Erzbischof sowie ein Museum voller Schätze.

 Gehe auf dem lebendigen Mercado Municipal einkaufen. Er wurde 2020 renoviert und präsentiert sich seither mit einem Dach aus Holz und Glas.

 Besuche das Estádio A Pedreira, das „Steinbruch-Stadion". Tickets für ein Spiel von Sporting Braga sind günstig (ab 10 €), eine Stadionführung gibt es schon für 6 €.

 Fahre raus zur Wallfahrtskirche Bom Jesus do Monte in einem einzigartigen Landschaftspark, zu der eine Standseilbahn hinaufführt.

 Begib dich auf eine Pilgerreise auf dem wenig bekannten Caminho da Geira e dos Arrieiros, einem 239 Kilometer langen Weg von Braga nach Santiago de Compostela.

Oben: Das hübsche Stadtzentrum von Braga bietet zahlreiche Kirchen und extravagante Barockarchitektur

Rumänien

EINE ZEITREISE ZU ENTLEGENEN DÖRFERN, GUTEM ESSEN UND SELTENEN TIEREN

freundliche Menschen, die mit ihrer Heimat und ihren Jahreszeiten eng verbunden sind.

Auch Rumäniens Natur ist außergewöhnlich. Im Donaudelta kann man vom Boot aus Pelikane, Reiher, Ibisse und Adler beobachten, während die aufgehende Sonne das Wasser in schimmerndes Gold taucht. In den Bergen Siebenbürgens begibt man sich auf Bärenpirsch, unter der Anleitung von Führern, die die Wälder kennen wie ihre Westentasche. So oder so, die Erfahrung, sich vorübergehend aus dem 21. Jahrhundert verabschiedet zu haben, dürfte einem lange in Erinnerung bleiben.

Im Grunde liegt ganz Rumänien unter dem touristischen Radar. Viel mehr als Wein, Donau und Dracula dürfte den meisten nicht einfallen. Aber es gibt viel zu sehen in diesem bergigen Land am Schwarzen Meer, wo friedliche Dörfer ein zeitloses Bild abgeben und Klöster und Schlösser eine Landschaft zieren, die sich seit dem Mittelalter nicht sonderlich verändert hat. Dracula dürfte man eher nicht begegnen, aber man trifft auf gast-

FÜR FANS VON …

- 🧡 *Bulgarien*
- 🧡 *Türkei*
- 🧡 *Camargue*
- 🧡 *Extremadura*
- 🧡 *Trekking in der Wildnis*
- 🧡 *Vogelwelt*

Warum nach Rumänien?

Wahrscheinlich kennen die wenigsten Mitteleuropäer überhaupt jemanden, der schon mal in Rumänien war. Das Land beginnt gerade erst, als Reiseziel wahrgenommen zu werden. Derzeit zieht es lediglich ein paar abenteuerlustige Feinschmecker, Wanderer und Tierbeobachter hierher, die für authentische Erlebnisse gerne auf ein paar Annehmlichkeiten verzichten (und mit Annehmlichkeiten meinen wir Dinge wie pünktliche öffentliche Verkehrsmittel und schnelles WLAN; ein gemütliches Bett und ein tolles Essen sind so gut wie garantiert).

Der wichtigste Grund, sich für Rumänien zu entscheiden ist jedoch, dass man eine Art zu leben kennenlernt, die im übrigen Europa im Verschwinden begriffen ist. In abgelegenen Dörfern taucht man in eine Welt ein, die irgendwo zwischen Gegenwart und Mittelalter liegt. Es ist der Kontrast zwischen dem Landleben und der Hektik in der Hauptstadt Bukarest, der Rumänien zu einem der denkwürdigsten Reiseziele Europas macht.

Rechts: Ein Eurasischer Luchs in den Karpaten – Rumäniens Möglichkeiten zur Tierbeobachtung sind außergewöhnlich

Unten: Das Leben auf dem Land hat sich im Laufe der Jahrzehnte kaum verändert

REISETIPPS

Reisen in Rumänien erfordert Geduld. Der öffentliche Nahverkehr ist langsam und kompliziert. Züge und Busse sind gefühlte Ewigkeiten unterwegs und werden von vielen verschiedenen Anbietern betrieben. Dementsprechend liegen die Haltestellen oft weit auseinander.

....

Vor Alleingängen in der Wildnis wird ausdrücklich gewarnt. Vor allem in den Bergen kann es gefährlich werden, wenn man die Wege nicht kennt. Die Möglichkeiten der Bergrettung sind begrenzt. Am besten macht man sich *nur mit einem ortskundigen Führer* auf den Weg.

....

Genügend Bargeld dabeihaben! In größeren Städten kommt man mit Karten weiter, nicht jedoch in kleineren Dörfern, wo es auch kaum Geldautomaten gibt.

ANREISE

Bukarest wird aus ganz Europa angeflogen. Nach Tulcea, dem Drehkreuz zur Erkundung des Donaudeltas und Knotenpunkt für Bootsfahrten, verkehren regelmäßig Busse. Um die Karpaten kennenzulernen, nimmt man den Zug nach Zărneşt oder Braşov zum Nationalpark Piatra Craiului oder nach Cluj-Napoca zum Naturpark Apuseni.

WANN AM BESTEN?

April–Mai & September–Oktober

Die jeweilige Zwischensaison vor und nach dem schwülen Sommer ist die beste Zeit für Wanderungen, Vogel- und Tierbeobachtungen.

ABSEITS DER TOURISTENPFADE

 Bleibe nicht zu lange in Bukarest – die Seele Rumäniens lernt man nur auf dem Land kennen (und Dracula-Souvenirs gehören nicht dazu).

 Streife mit einem Führer durch die Karpaten in Siebenbürgen und halte nach Bären, Wölfen, Luchsen und Wildschweinen Ausschau.

 Erlebe die rumänische Gastfreundschaft (und das herzhafte Essen), indem du dich in einer *cazare* (Gästezimmer) auf einem Bauernhof einmietest.

 Erlebe in den Feuchtgebieten des Donaudeltas Pelikane, Seeadler und andere Tiere, am besten im Rahmen einer organisierten Vogelbeobachtungstour.

 Entdecke jahrhundertealtes Handwerk, Bräuche und kulinarische Traditionen in abgelegenen Dörfern, wo man alles verwertet, was die Natur bereithält.

 Probiere Opas Rezept für *ţuică* in einem ländlichen Gasthaus. Dieser aus Pflaumen destillierte Obstbrand ist der Auftakt jeder authentischen rumänischen Mahlzeit.

Asturien

WEISSE SANDSTRÄNDE, RUHIGE WANDERWEGE UND TOLLES ESSEN

Asturiano: loco, vano y mal Cristiano!" lautet ein jahrhundertealtes Sprichwort, das die Bewohner einer der am wenigsten besuchten Regionen Spaniens für verrückt, eitel und zu schlechten Christen erklärt. Asturien und seine Bewohner wurden lange Zeit zu Unrecht verunglimpft, aber Reisende, die diesen Teil der nordwestspanischen Küste auslassen, verpassen wirklich etwas. Eingezwängt zwischen den Fischerdörfern

Galiciens, den fruchtbaren Weiden Kantabriens und den mittelalterlichen Städten Kastiliens und Leóns ist Asturien mit seinen Bergen und spektakulären Küsten ebenso schön wie ursprünglich – mit unberührten, weißen Sandstränden und farbenfrohen Fischerdörfern.

Die Asturier, die in hübschen Dörfern und Städten mit jahrhundertealter Architektur leben, sind mächtig stolz darauf, dass „ihr" Covadonga der einzige Ort Spaniens war, der den Mauren Widerstand leisten konnte. Und der einfachen, soliden asturischen Küche mit ihren herzhaften Eintöpfen, frischen Meeresfrüchten und kräftigen Käsesorten wird endlich auch die Anerkennung zuteil, die ihr gebührt.

FÜR FANS VON ...

💛 *Pyrenäen*
💛 *Architektur & Geschichte*
💛 *Dramatischen Küsten*
💛 *Galicien*
💛 *Meeresfrüchten*
💛 *Kneipen*

Warum nach Asturien?

Asturien ist in vielerlei Hinsicht ein spanischer Mikrokosmos: Seine Attraktionen sind die gleichen wie im übrigen Spanien, nur ohne die Touristenmassen, die sich in Städten wie Barcelona und Madrid oder an der Costa del Sol tummeln. Die Dörfer in den Tälern im Landesinneren wirken zeitlos, mit Kopfsteinpflaster, Getreidespeichern auf Pfählen und rotgedeckten Steinhäusern, die beiden größten Städte hingegen sind alles andere als provinziell. Im konservativen Oviedo stehen einige der schönsten vorromanischen Bauwerke des Landes, während in der pulsierenden Hafenstadt Gijón Avantgarde-Festivals für Stimmung sorgen.

Die Asturier sind auch echte Feinschmecker und schaffen es, den Zutaten der Region unzählige Aromen zu entlocken. In Gerichten wie Seeigel mit Schinken findet die Topografie dieses Landes der Berge und Küsten ihre kulinarische Entsprechung. Und die Asturier stehen zu ihrem wechselhaftes Wetter, wie die Schotten oder die Bretonen: Ein bisschen Regen kann die Laune der Wanderer, die sich in die Picos de Europa aufmachen, nicht trüben.

ANREISE

Gijón und Oviedo sind mit der Bahn gut mit den nahe gelegenen internationalen Flughäfen in Bilbao, Santiago de Compostela, Santander und San Sebastián verbunden. Manche reisen auch mit dem Fahrrad an, entweder entlang der spanischen Nordküste oder auf den Radwegen des klassischen Jakobsweges und dann über die Picos de Europa bei León.

WANN AM BESTEN?

Mai–Juni & September

Keine Touristenmassen, vergleichsweise wenig Regen und sonnige, warme Tage, auch wenn es durch die Nähe zum Atlantik zwischendurch kühl und feucht werden kann. Diese Monate sind auch die beste Zeit für Wanderungen in den Picos de Europa.

REISETIPPS

Den November, den regenreichsten und kältesten Monat, sollte man vermeiden. Ebenso den August, wenn die Wanderwege in den Picos de Europa überlaufen *und die Unterkünfte am teuersten sind.*

....

Wandertouren im Juli und August sollte man frühzeitig planen und Unterkünfte Wochen im Voraus buchen. *Dies gilt insbesondere für die Berghütten in den Picos de Europa und die wichtigsten Zugangsorte: Cangas de Onís, Arenas de Cabrales, Potes und Posada de Valdeón.*

....

Kulinarikfans *sollten das Apfelweinfest in Villaviciosa im Oktober, die Fiesta de Langreo, die der* fabada *(einem reichhaltigen Bohneneintopf) gewidmet ist, oder das Fest des Cabrales-Käses im August in Arenas de Cabrales auf dem Schirm haben.*

ABSEITS DER TOURISTENPFADE

 Wandere auf der Ruta del Cares, einem Felsenweg durch die Schlucht Garganta del Cares, die Poncebos in Asturien mit Caín in Kastilien und León verbindet.

 Besuche die Playa de la Francá, Playa de Borizo, Playa de Torimbia und andere einsame Sandstrände an der asturischen Küste oder einen der sieben Surferstrände rund um Gijón.

 Genieße ein erfrischendes Glas Cidre in der Dorftaverne von Espinaredo, wo die Zeit still zu stehen scheint.

 Bestaune die Unesco-gelistete Felskunst in der Cueva de Tito Bustillo bei Ribadesella. Die gut erhaltenen Malereien, darunter Bilder von Pferden, stammen aus der Zeit zwischen 15 000 und 10 000 v. Chr.

 Probiere Cabrales, den kräftigen Blauschimmelkäse, der aus Kuh-, Ziegen- und Schafsmilch hergestellt wird und in Höhlen in den Ausläufern der Picos de Europa reift. Im Höhlenmuseum in Arenas de Cabrales, wird der Prozess der Käseherstellung anschaulich dargestellt.

Im Uhrzeigersinn von links oben: die bezaubernde Altstadt von Oviedo; asturischer Apfelwein; die verlassene Playa del Silencio; frische Meeresfrüchte

277

Cáceres

EIN LEUCHTTURM SPANISCHER KULTUR IN DER WILDEN EXTREMADURA

FRANKREICH

PORTUGAL

SPANIEN

● Cáceres

ALGERIEN

MAROKKO

© SANTIAGO URQUIJO / GETTY IMAGES

Die Unesco-gelistete Ciudad Monumental von Cáceres ist voller architektonischer Reichtümer, die bis in die Römerzeit zurückreichen, und eine der bezauberndsten Altstädte Spaniens. Versteckt in den menschenleeren Weiten der Extremadura und auch mangels eines nahen Flughafens, werden Cáceres und seine Umgebung von den meisten Besuchern Spaniens schlicht übersehen. Die Extremadura wird jährlich von knapp zwei Millionen Touristen besucht (im benachbarten Andalusien sind es 30 Millionen), und weniger als 300 000 kommen nach Cáceres.

Die von einer Mauer aus dem 16. Jahrhundert umringte Stadt verzaubert ihre Besucher mit alten Kirchen, labyrinthgleichen Gassen und luxuriösen Herrenhäusern, von denen heute einige als Hotels genutzt werden. Cáceres macht auch in puncto Kunst und gastronomisch von sich reden, mit fabelhaftem Käse, einer blühenden Tapas-Szene und einem der besten *jamónes ibéricos* Spaniens. Und die Stadt ist ein idealer Ausgangspunkt für die Erkundung der unendlich schönen Extremadura. Manch kluger Spanier hat das schon begriffen.

FÜR FANS VON …

💛 *Madrids Kunstgalerien*
💛 *Ehrfurcht gebietenden Räumen*
💛 *Andalusiens Gastroszene*
💛 *Hotels mit Geschichte*
💛 *Malaga, Barcelona & Valencia*
💛 *Spanischer Küche*

279

Warum nach Cáceres?

Seit der Eröffnung der Museo Helga de Alvear für zeitgenössische Kunst 2021 hat man einen Grund mehr, das schöne Cáceres zu erkunden. 2015 wurde die Stadt zur gastronomischen Hauptstadt Spaniens ernannt und hat sich seither in aller Stille auf die Landkarte von Reisenden gesetzt, die Kultur, Kunst und Kulinarik verbinden möchten. Hinzu kommt eine Reihe origineller Hotels (eine Handvoll kreativer Neueröffnungen machen nun dem luxuriösen Parador de Cáceres Konkurrenz) und mit dem Atrio (ebenfalls ein luxuriöses Designhotel) der Shootingstar der spanischen Sterneküche. Cáceres kann es also mit bekannteren Städten Spaniens locker aufnehmen.

Schon bei der Ankunft wird man von den Naturschönheiten der Region überwältigt. Die Extremadura treibt die Entwicklung erneuerbarer Energien und nachhaltiger Tourismusprojekte mit Hochdruck voran. Der vogelreiche Parque Nacional de Monfragüe, die sanften Täler im Nordosten und die abgelegenen Hügel von Las Hurdes sind nur einige der wilden Extremadura-Highlights vor den Toren von Cáceres.

ANREISE

In der Extremadura gibt es keine Flughäfen. Die nächstgelegenen befinden sich in Sevilla und Madrid, die beide über gute Zugverbindungen nach Cáceres verfügen (ca. 4 Stunden, Reservierung unter renfe.com). Um die Umgebung der Stadt zu erkunden, nimmt man am besten einen Mietwagen, denn der öffentliche Nahverkehr ist nicht gut ausgebaut.

WANN AM BESTEN?

September–Oktober

Im Frühherbst ist das Wetter warm, aber nicht übermäßig heiß (typischerweise 15–25°C), und es sind nicht viele Touristen unterwegs. Die Landschaft der Extremadura beginnt sich in diesen Monaten herbstlich zu verfärben.

ABSEITS DER TOURISTENPFADE

 Schlendere durch Cáceres' glitzernde Ciudad Monumental, vielleicht bei einer Führung nach Einbruch der Dunkelheit mit Cuentatrovas de Cordel (cuentatrovas.com).

 Tauche in die kulinarische Szene der Altstadt mit ihren Tapas-Bars ein. Es warten *jamón ibérico, torta del casar, pimentón de la vera* und andere Köstlichkeiten.

 Besuche das 2021 eröffnete Museo Helga de Alvear mit großartiger zeitgenössischer Kunst von Pablo Picasso, Doris Salcedo, Tacita Dean und vielen mehr.

 Wandere im Parque Nacional de Monfragüe, eine Autostunde nordöstlich von Cáceres, wo Iberienadler, Gänsegeier und andere Vögel über dem Río Tajo kreisen.

 Machen Sie einen Tagesausflug nach Mérida, der Hauptstadt der Extremadura, und nach Trujillo, das durch die spanischen Eroberer reich geworden ist.

 Begib dich in die wunderschönen, abgelegenen Täler der nordöstlichen Extremadura: La Vera, Jerte und Ambroz – alle nur 90 Autominuten von Cáceres entfernt.

Oben: Rund um Cáceres gibt es ländliche Rückzugsorte wie den Parque Nacional de Monfragüe

Toño Pérez,
Küchenchef & Inhaber, Atrio Hotel & Restaurant

WARUM ICH CÁCERES LIEBE

Wir haben hier mit die besten Lebensmittel Spaniens, repräsentiert durch die dehesa (Weiden, auf denen Iberische Schweine grasen), ein Paradebeispiel für Nachhaltigkeit.

Erlebnisse vor Ort
Cáceres bietet viele kulturelle Attraktionen, allen voran das Museo Helga de Alvear, und die großartige Natur der Extremadura, insbesondere die Sierra de Gata, Las Hurdes und die Täler Jerte, Ambroz und La Vera.

Meine liebste Jahreszeit
Alle. Wir haben wunderbar helle Sommer, ockerfarbene Herbste, klare Winter und Frühlinge, die in natürlicher Schönheit erstrahlen.

Schweizerischer Nationalpark

DER EINZIGE NATIONALPARK DER SCHWEIZ IST SO UNBERÜHRT, WIE ES SEIN SOLL

DEUTSCHLAND

ÖSTERREICH

SCHWEIZ

Schweizerischer
Nationalpark ●

FRANKREICH

ITALIEN

Im allgemeinen Run auf die beliebten Alpengipfel wird der Schweizerische Nationalpark kaum beachtet. Er liegt ja auch gut versteckt ganz im Osten des Landes, wo schneebedeckte Berge, die von gewaltigen Kräften geformt wurden, bis nach Italien reichen. Der Mensch hat sich auf ein Minimum beschränkt, und die Natur ist völlig sich selbst überlassen. Das Ergebnis ist ein Blick auf die Alpen vor dem Anbruch des Tourismus.

Auf einsamen Pfaden lässt man die Zivilisation hinter sich. Hier findet man Stille, Abgeschiedenheit und einen Gipfel nach dem anderen, dessen Anblick einem den Atem nimmt: Wenn ein Land wie die Schweiz nur einen einzigen Nationalpark hat, darf man davon ausgehen, dass dieser auch einzigartig ist. Und in

der Tat sucht dieser 172 Quadratkilometer große Park aus messerscharfen, über 3000 Meter hohen Gipfeln, stillen Mooren, Wäldern, Blumenwiesen, Wasserfällen und tiefblauen Seen seinesgleichen. Der Park ist so unberührt, uralt und unverändert, dass in seinen Höhen noch regelmäßig Dinosaurierspuren gefunden werden.

FÜR FANS VON ...

- *Französischen Alpen*
- *Kanada*
- *Wildtierbeobachtung*
- *Ruhigen Wanderwegen*
- *Unberührter Alpenlandschaft*
- *Abgeschiedenheit in der Natur*

283

Warum in den Schweizerischen Nationalpark?

In puncto Nachhaltigkeit verdient der Schweizer Nationalpark einen goldenen Stern. Er wurde 1914 als erster Nationalpark der Alpen gegründet, und sein ursprünglicher Schutzgedanke lebt bis heute fort. Seit seinen Anfängen wurden keine Bäume gefällt, keine Wiesen gemäht und keine Tiere gejagt. Daher ist der Park ein sicherer Zufluchtsort für die klassische alpine Tierwelt aus Murmeltieren, Gämsen, Hirschen und Steinböcken. Und es gibt auch viele gefiederte Freunde: Steinadler, Bartgeier und Alpendohlen drehen ihre Runden in diesem großen Himmel.

Man kann diesen abgelegenen, wild bergigen Nationalpark nur zu Fuß zu erkunden. Und es sind die kleinen Dinge, die einen berühren: ein Edelweiß, das in der Brise zittert; die erste Sonne, die über die Gipfel kriecht; der durchdringende Pfiff eines Steinadlers. Manche bezeichnen den Park als „Kanada *en miniature*", aber eigentlich ist er mit nichts zu vergleichen.

Rechts: Gämsen zählen zu den klassischen alpinen Arten, die man im Park sehen kann

Unten: Aus den Hochebenen des Schweizerischen Nationalparks speisen sich Dutzende Seen

Hans Lozza
Pressechef, Schweizerischer Nationalpark

WARUM ICH DEN SCHWEIZERISCHEN NATIONALPARK LIEBE

Ich liebe die Wälder, in denen tote Bäume als Lebensraum für Tiere einfach liegen gelassen werden. Und es ist besonders, dass Wanderwege unsere einzige Infrastruktur sind.

Erlebnisse vor Ort
Im Val Trupchun leben viele Murmeltiere, und mit etwas Glück kann man Bartgeier sehen. Im Sommer streifen etwa 450 Rothirsche und 100 Steinböcke umher.

Meine liebste Jahreszeit
Juni, wenn die Bergweiden blühen und die jungen Gämsen, Steinböcke und Hirsche leicht zu beobachten sind. Oder Anfang Oktober, wenn sich die Lärchen verfärben.

ANREISE

Der am nächsten gelegene Flughafen ist Zürich. Oder man nimmt den Zug in eine der größeren Schweizer Städte und steigt dort in das hervorragende öffentliche Verkehrsnetz der SBB ein. Busse und Züge verkehren regelmäßig in die Engadiner Dörfer am Rande des Parks, wie Zernez, Scuol, Lavin, Zuoz und S-chanf.

WANN AM BESTEN?

Juni–Oktober

Die Wandersaison im Schweizerischen Nationalpark dauert von Mitte Juni bis Mitte Oktober. Im Winter sind viele Wanderwege gesperrt, um den Wildtieren den nötigen Freiraum zu bieten.

REISETIPPS

Früh am Morgen kann man die meisten Tiere beobachten und die Berge im ersten Licht des Tages genießen.

....

Im Park übernachten. Die rustikale Chamanna Cluozza mit herrlicher Aussicht und herzhaftem Essen erfüllt alle Vorstellungen von einer Schweizer Berghütte. Schlafsack mitbringen.

....

Im Rahmen geführter Wanderungen bekommt man auch die seltenen und scheuen Bewohner des Parks zu sehen. *Halb- und ganztägige Touren* werden von Mitte Juni bis Mitte Oktober angeboten.

....

Kartenmaterial und Informationen über die Tierwelt, die Geologie und Führungen erhält man im *Besucherzentrum in Zernez.*

ABSEITS DER TOURISTENPFADE

 Wandere zu den 23 saphir-, azurblauen und türkisfarbenen Macun-Seen. Die 21 Kilometer lange Wanderung von Zernez aus ist anspruchsvoll, aber unvergesslich.

 Erklimme den Gipfel des Munt La Schera und genießen Sie die Aussicht auf die schneebedeckten Berge im italienischen Nationalpark Stilfserjoch.

 Begib dich ins aufregende, abgelegene Val Mingèr. Halte auf der 5,5 Kilometer langen Wanderung Ausschau nach Gämsen, Rotwild und eigenartigen Felsformationen.

 Beobachte Murmeltiere, Gämsen, Hirsche, Steinadler und Steinböcke im Val Cluozza, Du erreichst das herrliche, unberührte Tal nach einer 8 Kilometer langen Wanderung von Zernez aus.

 Geh ins Val Trupchun. Eine flache, familienfreundliche Wanderung führt von S-chanf in dieses grandiose Bergtal. Die Hirschbrunft im Herbst ist spektakulär.

 Suche Korallenfossilien und Dinosaurierspuren auf der Wanderung über den Murtersattel (2547 Meter) ins Spöltal.

Shropshire Hills

HOCHLAND MIT TOLLEN FELSENFORMATIONEN UND RUHIGEN WANDERWEGEN

Nirgendwo trifft dies mehr zu als im südwestlichen Teil, der als Shropshire Hills Area of Outstanding Natural Beauty (AONB) ausgewiesen ist, also als „Gebiet von außergewöhnlicher natürlicher Schönheit". Es erstreckt sich von der walisischen Grenze bis Telford und umfasst unter anderem das Long Mynd Plateau, den Quarzitkamm der Stiperstones, den Kalksteinhang von Wenlock Edge, die Clee Hills (mit dem 540 Meter hohen Brown Clee, dem höchsten Punkt der Grafschaft) und The Wrekin, einen markanten Gipfel, der aus acht unterschiedlichen Gesteinen besteht. Es gibt hier viel zu entdecken, aber die meisten Menschen lassen die Region achtlos links liegen, ohne anzuhalten, wenn sie irgendwohin unterwegs sind.

Die berühmteste Zeile über Shropshire stammt von dem Dichter A. E. Housman, der über „blau erinnerte Hügel" schreibt. Seltsam nur, dass diese Binnen-Grafschaft in den Midlands so sehr in Vergessenheit geriet. Hier begann im 18. Jahrhundert die Industrialisierung, aber das ländliche Shropshire ist weitgehend unberührt geblieben. Sanfte Hügel, mittelalterliche Städte, grüne Wiesen – alles wie immer.

FÜR FANS VON …

- 🧡 *Wales*
- 🧡 *Yorkshire Moors*
- 🧡 *Yorkshire Dales*
- 🧡 *Schlössern*
- 🧡 *Wandern*
- 🧡 *Geologie*

Warum in die Shropshire Hills?

In viktorianischer Zeit nannte man die Gegend „Little Switzerland". Die zerklüfteten Stiperstones erinnern an Dartmoor, andere Teile an die Yorkshire Moors und Dales. Aber letztendlich hat Shropshire seine eigene Identität, die eine herrliche Landschaft, schöne Wanderungen und gutes Essen umfasst. Das mittelalterliche Ludlow südlich der AONB war Großbritanniens erste „Cittàslow", die sich auf die Förderung lokaler Produkte konzentriert.

Da man sich nahe der Grenze zu Wales befindet, gibt es auch jede Menge Burgen und Festungen, vom hübschen mittelalterlichen Herrenhaus Stokesay bis zu den Ruinen von Clun Castle. Neue Initiativen wie das vom National Trust geleitete Stepping Stones Project und das von der Regierung ins Leben gerufene Farming in Protected Landscapes (Landwirtschaft in geschützten Landschaften) zielen darauf ab, Lebensräume für Wildtiere und landwirtschaftliche Nutzflächen so aufeinander abzustimmen, dass die Natur davon profitiert. Alle Besucher sind ausdrücklich angehalten, die Umwelt zu respektieren, damit sie weiterhin „außergewöhnlich" bleibt.

ANREISE

Der Hauptort des AONB ist Church Stretton, das per Bahn an Shrewsbury (15 Minuten nördlich) und Ludlow (15 Minuten südlich) angeschlossen ist. Shrewsbury wird von direkten Zügen aus Städten wie Birmingham (1 Stunde), Manchester (1 Stunde 10 Minuten) und Cardiff (2 Stunden) angefahren. Der nächstgelegene Flughafen ist Birmingham (1 Stunde 20 Minuten mit dem Auto).

WANN AM BESTEN?

April–Juni &
September–Oktober

Shropshire ist nie überfüllt, und man kann das ganze Jahr über wandern. Aber die Frühlings- und Herbstmonate bieten angenehm milde Temperaturen und noch weniger Besucher.

REISETIPPS

Im Shropshire Hills Discovery Centre in Craven Arms gibt es Karten, Bücher, viele gute Wandertipps und ein preisgekröntes Café.

....

An den Wochenenden von Anfang Juli bis Ende September verkehren Pendelbusse zwischen Church Stretton und den Stiperstones über das Heide- und Moorlandplateau des Long Mynd.

....

Proviant mitnehmen. Dies ist eine ländliche Gegend. Beim Wandern findet man unterwegs vielleicht keine offene Kneipe und keine Geschäfte.

....

Keine Angst vor falscher Aussprache. Selbst die Einheimischen sind sich nicht darüber einig, wie man den Namen der Hauptstadt Shrewsbury korrekt ausspricht.

ABSEITS DER TOURISTENPFADE

Bewältige die südliche Schleife des 290 Kilometer langen Shropshire Way. Folge einfach den orangefarbenen Wegmarken mit dem Bussard.

Reite auf einem Pferd über den Blue Remembered Hills Bridleway, einen 61 Kilometer langen Weg, der um den Clun Forest herumführt.

Steige hinab in die stillgelegte Bleimine von Snailbeach. Die oberirdischen Gebäude können auf eigene Faust besichtigt werden, eine Tour führt in die Stollen.

Begib dich in die Einsamkeit des Long Mynd Plateau. Der 16 Kilometer lange Ratlinghope Ramble führt auf die noch verlassenere westliche Seite.

Erhebe dein Glas in Bishop's Castle, einem verschlafenen Städtchen mit zwei Brauereien, eine davon Three Tuns, Großbritanniens älteste aktive Braustätte.

Steige auf den Ercall, der zu The Wrekin gehört, einen kleinen Hügel mit faszinierenden Felsen, die aus der Zeit von den Anfängen des Lebens auf der Erde stammen.

im Uhrzeigersinn von links oben: Bunte Häuser in Bishop's Castle; die Brauerei Three Tuns;
Wanderung über den Long Mynd auf dem 16 Kilometer langen Ratlinghope Ramble

Links: Die steilen Hänge des Liathach scheinen das Dorf Torridon fast zu erdrücken

Torridon Hills

EIN TRAUMZIEL FÜR MUNRO-BAGGER UND EINSAMKEITSLIEBHABER

Niemand würde die 500 Meilen lange North Coast 500 als unentdeckt bezeichnen, aber im Vergleich zu Schottlands südlichen Highlands ist hier wenig los. Und das charmante Dorf Torridon zieht auch nur eine ausgewählte Spezies von Reisenden an. Hierher verlieren sich nur Menschen, die eine profunde Leidenschaft für die Natur hegen – keine Hightech-Kraxler mit Instagram-Account, sondern Männer und Frauen, denen außergewöhnliche Berge (oder Munros, wie sie in dieser Gegend genannt werden), raue Küstenlinien und wilde, gezackte Landzungen, die in stille Buchten übergehen, wirklich am Herzen liegen.

Das Dorf Torridon mit seinen weiß getünchten Häusern, die sich im blaugrünen Wasser des Upper Loch Torridon spiegeln, ist nur der Anfang des Abenteuers. Dahinter liegen die Torridon Hills, die so nah sind, dass man befürchten muss, sie könnten den Ort ins Meer schieben. Für Wanderer, Kletterer, Tierbeobachter und Einsamkeitsfanatiker beginnt hier das Paradies. Das Schöne daran ist, dass das alles sehr real ist.

FÜR FANS VON ...

- 🧡 *Den schottischen Highlands*
- 🧡 *Hübschen Küstenorten*
- 🧡 *Magischen Restaurants am Ende der Welt*
- 🧡 *Wildtierbeobachtung*
- 🧡 *Wandern in der Wildnis*
- 🧡 *Munro-Bagging*

Warum in die Torridon Hills?

Die Torridon Hills besitzen Qualitäten, über die viele schottische Outdoorfans ins Schwärmen geraten, mehr als über alle anderen Berge. Sie bestehen aus einer der ältesten Sandsteinarten der Britischen Inseln, der in diesem Gebirge so spektakulär zu Tage tritt, dass er als Torridonian Sandstone bekannt ist. Mit ihren dramatisch gezackten Zinnen und den tiefen Rinnen, die ihre Hänge wie Zuckerguss aussehen lassen, gehören sie zu den ästhetischsten Gipfeln Schottlands.

Für Munro-Bagger, also Menschen, die schottische Gipfel über 3000 Fuß/ 914 Meter besteigen und darüber Buch führen, halten die Torridon Hills drei Berge bereit, darunter der Coire Mhic Fhearchair im Beinn-Eighe-Massiv mit seiner dreiseitigen Gipfelpyramide. Für Wanderer gibt es unzählige Berg- und Küstenüberquerungen, dazwischen uralte Wälder und einsame Täler. All dem zu Füßen an einem Meeresarm liegt das bezaubernde Dorf Torridon mit niedlichen Küstenrestaurants und sumpfigen Ufern, die Rehe, Wasservögel und Seeotter anlocken.

ANREISE

Von Glasgow mit Schottlands wichtigstem Flughafen sind es 350 Kilometer nach Torridon. Dafür braucht man mit dem Auto 4½ bis 6 Stunden, je nachdem, ob man den schönen Weg über Inverness oder den atemberaubenden Weg über Fort William nimmt. Der nächste Bahnhof ist in Achnasheen, fünf Stunden von Glasgow und 32 Kilometer von Torridon entfernt; von dort fahren Busse.

WANN AM BESTEN?

April–September

Die trockenste Zeit des Jahres in diesem notorisch feuchten Teil der Welt ist auch die beste Zeit, um Torridon zu besuchen und auf Berge zu steigen. Außerhalb dieses Zeitraums sind viele touristische Einrichtungen geschlossen.

ABSEITS DER TOURISTENPFADE

 Probiere den **sagenumwobenen Karottenkuchen im Torridon Café** oder gehe im Torridon Hotel essen, einem viktorianischen Herrenhaus mit knisterndem Kaminfeuer und Blick auf die Bucht.

 Besteige den Beinn Alligin, einen der schönsten Berge Schottlands, mit einem tollen Blick auf die Torridon Range und die mit Seen gesprenkelte Wildnis.

 Versuche dich im Felsklettern am Coire Mhic Fhearchair an der westlichen Flanke des Beinn Eighe.

 Erkunde die selten begangene Küste des Loch Torridon auf den Pfaden zwischen Inveralligin und Red Point.

 Nimm dein Fernglas und beobachte Seeotter und Baummarder am Loch Torridon, Rehe in den Wäldern und Rothirsche und Steinadler in den Bergen.

 Fahre über die Berge nach Lower Diabaig und genieße ein unvergessliches Essen im Restaurant Gille Brighde, wo frisch gefangene Meeresfrüchte zu schmackhaften Gerichten verarbeitet werden.

Oben: Wanderer auf dem Kamm des Beinn Alligin, einem Highlight der Torridon Hills und einem der schönsten Berge Schottlands

Der Kegel des
Taranaki Maunga
(Mount Taranaki) im
Egmont National Park
auf der Nordinsel
Neuseelands

Ozeanien

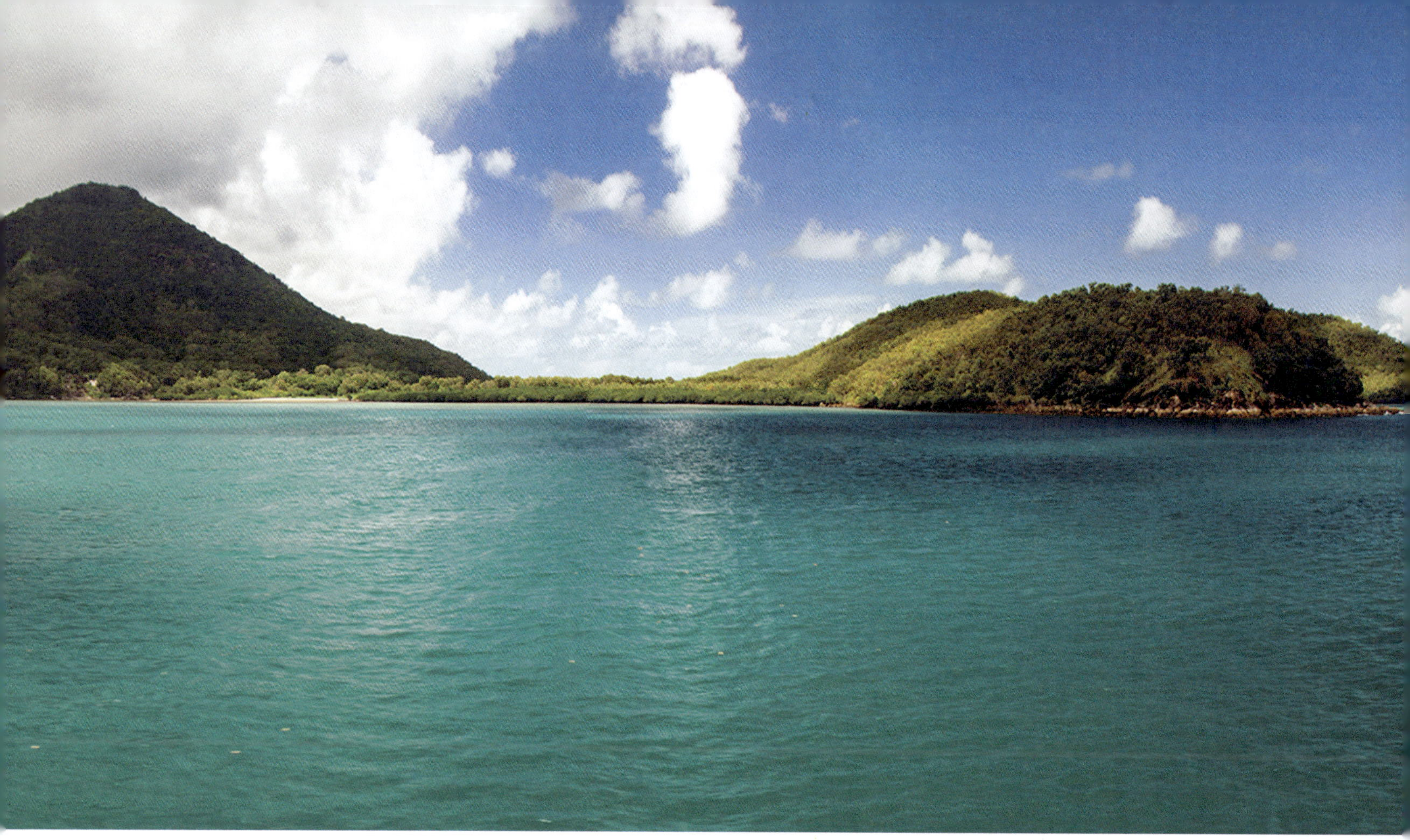

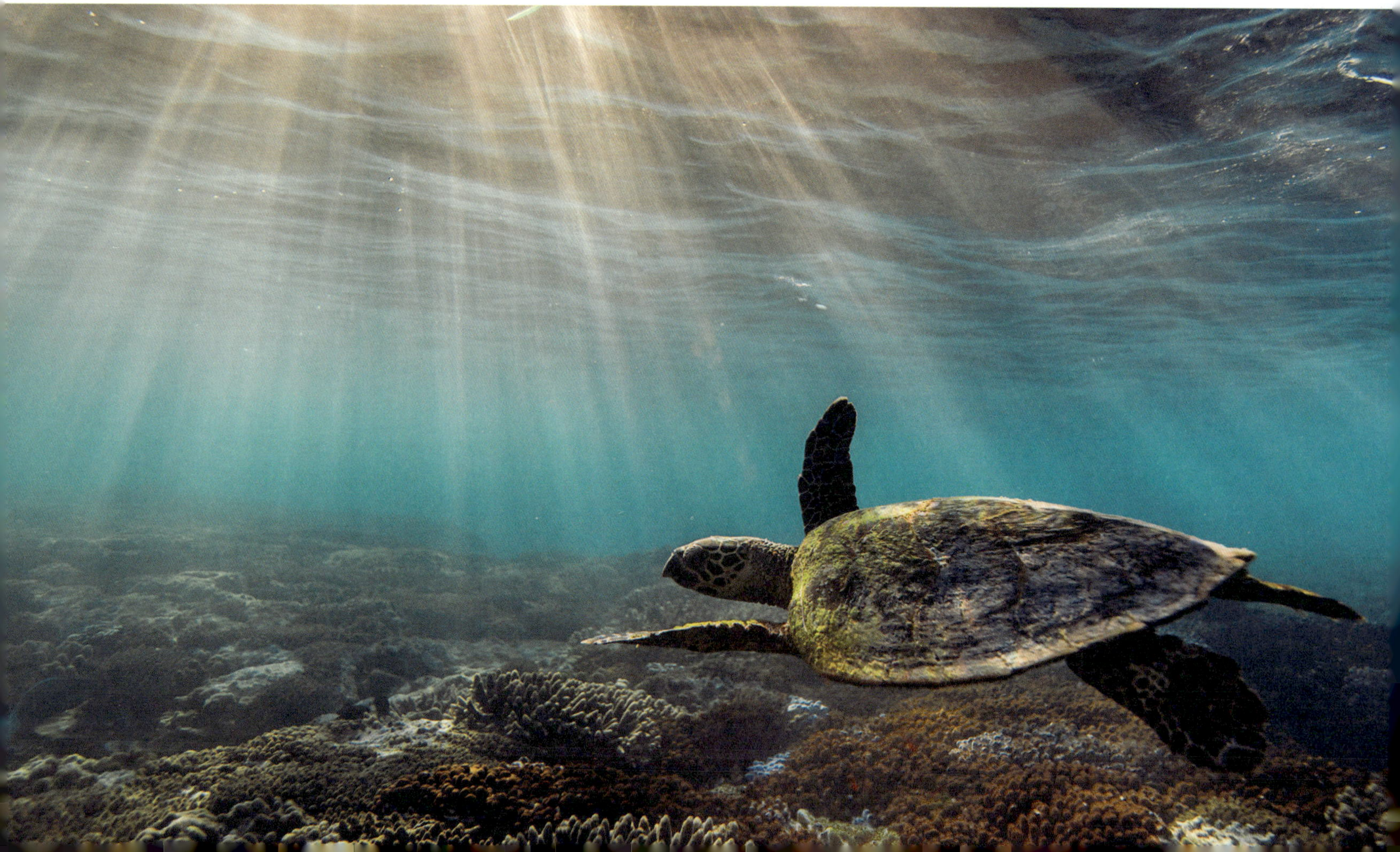

Palm Island

EINE ENKLAVE DER UREINWOHNER AUF DEM WEG ZUM TOURISTENZIEL

Auf Palm Island gibt es keine luxuriösen Resorts und keine hippen Restaurants oder Bars. Der von Regenwald bedeckte Granitbrocken - die größte der 16 Inseln der Greater-Palm-Gruppe nördlich von Townsville und traditionelle Heimat der Manbarra-Aborigines – ist eher für seine bewegte Vergangenheit als für sein touristisches Potenzial bekannt.

Von 1918 bis 1975 war Palm Island das größte (Straf-) Reservat von Queensland. Aborigines und Torres-Strait-Insulaner verrichteten hier Zwangsarbeit; ihre eigenen Sprachen sprechen durften sie nicht. Auf der Insel, die auch unter dem Namen „Bwgcolman" bekannt ist, was so viel bedeutet wie „viele Stämme - ein Volk", gibt es nach wie vor soziale Probleme. Doch wer sich die Mühe macht, hierherzukommen, erlebt eine schöne Insel mit freundlichen Bewohnern, herrlichen Buchten und von Regenwald bedeckten Bergen. Eine bessere Gelegenheit, die Kultur der australischen Ureinwohner kennenzulernen und ihre komplexe Geschichte zu verstehen, bietet sich kaum sonstwo in Australien.

FÜR FANS VON ...

💛 *Great Barrier Reef*
💛 *Kultur der Aborigines & Torres-Strait-Insulaner*
💛 *Aufstrebenden Reisezielen*
💛 *Schnorcheln & Tauchen*
💛 *Tropischen Inseln*
💛 *Wandern im Regenwald*

Warum nach Palm Island?

Palm Island wurde oft als die vom Tourismus vergessene Insel bezeichnet – bis 2022 das Museum of Underwater Art (MOUA) in der Region Townsville öffnete. Dessen spektakuläre Unterwasserskulpturen sollen zum Schutz der Ozeane inspirieren und laden Schnorchler und Taucher ein, den Great Barrier Marine Park, zu dem Palm Island gehört, auf ganz neue Art zu erleben. In einem 2021 begonnenen Programm werden Einheimische zu Guides ausgebildet; mit etwas Glück erlebt man das MOUA (und andere lokale Sehenswürdigkeiten) also unter indigener Anleitung.

Neuerdings werden ab Townsville Tagesausflüge mit SeaLink-Fähren angeboten, und es gibt Gerüchte über die Eröffnung einer Tauchbase auf der Insel. Abgesehen von einem Hotel und einem Pub am Meer gibt es auf Palm Island kaum touristische Einrichtungen, wer Urlaub im Resort-Stil machen möchte, liegt hier also falsch. Aber genau das macht ihren Charme aus.

ANREISE

Am einfachsten erreichst du Palm Island mit der Fähre von Townsville, die von Mittwoch bis Montag verkehrt (1¾ Stunden). Hinterland Aviation bietet regelmäßige Linienflüge mit Kleinflugzeugen von Townsville nach Palm Island (20 Minuten) und auch Charterflüge.

WANN AM BESTEN?

Mai–September

In den Wintermonaten kann man auf Palm Island warme und (relativ) trockene Tage verbringen.

REISETIPPS

Vor dem Besuch mit der Gemeindeverwaltung Kontakt aufnehmen. Dort erfährt man alles über lokale Guides, heilige Stätten und Veranstaltungen mit Zugangsbeschränkungen.

Wer sich mit der Geschichte von Palm Island beschäftigt, erhält wertvolle Einblicke in die lokale Kultur. *Palm Island: Through a Long Lens von Dr. Joanne Watson (2010) ist ein guter Anfang.*

Auf Wanderungen Proviant mitnehmen; *außerhalb der Stadt gibt es keine Möglichkeit, Lebensmittel zu kaufen.*

Es dürfen keine Glasflaschen mit auf die Fähre genommen werden. Alkohol *nur unter 4% Alkoholgehalt.*

ABSEITS DER TOURISTENPFADE

 Erkunde das MOUA, idealerweise mit einem indigenen Führer.

 Einheimische Fremdenführer zeigen dir abgelegene Strände und Schnorchelspots oder führen dich zu kulturellen Stätten und unterweisen dich in respektvollem Umgang,

 Spaziere in 30 Minuten zum Aussichtspunkt an der Casement Bay südlich des Anlegers. Weitere 30 Minuten brauchst du zur abgelegenen Pencil Bay.

 Vom Mount Bentley (548 Meter) hast du einen großartigen Blick über die Palm-Island-Gruppe und weiter nach Hinchinbrook Island. Vom Anleger bis auf den Gipfel wanderst du zwei bis drei Stunden (toll für den Sonnenuntergang).

 Genieße ein Bad unter dem kleinen Wasserfall am Ende der Palm Valley Road

 Genieße den Sonnenuntergang mit einem kühlen Drink in der Coolgaree Bay Sports Bar & Bistro, der einzigen Kneipe der Insel.

Oben: Die Bewohner von Palm Island, dem ehemaligen Straflager für Aborigines, erwartet nun in eine bessere Zukunft

Vicki Saylor
Traditionelle Landbesitzerin & Kulturvermittlerin

WARUM ICH PALM ISLAND LIEBE

Wenn man auf Palm Island ankommt, entspannt sich der Körper sofort. Die Insel ist wunderschön, aber vor allem die Kultur hat es mir angetan, und über sie möchte ich mehr erfahren. Es gibt immer etwas Neues zu lernen.

Erlebnisse vor Ort
Im Bwgcolman Indigenous Knowledge Centre erfährt man mehr über die lokale Geschichte und Kultur, bevor man auf Erkundungstour geht.

Meine liebste Jahreszeit
Im Juli und August kann man auf der Überfahrt von Townsville oft Buckelwale beobachten. In der NAIDOC Week im Juli (naidoc.org.au) finden außerdem zahlreiche kulturelle Feierlichkeiten statt.

Cobourg Peninsula

EIN WILDES STÜCK LAND FÜR UNERSCHROCKENE ABENTEURER

NORTHERN
TERRITORY

SOUTH AUSTRALIA

Die Cobourg-Halbinsel an der nordwestlichen Spitze von Arnhemland ist ein wahrhaft wilder Ort. Die Halbinsel, Teil des 4500 Quadratkilometer großen Garig Gunak Barlu National Park, überrascht mit spektakulären Sandstränden zwischen orangefarbenen Bauxitklippen, kristallklarem Wasser und lichten Eukalyptuswäldern. Vogelkundler wissen vielleicht, dass der Park das weltweit erste Ramsar-Feuchtgebiet von internationaler Bedeutung birgt, und einige Angler haben womöglich mitbekommen, dass hier einige der besten Angelplätze des Landes zu finden sind, aber die meisten Australier dürften noch nie von dieser Halbinsel gehört haben. Von zwei Versuchen der Briten, hier zu siedeln, sind heute nur die unheimlichen Ruinen des Victoria Settlement übrig geblieben.

Zum Betreten der Region braucht man eine Genehmigung, und außer einem einfachen Campingplatz gibt es kaum Infrastruktur. Auch deshalb macht sich kaum jemand auf den Weg hierher. Aber all dies hat dazu beigetragen, die wilde Schönheit der Region zu erhalten.

FÜR FANS VON ...

💛 *Echtem Abenteuer*
💛 *Salzwasserkrokodilen*
🧡 *Angeln*
💛 *Vogelbeobachtung*
💛 *Wilder Küstenlandschaft*
🧡 *Die harte Tour*

Warum auf die Cobourg Peninsula?

Kaum ein Ort auf der Welt dürfte das Bedürfnis nach Wildnis und Einsamkeit besser befriedigen als Cobourg. Auf dem einzigen Campingplatz trifft man kaum andere Reisende. Meistens ist der Nationalpark-Ranger, der am Black Point stationiert ist, der einzige Mensch, den man sieht.

Viele Cobourg-Besucher bringen ihr eigenes Boot mit. Venture North Safaris (venturenorth.com.au) in Algarlarlgarl (Black Point) organisiert Angeltouren und Ausflüge nach Victoria Settlement. Es geht aber auch komfortabler, in Form einer geführten vier- oder fünftägigen 4WD-Tour ab Darwin, ebenfalls von Venture North Safaris, das ein stimmungsvolles privates Küstencamp mit Glamping-Zelten betreibt. Dieses exklusive Reiseerlebnis (mit nur sechs Gästen pro Tour) schließt auch den Kakadu-Nationalpark und eine von Aborigines geführte Tour zum Injalak Hill ein, eine der beeindruckendsten Felskunststätten Australiens.

ANREISE

Die Cobourg Peninsula liegt etwa 500 km nordöstlich von Darwin. Um die meist unbefestigten Straßen zu befahren, benötigt man einen Geländewagen. Der letzte Ort, an dem man Treibstoff und andere Vorräte kaufen kann, ist Jabiru, etwa 270 Kilometer südlich der Halbinsel. Charterflüge landen auf dem kleinen Flugplatz in Algarlarlgarl (Black Point).

WANN AM BESTEN?

Mai–Oktober

Die Straßen sind in der Regel während der gesamten Trockenzeit geöffnet. Man sollte aber bei Northern Territory Parks and Wildlife (nt.gov.au) aktuelle Informationen einholen, bevor man losfährt.

REISETIPPS

Die Besuchsgenehmigung muss sechs Wochen im Voraus bei Northern Territory Parks and Wildlife Office beantragt werden.

....

Besucher müssen sich komplett selbst versorgen: von Lebensmitteln bis zum Ersatzreifen.

....

Schwimmen ist tabu. An den Stränden leben Salzwasserkrokodile und in den Gewässern Haie, Würfelquallen, giftige Kraken, Steinfische und Seeschlangen.

....

Vor Reiseantritt die Krokodilhinweise auf becrocwise.nt.gov.au studieren.

....

Im Park kein Handyempfang; für das öffentliche Telefon braucht man eine Telstra-Telefonkarte.

ABSEITS DER TOURISTENPFADE

 Erkunde die Ruinen des Victoria Settlement aus dem 19. Jahrhundert, einen der beiden gescheiterten Versuche, hier zu siedeln. Nur mit dem Boot erreichbar.

 Besuche das Kulturzentrum in Algarlarlgarl (Black Point) mit interessanten Exponaten zur Geschichte der Gegend und beobachte Vögel auf dem 1,5 Kilometer langen Wetland Walk.

 Schlage dein Lager am Smith Point auf, wo du wahrscheinlich mehr Salzwasserkrokodile als Menschen sehen wirst.

 Blicke vom Leuchtturm am Smith-Point, der 1845 an der Nordspitze der Halbinsel errichtet wurde, über die Arafurasee, die Australien von Papua-Neuguinea trennt.

 Angle an einsamen Stränden (oder von einem Boot aus), erlege Schlammkrabben in den Mangroven mit dem Speer und brich saftige Austern von den Felsen.

 Unternimm eine Nachtwanderung mit einer starken Taschenlampe und entdecke nachtaktive Tiere wie Gleitbeutler, Wallabys und Kaninchenratten.

Im Uhrzeigersinn von links oben: Kunsthandwerk der Aborigines; die Vogelwelt der Halbinsel; kilometerlange Sandstrände

Links: Der Rakiura-
Nationalpark umfasst
etwa 85 Prozent von
Stewart Island/Rakiura

Stewart Island/ Rakiura

KIWI-VÖGEL UND NATURERLEBNISSE AUF EINER INSEL AM ENDE DER WELT

Neuseelands oft übersehene „dritte Insel" auf 47° südlicher Breite ist eine bewaldete, ursprüngliche Wildnis mit grüner Küstenlinie und einer von Raubtieren nahezu unbedrohten Vogelwelt. Hier leben gerade mal 400, aber außerordentlich findige Menschen. Seevögel patrouillieren über dem Ozean, ungestüme Kaka (einheimische Waldpapageien) beleben Oban, die einzige Siedlung, und die Buschpfade und abgelegenen Strände der Insel bieten die seltene Gelegenheit, den neuseeländischen Kiwi in freier Wildbahn zu sehen.

Der Rakiura National Park umfasst etwa 85 Prozent von Stewart Island/Rakiura. Der Rakiura Track, einer der „Great Walks" von Neuseeland, bietet ein 39 Kilometer langes, zwei- bis dreitägiges Wanderabenteuer durch die unberührten Landstriche der Insel. Nicht minder spektakulär ist das Schauspiel der Südlichter (Aurora Australis), die die eine oder andere lange Winternacht erhellen. Diese tanzenden Illuminationen gaben Stewart Island seinen traditionellen Maori-Namen: Rakiura (Glühender Himmel).

FÜR FANS VON …

💛 *Abgelegenen Inseln*
💛 *Einzigartiger Vogelwelt*
💛 *Erlebnissen am Nachthimmel*
💛 *Wandern*
💛 *Angeln und Kajakfahren*
💛 *Umweltschonendem Reisen*

Warum nach Stewart Island/Rakiura?

Der bekannteste Bewohner der Insel ist der endemische und vom Aussterben bedrohte Tokoeka-Kiwi, der an abgelegenen Küstenabschnitten lebt (manchmal quert er auch die Pfade des Rakiura Tracks). Die Fauna von Stewart Island und das nahe gelegene Vogelschutzgebiet von Ulva Island/Te Wharawhara erkundet man am besten mit einem einheimischen Führer.

Auf Ulva Island existiert eine vielfältige Vogelwelt, die auch den seltenen Südinsel-Sattelvogel einschließt. Im Ulva Island-Te Wharawhara Marine Reserve kann man super schnorcheln, oder man erkundet die kühlen, klaren Gewässer per Kajak. Dank klarer Himmel ohne Lichtverschmutzung ist Stewart Island auch ein Ziel für Sternengucker; 2019 wurde es zum südlichsten Lichtschutzgebiet der Welt ernannt. Die neueste Attraktion von Stewart Island ist das Rakiura Museum/Te Puka o Te Waka, das im Dezember 2020 in einem bemerkenswerten Gebäude eröffnet wurde. Hier sind Ausstellungen zur faszinierenden Natur- und Kulturgeschichte der Insel zu sehen.

ANREISE

Von Bluff an der Spitze der neuseeländischen Südinsel aus fahren Fähren über die gelegentlich raue Foveaux Strait nach Stewart Island (1 Stunde). Eine Alternative ist der 15-minütige Flug vom Flughafen Invercargill, 28 Kilometer nördlich von Bluff. Invercargill ist durch Inlandsflüge mit Auckland, Wellington und Christchurch verbunden.

WANN AM BESTEN?

Dezember–März

Auf Stewart Island kann man das ganze Jahr über alle vier Jahreszeiten erleben, aber die beste Chance auf beständiges Wetter besteht im neuseeländischen Sommer (Dezember–Februar), für die Beobachtung von Aurora Australis von April bis September.

REISETIPPS

Campingplätze und Hütten auf dem Rakiura Track müssen im Voraus online beim Department of Conservation (doc.govt.nz) gebucht werden.

....

Der Shuttle-Bus-Transfer von Invercargill zum Fähranleger in Bluff ist kostenlos.

....

Vor der Überfahrt sollte man sich in den Supermärkten und Outdoor-Läden von Invercargill mit allem eindecken, was man zum Campen braucht.

....

Am Sonntagabend ist Pub Quiz im South Seas Hotel. Daran hat sogar Prinz Harry teilgenommen, als er auf Stewart Island war.

ABSEITS DER TOURISTENPFADE

 Erkunde den subtropischen Regenwald und die Meeresbuchten auf dem Rakiura Track oder nimm den anspruchsvolleren North West Circuit in Angriff

 Bewundere nach Einbruch der Dunkelheit das Schauspiel der Aurora Australis im internationalen Lichtschutzgebiet im Rahmen einer Tour mit Ruggedy Range (ruggedyrange.com).

 Beobachte Vögel auf einem entspannten Spaziergang im Ulva Island Wildlife Sanctuary mit seinen verschlungenen Pfaden.

 Übernachte im grünen Freshwater Valley und an den einsamen Stränden der Mason Bay und beobachte Kiwis und andere endemische Vögel.

 Mache dich aus dem ruhigen Paterson Inlet zu Angel- und Kajakabenteuern rund um die gezackte Küste von Stewart Island auf und entdecke ihre Buchten und Höhlen.

 Unternimm tolle Kurztrips, zum Beispiel nach Port William oder zum Maori Beach; kehre am Abend in dein gemütliches Hotel in Oban oder Half Moon Bay zurück.

Im Uhrzeigersinn von links oben: Die Hauptstadt Oban; schöne Strände rund um die Insel; Rakiura Track; bedrohter Kaka

Furhana Ahmad
Inhaberin & Naturfüh-
rerin, Ruggedy Range
Wilderness Experience

WARUM ICH STEWART ISLAND/ RAKIURA LIEBE

Die natürliche Schönheit der Inseln, ihre Vögel und Meerestiere, begeistern mich jeden Tag aufs Neue.

Erlebnisse vor Ort
Ulva Island, mit seinen hoch aufragenden Bäumen, Farnen und Moosen, herrlichen Stränden und den vielen Vögeln, die man aus nächster Nähe beobachten kann, ist einfach wunderschön.

Meine liebste Jahreszeit
Landvögel kann man das ganze Jahr über beobachten, aber um Februar herum sind einige Arten in der Mauser und verstecken sich dann. Seevögel sieht man am besten von Januar bis September, Orchideen und Blumen blühen von Oktober bis März. Meine Lieblingszeit zum Wandern sind die längeren Tage im Sommer.

Taranaki

WANDERUNGEN, DIE ES MIT TONGARIRO AUFNEHMEN KÖNNEN, PLUS KULTUR

Die Region Taranaki wird von Urlaubern auf dem Weg zum Tongariro National Park oft links liegen gelassen. Sie bietet grüne Weiden, schroffe und aufregende Surfstrände und vor allem den hoch aufragenden perfekten Kegel des Taranaki Maunga (Mount Taranaki) inmitten des Egmont National Park. Seinen Gipfel zu erklimmen zählt zu den alpinen Highlights Neuseelands, und die aufregende Pouakai Crossing steht im Ruf, eine der besten Tageswanderungen weltweit zu sein. Warum also nach Tongariro fahren?.

Taranakis pulsierendes urbanes Zentrum ist New Plymouth, das sich zu einem Gourmet-Hotspot mit hervorragenden Cafés und Restaurants entwickelt hat, wo eine junge Generation von Köchen, Brauern und Destillateuren den Ton angibt. Nicht minder innovativ ist die Kulturszene von Taranaki, allen voran die Govett-Brewster Art Gallery/Len Lye Centre für zeitgenössische Kunst in New Plymouth mit ihrer bahnbrechenden Architektur und das jährlich veranstaltete WOMAD Festival für Weltmusik.

FÜR FANS VON ...

- 🧡 *Tongariro Crossing*
- 🧡 *Besteigung des Fudschi*
- 🧡 *Fahrt auf Highway 1 in Kalifornien*
- 🧡 *Zeitgenössischer Kunst*
- 🧡 *Grassroots-Food-Szene*
- 🧡 *Festivals für alternative Musik*

Warum nach Taranaki?

Die Region Taranaki und ihre Hauptstadt New Plymouth steht größeren Städten wie Christchurch und Auckland in kulinarischer Hinsicht in nichts nach. Besonders aufregend ist das West End Precinct von New Plymouth. Zu den herausragenden Adressen zählen hier Social Kitchen, Monica's Eatery und Ms White. Ganz in der Nähe werden in der Shining Peak Brewery und die Three Sisters Brewery ausgezeichnete Craftbiere gezapft. Nicht unerwähnt bleiben sollten Fenton St Gin im Fenton Street Arts Collective in Stratford und die Little Liberty Creamery in Inglewood, in der vegane Eiscreme produziert wird.

Nach den Geschmackserlebnissen in New Plymouth geht es hinaus auf den SH45, den berühmten „Surf Highway", der durch Küstendörfer und über unbefestigte Straßen zu rauen Surfstränden und einem historischen Leuchtturm führt. Dann schnürt man die Wanderschuhe für die Pouakai Crossing oder den längeren zweitägigen Pouakai Circuit – wer sich's zutraut, nimmt den Gipfel des Taranaki Maunga in Angriff.

ANREISE

New Plymouth, Taranakis Hauptort an der Westküste der neuseeländischen Nordinsel, liegt etwa fünf Autostunden südlich von Auckland. InterCity-Busse benötigen einschließlich eines Zubringers in Hamilton für die Strecke etwa sieben Stunden. Air New Zealand bietet Direktflüge von Auckland, Wellington und Christchurch an.

WANN AM BESTEN?

Dezember–März

Die beste Zeit für Wanderungen im Egmont National Park ist von Dezember bis März. Am Taranaki Maunga ist das Wetter das ganze Jahr über wechselhaft, sodass warme Kleidung und Regenjacke auch im Sommer unerlässlich sind.

REISETIPPS

Auf dem zweitägigen Pouakai Circuit muss die Übernachtung in der Pouakai Hut im Voraus online beim neuseeländischen Department of Conservation (doc.govt.nz) gebucht werden.

....

Wer mit dem eigenen Fahrzeug unterwegs ist, stellt es am besten am Parkplatz am Schlusspunkt des Trails ab und steigt dort in den Shuttlebus zum Startpunkt des Wanderwegs.

....

Ein Besuch des WOMAD Festivals (womad.co.nz) setzt Vorbereitung voraus, sowohl für die Tickets als auch für eine Unterkunft in New Plymouth.

ABSEITS DER TOURISTENPFADE

 Erlebe auf der eintägigen Pouakai Crossing Wasserfälle, Klippen und wie sich die Berge in den Seen der Gegend spiegeln.

 Besteige den perfekt symmetrischen Gipfel des Vulkans Taranaki Maunga und genieße den Ausblick über den Egmont National Park bis zur Küste.

 Cruise über den SH45 – Neuseelands „Surf Highway" – mit Abstechern zu den Stränden an der Tasmanischen See, zum Leuchtturm am Cape Egmont und den verschlafenen Küstenorten.

 Besuche die Govett-Brewster Art Gallery/Len Lye Centre in New Plymouth, die sich auf den gebürtigen Neuseeländer Len Lye konzentriert.

 Nimm den Coastal Walkway (12,7 km) in New Plymouth in Angriff; er führt zu Len Lyes Installation *Wind Wand* und endet an der skelettartigen Te Rewa Rewa Bridge.

 Unternimm kurze Wanderungen an den östlichen Hängen des Taranaki Maunga, zum Beispiel auf dem moosbewachsenen Regenwaldpfad des Kamahi Loop Track.

Oben: Fitzroy Beach in New Plymouth, dem pulsierenden Hauptort der Region Taranaki

Papua-Neuguinea

REISEHINDERNISSE HALTEN PNG ABSEITS DER TOURISTENPFADE

INDONESIEN

PAPUA-NEUGUINEA

SALOMONEN

AUSTRALIEN

Papua-Neuguinea ist ein Land mit nebelverhangenen Berggipfeln, wilden Flüssen und ausgedehnten Regenwäldern, in weiten Teilen unberührt von der modernen Zivilisation und ein Hort von Mutter Natur. Eine Reise nach PNG garantiert unvergessliche Erlebnisse: prächtige Paradiesvögel, 4000 Meter hohe Gipfel tief im Dschungel, Taucherfahrungen der Weltklasse mit Wracks aus dem Zweiten Weltkrieg und farbenfrohen Riffen ... und nirgendwo trifft man auf andere Touristen. Das indigene Erbe des Landes ist ungemein vielfältig. Hochlandfeste mit Gesang und Tanz, kunstvollem Federschmuck und Gesichts- und Körperbemalung sind identitätstiftende Kulturhandlungen, und die blühenden Kunsttraditionen der Stämme Papua-Neuguineas reichen Jahrhunderte zurück.

Ungeachtet dessen zählt das Land weniger als 200 000 Gäste pro Jahr. Seine Abgeschiedenheit, die mangelnde Infrastruktur und die hohen Reisekosten schrecken viele ab. Hinzu kommen Sicherheitsbedenken, aber mit vernünftigen Vorsichtsmaßnahmen ist die Wahrscheinlichkeit, in Schwierigkeiten zu geraten, gering.

FÜR FANS VON ...

- 💛 *Great Barrier Reef*
- 💛 *Vogelbeobachtung*
- 💛 *Regenwäldern*
- 💛 *Kunsthandwerksmärkten*
- 💛 *Inseln*
- 💛 *Wandern*

Warum nach Papua-Neuguinea?

Wer sich jemals gefragt hat, ob der Tourismus etwas Positives bewirkt, kann auf Papua-Neuguinea dazu beitragen, notleidende Gästehausbesitzer, spezialisierte Reiseführer, Kunsthandwerker und unzählige andere zu unterstützen, deren Lebensunterhalt von ausländischen Besuchern abhängt. PNG ist offen für den Ökotourismus. Einheimische Guides zeigen Besuchern die Wunder der Tierwelt des Landes, arrangieren Besuche in abgelegenen Gemeinden und geben kulturelle Einblicke in dieses äußerst komplizierte und oft unverstandene Land.

Das Reisen hier ist schwierig: Einige Orte sind per Kleinflugzeug erreichbar, aber meist kann man sich nur zu Fuß oder mit einem motorisierten Kanu fortbewegen. Da entschleunigtes Reisen immer beliebter wird, sollte Papua-Neuguinea auf der Wunschliste abenteuerlustiger Touristen ganz oben stehen, denn das Reisen im Schneckentempo ist hier unvermeidlich und gleichzeitig der beste Weg, um lokale Feste zu erleben und andere authentische Facetten dieses Landes mit seinen über 800 Sprachen kennenzulernen.

Rechts: Die marine Vielfalt in PNG ist enorm, aber an den Stränden trifft man kaum andere Besucher

Unten, im Uhrzeigersinn von links: Landepiste im Hochland; das waldreiche, spärlich besiedelte Hochland; Tauchen in der Milne Bay

© CHRIS TAYLOR | 500PX

ANREISE

Alle internationalen Flüge führen nach Port Moresby, PNGs Hauptstadt an der Südküste. Von dort fliegt man weiter, es sei denn, man bereist die Region um die Hauptstadt, zu der auch Owers Corner gehört, wo die Kokoda Treks beginnen. Viele PNG-Flüge starten in Australien (Cairns, Brisbane), sodass sich PNG gut als Ergänzung zu einer Australienreise eignet.

WANN AM BESTEN?

Juni–September

Die kühlere Trockenzeit eignet sich hervorragend für Trekking, Tierbeobachtungen und andere Outdoor-Abenteuer. In dieser Zeit finden mehrere bekannte Festivals statt, darunter die einzigartige Goroka Show.

REISETIPPS

Man benötigt ein Visum, das jedoch für viele Nationalitäten (USA, Großbritannien, EU, Australien und Neuseeland) bei der Ankunft ausgestellt wird. Der Reisepass muss sechs Monate über den Einreisetag hinaus gültig sein.

....

Mit vernünftigen Vorsichtsmaßnahmen kann man das Risiko eines Raubüberfalls minimieren: sich unauffällig kleiden und teure elektronische Geräte versteckt halten; einen kleinen Betrag der Landeswährung, sog. „raskol money", mit sich führen, um potenzielle Diebe zu beschwichtigen; anderes Bargeld in einem Geldgürtel umschnallen oder im Schuh verstecken.

....

Am besten zum Telefon greifen, um etwas zu vereinbaren; Antworten auf E-Mails oder über Websites erfolgen sehr langsam.

ABSEITS DER TOURISTENPFADE

 Halte im unter Ornithologen weltbekannten Tari-Becken nach Paradiesvögeln Ausschau. Mehrere Eco-Lodges bieten gute Übernachtungsmöglichkeiten.

 Wage dich auf den Kokoda Track, einen sechstägigen Trip, der an Schlachtfeldern des Zweiten Weltkriegs vorbeiführt.

 Erkunde die palmengesäumten Strände und vulkanischen Inseln der Milne Bay. In Alotau brichst du auf, um wilden Tieren zu begegnen und unberührte Wasserfälle und grandiose Berge zu sehen.

 Mache eine Bootstour auf dem Sepik, bei der du die *haus tambarans* (Geisterhäuser) besuchst, viel über Bräuche lernst und in Stelzendörfern am Wasser übernachtest.

 Erklimme den Mount Wilhelm, mit 4509 Metern Papua-Neuguineas höchster Berg. An klaren Tagen kann man vom Gipfel aus beide Küsten sehen.

 Tauche im Coral Triangle zu Schiffswracks und farbenprächtigen Korallenriffen. An kaum einem anderen Ort auf der Welt gibt es eine vergleichbare Artenvielfalt.

Und zu guter Letzt...

25 WEITERE ZIELE, DIE MAN AUF DEM RADAR HABEN SOLLTE

Malawi

Die Nationalparks und Wildreservate des Landes, die von der NGO African Parks zu neuem Leben erweckt wurden, sind eine Erfolgsgeschichte des Naturschutzes. Die entspannten Städte, die ehemaligen Missionsstationen in den Bergen und der artenreiche Malawisee machen weitere Reize des wegen der freundlichen Menschen sogenannten warmen Herzens Afrikas aus. Vom Tauchen zwischen tropischen Fischen bis hin zum Wandern durch Teeplantagen bietet Malawi eine Vielzahl von Erlebnissen.

Odense, Dänemark

Obwohl Odense der Geburtsort von Hans Christian Andersen ist, genießt die Stadt im Vergleich zu Kopenhagen nur wenig internationale Beachtung. Aber das soll sich mit dem neuen beeindruckenden Museum H.C. Andersens Hus ändern. Zudem wurde der historische Hafen mit einem kostenlos zugänglichen Schwimmbad und dem Lebensmittelmarkt Storms Pakhus neu gestaltet. Und auf der Insel Fünen – dem grünen Herzen Dänemarks – gibt es Schlösser, hübsche Dörfer und schöne Strände.

Gujarat, Indien

Rajasthan und Mumbai stehen oft im Rampenlicht, doch auch der Bundesstaat Gujarat hat viel zu bieten. Man bewundert die bemerkenswerten, jahrhundertealten Tempel und Moscheen der Hauptstadt Ahmedabad, schlendert durch die Straßen von Diu, einer ehemaligen portugiesischen Enklave, oder schließt sich den Pilgern in den Hügeln von Shatrunjaya und Junagadh an. Es gibt es Dörfer zu erkunden, Textilien in Kachchh und die Little Rann of Kutch, die größte Salzwüste der Welt.

Mungo National Park, Australien

Fast 1000 Kilometer westlich von Sydney liegt dieser spektakuläre Nationalpark – ebenso abgelegen wie kulturell bedeutsam. Die ältesten rituellen Bestattungen der Welt wurden vor 42 000 Jahren in dieser Ecke von New South Wales durchgeführt. Zusammen mit 20 000 Jahre alten menschlichen Fußspuren zeugen sie von der Entwicklungsgeschichte der Menschheit und der Aborigines. Die Infrastruktur für Besucher ist hervorragend.

Tunis, Tunesien

Diese alte nordafrikanische Stadt wird von den meisten Touristen auf dem Weg zu den Badeorten in Tunesien oder zu den berühmteren Medinas im nahe gelegenen Marokko links liegen gelassen. Dabei hat Tunis genauso viel Atmosphäre wie Marrakesch: eine mittelalterliche Altstadt und ein Labyrinth von Souks in der Kasbah. Das Nationalmuseum von Bardo beherbergt außerdem eine der größten Mosaiksammlungen der Welt, während die römischen Ruinen von Karthago etwa 20 Kilometer entfernt liegen.

Gargano, Italien

Von der mondänen Hafenstadt Bari führen kurvenreiche Straßen nach Norden zur zerklüfteten Küste des Gargano, einer Alternative zur beliebten und sehr teuren Amalfiküste. Mit Booten kommt man von Vieste und Peschici aus zu Höhlen und einsamen Stränden, der nahe Foresta Umbra (Wald der Schatten) lädt zum Wandern und Mountainbiken ein. Bei einem Tagesausflug zu den vorgelagerten Tremiti-Inseln gibt es einen Hauch von Capri.

Cockpit Country, Jamaika

Das Cockpit Country ist ein Netz aus Hügeln, Schluchten und Karstformationen, die von dichter Vegetation bedeckt sind. Man kann auf dem Troy-Windsor Trail 16 Kilometer wandern, mit Forschern Fledermaushöhlen besuchen oder ein authentisches Stück jamaikanisches Dorfleben kennenlernen. Nicht verpassen sollte man den Besuch von Accompong, einer historischen Maroon-Gemeinschaft, die von einheimischen Taíno und ehemaligen Sklaven gegründet wurde.

Banda-Inseln, Indonesien

Die Banda-Inseln in der östlichen indonesischen Provinz Maluku sind das Gegenteil des touristischen Bali. Heute unbekannt, waren sie vor Jahrhunderten von den großen europäischen Seefahrermächten umkämpft als Quellen für Muskatnuss und Nelken – Gewürze, mit denen man ein Vermögen machen konnte. Die abgelegenen Inseln sind heute vor allem als Schnorchel- und Tauchrevier bekannt. Man erreicht sie mit der Fähre oder einem kleinen Flugzeug von Ambon aus.

South Luangwa National Park, Sambia

Krüger, Chobe, Etosha, die Serengeti – die berühmtesten Nationalparks Afrikas gehören auch zu den am meisten überlaufenen. Der über 9000 Quadratkilometer große South Luangwa National Park ist eine fantastische Alternative mit stimmungsvollen Campingplätzen und stilvollen Safari-Lodges entlang des majestätischen Luangwa-Flusses.

Uruguay

Dieses kleine südamerikanische Land ist ganz anders als seine beiden lauten Nachbarn Argentinien und Brasilien. Es ist einfach zu bereisen, mit gastfreundlichen Einheimischen und fabelhaften Stränden. Die Hauptstadt Montevideo ist sicher und freundlich, mit schöner Art-déco-Architektur und einer langen Promenade am Delta des Río de la Plata. Die Steaks und der Tango sind so gut wie in Buenos Aires, und in der LGBT-freundlichen Nation gibt es Pressefreiheit, legalisiertes Cannabis und erneuerbare Energien.

Abruzzen, Italien

Die Abruzzen, weniger als zwei Stunden von Rom entfernt, werden von Reisenden seltsamerweise unterschätzt. Willkommen in einem Italien der Vergangenheit mit klapprigen Fiats, Kappen tragenden Bauern, halbverlassenen Bergdörfern und einsamen Bergpfaden, die im Zweiten Weltkrieg als Fluchtwege dienten. In der Region, in der es mehr Nationalparks als irgendwo sonst in Italien gibt, findet man den Calderone-Gletscher, den südlichsten Gletscher Europas, und den seltenen Marsischen Braunbär.

Niue, Südpazifik

Als erstes Land der Welt, das zum „Dark Sky Place" ernannt wurde, hat das weit entfernte Niue nicht nur fantastische Möglichkeiten, um Sterne zu beobachten. Es gibt auch schillernde Korallenriffe, tropische Regenwaldpfade sowie Kunst und Kultur im Überfluss. Diese kleine Insel im Südpazifik, die mit einem dreistündigen Flug von Auckland aus zu erreichen ist, wird jedes Jahr von nur 11 000 Touristen besucht. Und wer die abgelegenen Buchten, Höhlen und Pools erkundet, kommt sich wie ein Entdecker vor.

Bardia National Park, Nepal

Im abgelegenen Nordwesten Nepals liegt der vergleichsweise wenig bekannte Bardia-Nationalpark. Man sieht Panzernashörner, Elefanten und mit ein wenig Glück Königstiger. Ebenfalls eine echte Entdeckung ist die nachhaltige Bardia Eco Lodge (bardiaecolodge.com).

Baltimore, USA

Nur 64 Kilometer von Washington, D.C., entfernt, ist Baltimore Welten entfernt vom Zentrum der Macht. Hier gibt es gemütliche Kneipen, skurrile Galerien und mit dem rebellischen Filmemacher John Waters einen Helden der Stadt. „Charm City" macht seinem Namen alle Ehre und bietet authentische Lokale der alten Schule – Faidley's serviert seit den 1880er-Jahren köstliche Krabbenkuchen. Das American Visionary Art Museum zeigt geniale Werke unbekannter Künstler.

Virginia, USA

Amerikanische Schulkinder kennen die Sehenswürdigkeiten von Virginia, einem Ort der Kolonialgeschichte (Jamestown, Williamsburg), präsidialer Landgüter (Mount Vernon, Monticello) und Schlachtfelder (Yorktown, Antietam). Davon abgesehen lauern in diesem Bundesstaat viele Überraschungen. Wilde Ponys donnern an den Ufern von Chincoteague Island entlang, und die Appalachen bilden eine unvergessliche Kulisse für Wanderungen im Shenandoah National Park oder malerische Fahrten auf dem Blue Ridge Parkway.

Mittelwales, Vereinigtes Königreich

Zwischen den bekannteren Bergen von Snowdonia und den Brecon Beacons gelegen, kennen Mittelwales nur die wenigsten Menschen. Die Gegend hat die geringste Bevölkerungsdichte der Britischen Inseln und die größte zusammenhängende Wildnis nach den schottischen Highlands – sie trägt den Spitznamen „Wüste von Wales". Hierher kommen Naturliebhaber. Die Hügel, Seen und Wälder versprechen Abenteuer abseits der Zivilisation.

Vitoria-Gasteiz, Spanien

Bilbao und San Sebastián mögen im Rampenlicht stehen, aber die Hauptstadt des spanischen Baskenlandes ist Vitoria-Gasteiz. Das Essen spielt hier eine nicht minder wichtige Rolle, mit preisgekrönten Pintxos-Bars, die sich in den engen Fußgängerzonen der Stadt verstecken. Die Stadt ist eine Oase, umgeben vom Anillo Verde – dem „Grünen Ring", der eine Reihe von Parks durch Radwege miteinander verbindet. Eine weitere Überraschung sind die riesigen Wandmalereien in der Altstadt.

Elk Island National Park, Kanada

Obwohl Elk Island einer der kleinsten Nationalparks Kanadas ist, gibt es in diesem Fleckchen Erde in Alberta viele große Tiere. Die Elche gaben dem Park seinen Namen, aber die größere Attraktion sind die mehr als 1000 Bisons, die durch die Prärie streifen. Der 40 Kilometer östlich von Edmonton gelegene Park hat eine wichtige Rolle bei der Wiederansiedlung der einst gefährdeten Bisons gespielt. Die Mitarbeiter klären über die Tiere und die Schutzprogramme des Parks auf.

Annecy, Frankreich

Eine Stadt mit Grachten oder Kanälen ist sehr romantisch – wenn sie nicht mit beschwipsten Brautpaaren oder Tagesausflüglern vollgestopft ist. Anstelle von Amsterdam und Venedig sollte man einmal die Kathedralenstadt Annecy besuchen, wo sich charmante, von einem See gespeiste Kanäle durch Straßen aus dem 16. und 17. Jahrhundert schlängeln, die man nicht schon tausendmal auf Instagram gesehen hat. Man kann Kirchen, Lebensmittelmärkte und die Strände am Lac d'Annecy besuchen.

Sapporo, Japan

Sapporo ist die fünftgrößte Stadt Japans und die größte auf Hokkaido, der nördlichsten Hauptinsel des Landes. Sie ist berühmt für Ramen-Suppen, das Schneefestival, die nahen Berge und heiße Quellen. Sapporo wird oft nur als Durchgangsstation beachtet, hat aber alles, was man sich von einer japanischen Stadt wünschen kann: ein pulsierendes, buntes Nachtleben sowie unzählige Restaurants und Einkaufsmöglichkeiten. Dank der städtischen Gliederung ist Sapporo einfach und schnell zu erkunden.

Wat Phu, Laos

Dieser 1000 Jahre alte Tempel in der Nähe von Pakse wurde von der gleichen Kultur wie Angkor erbaut. Einst hatten die Khmer sogar eine kaiserliche Straße, die die beiden Stätten miteinander verband. Obwohl sie nicht die Ausmaße von Angkor hat, ist die Anlage aufgrund ihrer Lage oberhalb des Mekong und der relativen Abgeschiedenheit etwas Besonderes. Der von Würgefeigen und knorrigen Wurzeln bedeckte Tempel ist Shiva geweiht. Die Schnitzereien stellen mythologische Figuren und Götter dar.

Route der Parks, Chile

Man stelle sich eine Reise durch 17 Nationalparks vor, die durch einen bahnbrechenden Plan miteinander verbunden sind, der 60 Gemeinden das Eigentum an der biologischen Vielfalt überträgt. Das ist die Route der Parks in Patagonien, die von der legendären Naturschützerin Kristine Tompkins konzipiert wurde. Auf 2735 Kilometern führt diese faszinierende Reise von Puerto Montt durch Regenwälder, Fjorde, Feuchtgebiete und Eisfelder bis nach Kap Hoorn.

Dominica

Trotz ihrer überwältigenden ursprünglichen Schönheit zählt Dominica zu den am wenigsten besuchten Inseln in der Karibik – was zum Teil an den komplizierten Flugverbindungen liegt. Auch die schwarzen Sandstrände passen nicht zu dem Karibikimage. Was die Besucher zu sehen bekommen, hat sich kaum verändert, seit Christoph Kolumbus 1493 hier vor Anker ging – ein Paradies mit dampfenden Pools, versteckten Wasserfällen und ausgezeichneten Wandermöglichkeiten auf dem Waitukubuli Trail.

Kurische Nehrung, Litauen

Der Legende nach wurde dieser mit Kiefern bewachsene Sandstreifen, der in die Ostsee hineinragt, von der Meeresriesin Neringa geschaffen. Das Gebiet, das sich von Litauen bis zur russischen Enklave Kaliningrad erstreckt, ist Unesco-Welterbe und trägt dank der Parnidis-Düne, die den Ort Nida überragt, den Spitznamen „Litauens Sahara". Man radelt durch malerische Dörfer mit holzgeschnitzten Wetterfahnen, isst geräucherten Fisch und beobachtet Elche und Wildschweine.

Corn Islands, Nicaragua

Diese beiden winzigen Flecken der Ruhe, 70 Kilometer vor der Küste Nicaraguas, sind weit entfernt von den Strandpartys und den überfüllten Tauchplätzen, die man auf anderen mittelamerikanischen Inseln findet. Es gibt einige gute Unterkünfte und Restaurants (Hummer probieren!), ansonsten schnorchelt man an der Küste oder taucht mit Hammerhaien.

Register

Titel der englischen Originalausgabe: **OFFBEAT**
1. Auflage September 2022
Herausgegeben von Lonely Planet Global Limited
CRN 554153
www.lonelyplanet.com
© Lonely Planet 2022

Autoren

Anna Kaminski; Brendan Sainsbury; Brett Atkinson; Carolyn Heller; Christina Webb; Harmony Difo; Helen Ranger; Hugh McNaughtan; Isabella Noble; James Bainbridge; Jen Ruiz; Jessica Lee; Joe Bindloss; John Brunton; Karla Zimmerman; Kerry Walker; Lorna Parkes; Luke Waterson; Nora Rawn; Oliver Berry; Orla Thomas; Rebecca Milner; Regis St Louis; Sarah Baxter; Sarah Reid; Simon Richmond; Stephen Lioy; Trent Holden.

Managing Director, Publishing Piers Pickard
Associate Publisher Robin Barton
Redakteure Clifton Wilkinson, Polly Thomas
Coverdesign Dan di Paolo
Herstellung Nigel Longuet

Verlag der deutschen Ausgabe
MAIRDUMONT GmbH & Co. KG
Marco-Polo-Straße 1, 73760 Ostfildern
www.mairdumont.com, www.lonelyplanet.de
Projektbetreuung Franziska Fezer
Übersetzung Thomas Rath, Walter Ludwig
Redaktion und Produktion booklab GmbH, Jürgen Braun
Cover Edwin Remsberg/laif, Maletsunyane Wasserfälle in Somenkong, Lesotho
Abbildungen Fotos © wie angegeben
1. Auflage 2023
978-3-575-01083-4
Printed in Malaysia